12个实用方法
助你做好共青团工作

共青团工作的有效方法

刘俊彦 主编

北京联合出版公司
Beijing United Publishing Co.,Ltd.

图书在版编目（CIP）数据

共青团工作的有效方法 / 刘俊彦主编 . -- 北京：北京联合出版公司，2024.1

ISBN 978-7-5596-7275-9

Ⅰ . ①共… Ⅱ . ①刘… Ⅲ . ①中国共产主义青年团—共青团工作—研究 Ⅳ . ① D297

中国国家版本馆 CIP 数据核字（2023）第 235811 号

共青团工作的有效方法

主　　编：刘俊彦

出 品 人：赵红仕

责任编辑：李艳芬

版式设计：豆安国

责任编审：赵　娜

北京联合出版公司出版

（北京市西城区德外大街 83 号楼 9 层 100088）

北京华景时代文化传媒有限公司发行

三河市兴博印务有限公司印刷　　新华书店经销

字数 252 千字　　710 毫米 × 1000 毫米　　1/16　　20.5 印张

2024 年 1 月第 1 版　　2024 年 1 月第 1 次印刷

ISBN 978-7-5596-7275-9

定价：59.80 元

主　编　刘俊彦

撰　稿　（以章节先后为序）

董浩然　胡　国　刘俊彦　张会杰

乐亚山　刘　佳　叶子鹏　崔保峰

何土凤　郑　浩

前言

团干部要掌握有效的工作方法

工作方法是人们改造世界、社会实践和处理事务的路径和手段。我们党的领袖是十分重视工作方法的。毛泽东曾说：“我们不但要提出任务，而且要解决完成任务的方法问题。我们的任务是过河，但是没有桥或没有船就不能过。不解决桥或船的问题，过河就是一句空话。不解决方法问题，任务也只是瞎说一顿。”[①]邓小平曾说：“自己不懂就要向懂行的人学习，向外国的先进管理方法学习。”[②]邓小平1978年9月考察鞍钢时强调：“引进先进技术设备后，一定要按照国际先进的管理方法、先进的经营方法、先进的定额来管理，也就是按照经济规律管理经济。”[③]习近平总书记十分重视工作方法。2021年9月1日，他在2021年秋季学期中央党校（国家行政学院）中青年干部培训班开班式上指出：“现在通信很发达，通过打打电话、发发微信、看看材料也能了解很多情况，但毕竟隔了一层，没有现场看、当面听、直接问和‘七嘴八舌

---

① 《毛泽东选集》第一卷，人民出版社1991年版，第139页。
② 《邓小平文选》第二卷，人民出版社1994年版，第150页。
③ 《邓小平文选》第二卷，人民出版社1994年版，第129—130页。

式'的讨论来得真实鲜活。过去常用的'蹲点调研'、'解剖麻雀'的调研方式依然是管用的。我们现在搞的各种试点，成功了再逐步推广，这就是'解剖麻雀'的方法。"[①]习近平总书记强调："团干部是同青年人打交道的，青年人接受新事物快，如果我们自己的知识水平、见识程度跟不上广大青年，说科技说不上，说文艺说不通，说工作说不来，说生活说不对路，说来说去就是那几句官话、老话、套话，同广大青年没有共同语言、没有共同爱好，那当然就会话不投机半句多。"[②]

一、团干部为什么要掌握有效的工作方法？

新时代的团干部只有掌握有效的工作方法，才能做好团的工作，紧跟党走在时代前列、走在青年前列。

第一，团干部流动比较快、新手比较多，需要尽快掌握有效的工作方法。共青团是青年组织，团干部是做青少年工作的。共青团、少先队的工作特点和工作性质要求团干部以中青年干部为主，到一定年龄就存在转岗的问题。因此，团干部工作流动比较快、新手比较多是一个客观事实，也形成了团干部队伍建设中"保留骨干，以资熟手"的传统。在这种情况下，要做好团的工作，新上岗的团干部就要尽快熟悉团的工作，掌握共青团工作的有效方法。

第二，共青团工作的专业性越来越强，需要团干部掌握有效的工作方法。任何行当如果没有门槛、不够专业，就很容易被取代，也很难得到外界的尊重。做好新时代群众工作是一项专业性要求很高的工作。团的工作同样蕴含了大量专业的工作方法。比如共青团开展网络舆论引导

---

① 《习近平谈治国理政》第四卷，外文出版社2022年版，第526页。
② 习近平：《论党的青年工作》，中央文献出版社2022年版，第38页。

工作，前些年主要依靠建矩阵、推产品、发声音，取得了很好效果；到了今天，就要学习应对定向算法、网络机器人、“大翻译运动”等各种新工具、新战法。所以，团中央书记处要求，各级团校要教给学员做群众工作的有效方法，教给学员做好新时代共青团工作的有效方法。

第三，团的干部要用有效的工作方法，弥补共青团工作资源有限的短板。新时代共青团工作的外部环境已大大改善，党赋予的渠道和资源也大大地丰富了。但同广大青少年的需求相比，同共青团、少先队组织要服务的青少年相比，共青团、少先队的工作资源是很有限的，特别是基层团组织“缺编制、缺经费、缺办公场所、缺工作人员”的问题，短期内很难从根本上解决。这就需要团干部发扬主动精神和创造精神，用有效的工作方法和创新性的工作，把现有资源的最大效益发挥出来，弥补工作资源不足的短板，开创工作新局面，更好地服务青少年。

二、团干部要重点掌握哪些工作方法?

工作方法有很多，我们经过调研认为，团干部应重点掌握以下12种工作方法。

一是主题教育工作法。主题教育是指明确一个重大教育主题，并围绕这一主题开展的一系列思想政治教育活动。要以团支部、少先队中队为基本单位，团课队课为基本载体，在全团开展主题教育，这是共青团长期坚持并被证明富有成效的工作方法。

二是实践育人工作法。实践育人是共青团开展思想政治引领的特色优势，因为共青团本身就是“广大青年在实践中学习中国特色社会主义和共产主义的学校”。要紧紧围绕青少年进行社会观察、体验社会参与的内在需求，组织开展“三下乡”“返家乡”等主题社会实践，“挑战杯”“振兴杯”“创青春”等竞赛活动，深化高校共青团“第二课堂成绩单”制度，引导广大青少年在奉献社会、服务人民中锤炼思想、体悟成长。

三是典型引领工作法。典型引领工作法就是通过先进典型的言行，把高深的政治思想原理和抽象的道德规范具体化、人格化，使受教育者在这些富于形象性、感染性和可信性的典型中受到教育的工作方法。要坚持先进性与广泛性相结合，提升青年五四奖章、“两红两优”、“向上向善好青年”等青少年榜样的说服力，挖掘弘扬青年典型可信可学的感人事迹、奋斗历程、精神品格，推动形成见贤思齐、崇德向善的良好氛围。

四是分层分类工作法。新时代青年分化明显，其成长环境、家庭状况、思想状态差异较大。要增强工作的针对性和实效性，就要采取分层分类工作法。分层就是将工作纵向分层级，分类就是将工作横向分类别。针对不同地域、不同职业、不同文化层次的青年，采用不同的工作内容和工作方法，实践证明是有效的、必要的。

五是调查研究工作法。调查研究是我们党的传家宝，是做好各项工作的基本功。要建立健全青年舆情监测机制，开展常态化大样本调研，更好发挥智慧团建平台作用，及时准确掌握青年群体思想动态，提升感知青年的能力水平。通过科学准确的调查研究“把青年的温度如实告诉党”①，既是共青团的重要职责，也是共青团重要的工作方法。

六是组织功能工作法。这是共青团开展青年工作的基础性方法，具有深厚的历史传统，并且在时代发展和社会转型中不断传承创新，逐步形成了面向多维、结构完整、技术多元、效能显著的理论体系和方法论体系。要深化共青团机关机构改革，加强共青团基层组织建设，强化共青团组织功能与社会功能的有效联动，发挥青年之家等各类团属工作阵地作用，依托组织体系实现对青少年的全面覆盖。

---

① 习近平：《论党的青年工作》，中央文献出版社2022年版，第9页。

七是完善制度工作法。完善团内规章制度建设是共青团事业发展的重要保障，也是新时代共青团工作的重要方法之一。要坚持以团章为根本依据，系统构建覆盖团员、团干部、团组织的团内制度体系。要强化制度执行落实，让建制度、用制度、依靠制度成为各级团组织和团干部的自觉行动。

八是办实事解难事工作法。为青年办实事、解难事，是共青团组织的重要功能之一，也是共青团开展青年工作的重要方法。赢得青年必须想青年之所想，竭诚为青年群众排忧解难。要坚持解决思想问题和解决现实问题相统一，推动中长期青年发展规划纵深实施，鲜明突出政策导向，聚焦就业、住房、教育、养老、托幼等问题，倡导、推动出台政策举措，着力帮助青年缓解现实压力、舒展精神状态、增强发展信心。通过开展“我为青年办实事”实践活动，针对青少年急难愁盼问题集中全团力量和资源，帮助青少年实实在在解决成长过程中的困难事、烦心事。

九是扎根青年工作法。把工作力量深入工作对象中去，让团干部深入普通青年中去，是共青团贯彻党的群众路线，破除“机关化、行政化、贵族化、娱乐化”的有效路径，是共青团作为群团组织必须采取的工作方法，是共青团适应青年群众特点变化的必然要求。坐在机关看到的全是问题，扎根青年看到的全是办法，这就是扎根青年工作法的真谛。

十是塑造品牌工作法。共青团塑造品牌工作法，就是指共青团组织在围绕党和政府的中心工作，为实现服务大局、服务青年的职能，在团员青年中广泛开展具有思想教育价值，对经济、政治、文化、社会和生态文明建设有推动作用的，具有广泛知名度和美誉度的品牌活动的理念和方法。团的品牌活动以其被广泛认知、被社会普遍认同、长期坚持并不断创新的特点，符合青少年乐于参与集体活动，具有强烈的参与意识、竞争意识和集体荣誉感的特点，使受教育与发挥作用相得益彰。

十一是资源整合工作法。资源整合是一个复杂的动态过程，是指组织对不同来源、不同层次、不同内容的资源进行选择、汲取、配置、激活和有机融合，使之更具系统性和价值性的过程。共青团基层组织资源匮乏，要积极争取党政资源、大力筹集社会资源、有效统合团内资源，把资源下沉到基层去，用到普通青年身上，努力使有限的资源发挥最大效能。

十二是荣誉激励工作法。荣誉激励工作法，是指团组织制度化、组织化地通过荣誉表彰来推进工作的方法。要依规依法开展各类青年荣誉表彰工作，探索完善先进模范发挥作用长效机制，激发青少年的思想认同、情感共鸣和学习行动。

三、团干部如何在实践中掌握有效的工作方法？

第一，要用科学的理论和思想方法做指导。理论指引方向，方向决定成败。新时代团干部要以习近平新时代中国特色社会主义思想为指导，特别要把握好习近平新时代中国特色社会主义思想的世界观和方法论，坚持好、运用好贯穿其中的立场观点方法。只有具备了这个前提，在共青团的实际工作中才能把稳大方向，才能找到和掌握有效的工作方法。团十九大报告指出："习近平总书记深刻把握中国青年运动时代规律，系统回答党的青年工作战略课题，作出一系列重大论断，提出一系列重要要求，集中体现为习近平总书记关于青年工作的重要思想，为新时代共青团和青年工作提供了根本遵循。”①团干部只要深学细悟习近平总书记关于青年工作的重要思想，就会在推动工作时得心应手、事半功倍。

第二，要深入学习团的历史，汲取前人智慧。100多年来，共青团在党的领导下，谱写了中华民族伟大复兴进程中激昂的青春乐章，书写了光辉的历史，形成了宝贵的经验。深入学习团的历史，不仅可以学到一茬茬团干部忠诚于党、拼搏奉献的品格和高扬的理想主义气质精神，也可以学到他们有效开展工作的智慧和方法。团中央书记处原第一书记宋德福在20世纪90年代就指出，团的各级干部应当把学会做细致的工作、深入的工作作为基本工作方法。他说：“共青团的大厦起于垒土，团的工作的成功要靠一点一滴的积累。只要我们坚持做细致深入的工作，一个层次一个层次地深入，一个步骤一个步骤地推进，一个问题一个问题地解决，一项工作一项工作地落实，团的建设、改革和发展就有坚实的基础，就能积少成多，巩固成绩，扩大战果。”②这些理念和方法，在今天依然有重要的指导价值。

第三，要从学理出发，运用多学科成果。学习工作方法，就要弄清楚有效工作方法的学理基础、底层逻辑、运行规律。在一个多变而复杂的时代，运用多学科成果总结客观规律，才能更清晰了解实情、更全面看待事物、更高效解决问题，避免稀里糊涂、以偏概全、束手无策。

第四，要在学习中运用，在实践中创新。团干部流动快，只有在不断学习中，才能了解共青团的专业知识，只有在不断应用中，书上的好

① 阿东：《在习近平新时代中国特色社会主义思想指引下　动员引领广大青年为全面建设社会主义现代化国家而团结奋斗——在中国共产主义青年团第十九次全国代表大会上的报告》，《中国青年报》2023年6月26日。
② 宋德福：《共青团体制改革的思考与实践》，中国青年出版社2007年版，第376页。

方法和别人嘴里的妙招才能成为自己的工作思路和工作方法。团的工作没有“一招鲜，吃遍天”的固定方法，必须因时而进、因人而异，不断改革、不断创新。习近平总书记在庆祝中国共产主义青年团成立100周年大会上指出，“要敏于把握青年脉搏，依据青年工作生活方式新变化新特点，探索团的基层组织建设新思路新模式”[①]。这一要求不仅适用于团的基层组织建设，而且团的所有工作都要始终保持这样的敏感度和创新性。

① 习近平：《论党的青年工作》，中央文献出版社2022年版，第9页。

目 录

001 第一章 主题教育工作法
027 第二章 实践育人工作法
051 第三章 典型引领工作法
077 第四章 分层分类工作法
099 第五章 调查研究工作法
127 第六章 组织功能工作法

151 第七章 完善制度工作法

177 第八章 办实事解难事工作法

203 第九章 扎根青年工作法

231 第十章 塑造品牌工作法

255 第十一章 资源整合工作法

285 第十二章 荣誉激励工作法

311 后 记

第一章

主题教育工作法

“主题”这个词起源于德国，原为一种音乐用语，是指一首乐曲中最有特色、最有优势的部分，也就是它的主旋律。“主题”表现一个完整的音乐思想，是乐曲的核心。此后，这个词在文艺作品中得到广泛应用。主题不仅包含作品所反映的真实生活的客观含义，而且也是创作者主观认识、理解和评价的具体表现。主题教育工作法，是指明确一个重大教育主题，并围绕这一主题开展的一系列思想政治教育活动。

善于用主题教育的方式来推进工作，是我们党的优良传统。回顾百年党史，一次次党内主题教育活动，把马克思主义中国化时代化最新成果深深扎根于每个共产党员心中，为他们的思想“充电”“补钙”，使其理想信念和党性锤炼得更加坚强，旗帜更加鲜明，立场更加坚定。实践表明，主题教育深入人心、触及灵魂，始终紧扣党的建设这个核心问题，在党的建设史上书写了厚重的一笔。共青团是党的助手和后备军，是党的青年工作的重要力量，党的理论创新每前进一步，共青团的理论武装就要跟进一步，要善于利用主题教育推动团的工作，不断筑牢青年听党话、跟党走的思想根基。

一、工作原理

主题教育工作有着深厚的工作原理，与诸多学科有着密切的关联。主题教育工作法是一种经过实践证明有效的思想政治教育方法，其依据、实质、效力，与思想政治教育学原理有着重要联系。青年特征决定着主题教育的开展方式，同时，教育学原理也为主题教育工作法提供了重要的理论支撑，弄清主题教育工作法与相关学科的关系，对加强主题教育工作开展具有重要意义。

1. 思想政治教育学原理与主题教育工作法

主题教育工作法是根据特定的社会发展的客观需求而诞生并发展起来的。它以特定的价值观为中心，在特定的教育活动中得到全面的体现。通常认为，主题教育工作法是思想政治教育工作者根据教育目标、教育环境和受教育者发展特点等，而策划和形成切合实际的特定主题，并围绕该主题在一定时期和阶段开展教育活动，进而提高思想政治教育的实效性。在此基础上，该方法以立德树人基本任务为指引，采用适宜的主题教育方式和原则，以具有特定特点的核心价值观系统为依托，以满足特定时期的特殊人群的需求，进而在思想、道德、情感等方面充分发挥其积极性、主动性和创造性，以促进个体的全面发展。

主题教育工作法的根据与思想政治教育学原理有相通之处，马克思主义的实践论、灌输论是其理论基础。首先，马克思主义认为，实践是认识的源泉、动力、目的和检验标准，强调实践活动在整个社会发展进程和社会生活中的作用。主题教育工作者通过主题教育的方法，创造了现实条件，使受众思想升华、情感体验和理论学习得到了有效的促进。其次，主题教育工作法符合马克思主义灌输原理。灌输的原意是“带来、引导、充实”等，是指科学社会主义思想与工人阶级“结合”的过程。列宁在《怎么办？》一文中系统阐述了灌输理论，认为“工人本来也不可能有社会民主主义的意识”，“这种意识只能从外面灌输进去”。[①]新时代背景下开展主题教育，并非继承原有强迫式灌输的方式，而是依据受众的多方需求和社会主义教育事业发展需求，通过理论传输提高受众的综合素质。主题教育同思想政治教育一样，要充分发挥马克思主义的引导作用，积极创新思想灌输的途径和方法，大力弘扬中国特色社会主义主旋律。

主题教育工作法的实质与思想政治教育学原理有相通之处，体现了思想政治教育的基本原则和基本规律。作为我国传统的思想政治教育方法，主题教育具有较为成熟的模式可供借鉴。在思想政治教育中，主题教育工作法的实质就是围绕受众社会需要来激发他们的内在愿望，调动其自觉性和能动性。具体可分解为三个部分：第一，从对受众内在心理与发展需要的发掘入手。主题教育强调正面灌输和正面引导，强调主体作用。第二，以运用集中的、鲜明的思想政治教育主题为核心。主题教育强调主题突出、内容集中，能够激发受众的内心渴望和积极参与，这是主题教育的重要特征，也是主题教育工作法广泛应用的重要原因。第三，要使受众的思想行为与时代、社会发展的需要相适应。主题教育是落实国家政策、培养社会需要的专门人才的重要途径。只有这样，主题教育才能更好地发挥其作用。

① 《列宁选集》第一卷，人民出版社2012年版，第317页。

主题教育工作法的效力与思想政治教育学原理有相通之处，在实践中的选择和运用与思想政治教育中的运用都具有很大效力。第一，引导思维。主题教育工作法具有清晰的引导功能，可以形成舆论氛围、价值取向，引导社会形成正确的舆论导向，引导青少年积极学习先进的社会主义文化，汲取优秀的人类文明成果。第二，凝聚情感。主题教育工作法是一种顺应个体特点的教育方式，能够有效地调动青少年对主旋律教育的积极性。通过对青少年进行理想信念、道德素质、形势政策等方面的教育，使青少年更好地理解大我与小我、民族与世界的关系，坚定走中国特色社会主义道路的理想信念。第三，规范群体行为。主题教育工作法最突出的特征是实践性，这是其根本特征。开展生命健康、绿色环保、感恩诚信等素质教育，能有效规范群体的日常行为；在社会实践中，我们要把国家发展目标、政策、舆论等因素结合起来，让青少年走进基层，了解和感受人民，获得锻炼、增长才干，从而实现思想和行动的有机统一。

2. 心理学与主题教育工作法

心理学是一门研究人类心理现象及其规律的学科，心理学三大定律指的是知觉定律、学习定律、情感定律，涵盖了人类心理现象的很多层面，从知觉、认知、学习、情感等多个角度对人类心理现象进行深入的分析。青年的特质既是特定时空的产物，也必然随着时空特质的变化而不断地进行着自身重构。不同时代的青年有着不同的特质。从心理学角度对青年特质展开研究，决定着主题教育工作法的开展方式，有助于推动主题教育顺利开展。

知觉定律是指人类在感知外界信息时，会自动地按照某种规律对信息进行加工和整合。这种规律是人类天生自带的，是人在成长过程中形成的，所以不同的人对同样的信息会产生不同的感觉和体验。青年对于接收理论的加工整合能力较强，可塑性较高。青年时期是从“自然人”走向“社会人”的重要阶段，在这个阶段，教育对青年的成长起着至关重要的作用。主题教育能够帮助青年逐步习得并内化社会规范，逐步融入群体，正确认知自我与他人的关系。把握知觉定律与青年群体的深刻关系，理解青年感知过程的规律、认知和行为的产生及其影响，对于在青年群体开展主题教育有着重要的意义。

学习定律是指在特定环境中，人类通过经验和行为的不断反馈，逐渐形成一种新的行为模式。青年处于认知成熟的过渡期，学习能力较强，易于接受主题教育内容，并且已经具备跳出自我认知范畴的能力。主题教育工作法，正是将带有灌输目的的主题融入青年的社会认知中，通过既定的主题，增强青年对客观事物的主观认识、理解和评价，在经验反馈中不断深化对学习内容的认识，树立正确的政治立场和价值观。学习定律的研究对于理解青年接受主题教育成效的变化有重要作用。

情感定律是指人类面对不同情景时，会产生不同的情感体验和反应。情感是人类心理中最基本的现象之一，是人类行为和思维的重要推动力。新时代的青年具有多重特点，具有许多优秀的品质，如敢于创新、勇于担当、追求进步等。与此同时，青年身上也存在政治思想的矛盾性、价值取向的多元性、道德取向的功利性等问题。关注青年群体在开展主题教育活动中的情感体验和变化，针对青年的行为特点和思维方式调整主题教育的开展方式，对于引导青年形成正确的价值观、树立正确的政治立场和道德取向有重要作用。

3. 教育学原理与主题教育工作法

引导式教育法就是通过一定的途径引导出预想和设定的目标，引导受教育者学习各种技能的一种互动教育方法。科学认识和遵循青年身心发展和工作自身的客观规律，在对其施以教育时，从青年内在需要出发，根据青年实际选择合适的教育方法和手段，提高教育的针对性和实效性。主题教育工作法以鲜明的政治主题引导、教育青年，将教育目标内化为青年自身成长的动力和需求，启发、引导、激励青年，使其践行社会要求的道德规范，养成良好的道德品质和行为习惯。受教育者接受引导式教育并不是消极、被动的接受过程，而是一个积极、能动的过程。引导式教育法是教育者有目的、有计划、有组织、有步骤地对受众进行思想观点、政治立场、积极情感以及道德素质等方面的教育，有利于提高德育工作的适用性，增强德育教育的实施和受众德育的内化，取得更好的思想引导效果。

启发式教育法主张不要把知识直接告诉受众，应启发受众去思考，帮助受众发现自我和获取知识。我国最早提出启发式教学的是孔子。孔子说："不愤不启，不悱不发；举一隅不以三隅反，则不复也。"孔子认为教师应当在学生达到"愤""徘"的境界时再加以启发，才能发挥启发的作用。启发式教育法强调主动性与创造性相结合，在主题教育活动开展过程中，要充分依据青年的特点、需求，激发青年的学习热情，调动学习的主动性，不要牵着青少年走，要激励青少年，引导青少年进行积极的思维活动，促使青少年对主题教育的理论能够融会贯通，举一反三，能够坚持理论与实际相结合。在启发式教育中，青少年真正成了学习的主体，让青少年在主题教育的活动过程中学习理论、陶冶情操，促进青少年的全面发展。

二、功能作用

主题教育工作法在实施过程中会产生重要的社会效能，主题教育实践活动对青少年能够发挥激励、导向、育人的功效，对于帮助青少年形成正确的世界观、人生观和价值观，塑造健康良好的人格有重要意义。

1. 激励功能

在主题教育开展的过程中受众通过被感染和被影响，从而达到教化、激励的效果。对受众的成长激励是主题教育的重要功能，通过主题教育对受众的激励，转化成受众的自我肯定，从而使规则内化为自觉行为，提升教育的实效性。同时，主题教育能够激发人们的情感共鸣。主题教育的开展，是在特定的时间和空间内，借助一定的主题，并通过各个要素整合而逐渐形成具有一定意义的活动。人作为主题教育的参与者，在进行情感体验的同时能够产生情感共鸣，实现激励功能。譬如，全党开展党史学习教育，就是要在今天让人们永远不要忘记历史上中国共产党百年奋斗征程的艰苦卓绝和艰难险阻，通过情感的共鸣和精神的洗礼，进一步激发人们对于革命先烈和中国共产党的感情，进而催人奋进，更好地投入社会主义现代化建设和实现中华民族伟大复兴的进程中去。

2. 导向功能

主题教育开展的过程具有很强的导向性、感染性、教育性。主题教育工作法规范、激励和引领着参与者的道德品质和道德行为，潜移默化地提升参与者的精神境界。新时代共青团开展的主题教育活动，能够有效引导青少年接受习近平新时代中国特色社会主义思想的熏陶，通过学习不断提升素质，端正思想，增强对“四个意识”“四个自信”“两个维护”的理解与认同，发挥教育实效，鼓励青少年将满腔热血与一身本领致力于新时代伟大祖国的建设，共同为党和人民伟大事业的实现助力添彩，发挥出青年人才的价值，将主题教育的成效转化为实践动力。

3. 育人功能

主题教育开展的过程增长了受众的见识，丰富了受众的精神世界，有利于营造积极、向上、健康、有益的文化氛围。青少年是主题教育的主体和参与者，要组织好主题教育活动，需要他们有充分的准备和参与。主题教育的开展是持续性的，参加主题教育可以激发青少年的求知欲望，提高青少年的能力，从而在无形之中推动青少年的自我教育。主题教育能丰富青少年的知识涵养，增强青少年的理想信念，有利于思想政治教育效果的实现。从主题教育的内容、形式上讲，以丰富的内容、丰富多彩的教学形式，使青少年的学习兴趣和主动性得到极大的提升，让青少年在活动和实践中受教育、长知识、增才干，达到“润物无声”的效果。将德、智、体、美、劳有机地结合在一起，使青少年形成正确的世界观、人生观和价值观。

三、宝贵经验

习近平总书记强调，把党的中心任务作为中国青年运动和青年工作的主题和方向，这是100多年来中国青年运动和青年工作的一条基本经验。在新时代开展青少年主题教育的过程中，共青团跟党奋斗的百年团史是重要的教育资源，能够很好地彰显团的政治性、组织性、青年性、先进性、群众性等特点，要充分加以开发利用。

1. 党的主题教育是团的主题教育的示范

百年来，共青团始终紧跟党的步伐，坚持做党联系青年最为牢固的桥梁纽带，通过主题教育这一重要工作方式来统一认识、凝聚力量、明晰方向。

新民主主义革命时期，随着党的队伍不断发展，部分党员领导干部呈现出思想不纯、组织不纯和官僚主义等问题，中共中央在1941年到1945年开展整风运动，1947年到1949年开展“三查三整”整党运动，团中央始终坚定不移跟党走，及时整顿团内作风，清除了一批不符合条件的干部，为争取解放战争胜利奠定了坚实基础。

社会主义革命和建设时期，中国社会的性质发生了彻底而根本的变化，我们党也由过去的革命党转变成为执政党，对党的建设要求也随之提高。新中国成立初期，1950年到1954年党中央开展整风整党运动，1957年开展整风运动，整顿党内骄傲自满、贪图享受、官僚主义的不良作风。1952年8月，团中央响应党的号召，作出《关于青年团员参加党的共产主义与共产党的学习的决定》，要求全体团员参加主题教育活动，帮助广大团员保持密切联系群众的作风，克服缺点，整顿团的作风，在受教育的同时巩固团的组织发展。1952年8月25日，青年团召开一届三中全会，会议着重讨论了关于如何协助党教育好整个一代青年的问题。会后，各大区同志对照青年工作、发展存在的问题，配合党从1950年至1954年以整顿领导作风、“三反”和党员普遍教育为主题的整风整党运动，对青年作风开展整顿。1954年春，团中央书记处针对青年群体中出现的道德败坏、腐化堕落现象开展整顿，重点针对青年的纪律和社会风气问题，全国集中进行“培养青年共产主义道德，抵制资产阶级思想侵蚀”主题教育活动，收到显著成效，全社会形成关怀、保护青少年成长的舆论力量，青年的拒腐防腐能力增强，青年干部的工作方法和作风得到极大改善。1964年到1966年党中央开展社会主义教育运动，后来发展成“清思想、清政治、清组织、清经济”的“四清”运动，共青团迅速响应党的号召，引导广大青年认真学习党中央有关社会主义教育运动的指示和各项方针政策，以毛泽东思想为指针，把青少年组织起来，把工作活跃起来，使广大青年成为阶级斗争、生产斗争和科学实验三大革命运动中的一支生气勃勃的突击队。

改革开放和社会主义现代化建设新时期，随着党的工作重心的转移和改革开放的稳步推进，我们党自身所面临的挑战也在不断发生着变化。1983年10月，党的十二届二中全会通过《中共中央关于整党的决定》，1983年到1987年全国开展大规模的整党运动。此后，共青团广泛开展理论学习活动，并以“党在我心中”“永远跟党走”为内容，大力开展主题教育活动，思想政治教育工作取得了新成就。1995年到2000年，党中央开展“三讲”教育活动，决定对县处级以上领导干部进行一次以“讲学习、讲政治、讲正气”为主要内容的党性党风主题教育。2000年12月到2012年11月，党中央先后开展“三个代表”重要思想学习教育活动、保持共产党员先进性教育活动、深入学习实践科学发展观活动、创先争优活动。在改革开放的形势下，团中央围绕配合党中央开展的主题教育活动，加快团的自身建设和改革，在一定程度上增强了团组织的生机和活力。

中国特色社会主义新时代，党中央把党的自身建设作为中国特色社会主义事业的重要抓手，并将自我建设摆到更加突出、醒目的位置。

2013年4月至今，党中央共开展主题教育6次，分别是党的群众路线教育实践活动、“三严三实”专题教育、“两学一做”学习教育、“不忘初心，牢记使命”主题教育、党史学习教育、学习贯彻习近平新时代中国特色社会主义思想主题教育。共青团始终坚持服从党的领导，永远跟党站在一起，企业、农村、学校、政府机关的广大青年积极响应，接受主题教育，形成良好的社会氛围，取得良好效果。“广大青年在实现新时代伟大变革的历史进程中贡献了青春的智慧和力量，中国青年运动在推进具有许多新的历史特点的伟大斗争中书写了恢弘壮阔的时代篇章！”[①]

开展主题教育实践活动，对引导广大青年牢固树立为人民群众服务的宗旨意识和马克思主义的群众观点，切实改进工作作风，具有十分重大而深远的意义。

2. 爱国主义是主题教育的灵魂

习近平总书记指出：“要结合弘扬和践行社会主义核心价值观，在广大青少年中开展深入、持久、生动的爱国主义宣传教育，让爱国主义精神在广大青少年心中牢牢扎根，让广大青少年培养爱国之情、砥砺强国之志、实践报国之行，让爱国主义精神代代相传、发扬光大。”[②]纵观百年团史，传承和发扬红色精神、开展红色爱国主义教育始终是共青团工作的主旋律。在共青团百年发展和壮大的历史中有着极为丰富的红色故事与红色人物，传承和发扬红色精神就是要在中国共产党的领导下，积极开展主题教育，引导青年坚定共产主义信仰，投身共产主义事业。

新民主主义革命时期，在中国共产党的领导下，共青团积极组织和

---

① 蔡奇：《在强国建设民族复兴新征程上书写壮丽青春篇章——在中国共产主义青年团第十九次全国代表大会上的致词》，《中国青年报》2023年6月20日。
② 习近平：《论党的宣传思想工作》，中央文献出版社2020年版，第178页。

动员青年投身革命洪流，为推翻帝国主义、封建主义、官僚资本主义前赴后继、顽强奋斗。1918年5月，北京学生在请愿斗争中成立了爱国会，该会一路南下联络，得到上海、南京、天津、济南等地学生的支持，宣传爱国主义，开展主题教育，灌输国民常识，增进国民人格，该社团的诞生及相关活动为团结广大青年反帝爱国起到了积极作用。1925年五卅运动中，共青团发布了《中国共产主义青年团为反抗帝国主义屠杀中国市民告全国青年》，号召“继死者未竟之志”，“准备这次长期反对帝国主义运动的斗争”。[①]在党的领导下，共青团积极投身反帝反封建的爱国革命运动，1935年参与组织动员北平学生发动了声势浩大、波及全国的“一二·九”抗日救亡运动，号召全国青年“为了中华民族的生存，为了祖国领土的完整，为了四万万同胞的解放”[②]，“把抗日救国运动扩大起来！到工人中去，到农民中去，到商民中去，到军队中去！唤起他们救国的觉悟，推动他们建立救国的组织”[③]。共青团以爱国主义为主题，大力开展爱国救亡运动，开启了以爱国主义为主题的教育先河。

社会主义革命和建设时期，共青团组织全国青年，积极参与中华民族有史以来最为广泛而深刻的社会变革，组建青年突击队、青年垦荒队、青年扫盲队，开展学雷锋活动，团结带领广大团员青年激发“敢教日月换新天”的豪情，喊出“把青春献给祖国”的响亮口号，向科学进军，向困难进军，向荒原进军，展现出敢于拼搏、辛勤劳动的精神风貌。艰难困苦，千难万险，广大团员青年主动作为、勇挑重担，哪里最

---

① 《中国共产党重要文献汇编（一九二五年一月——一九二五年六月）》第五卷，人民出版社2022年版，第424页。

② 《中国现代革命史资料丛刊·一二九运动资料》第一辑，人民出版社1981年版，第12页。

③ 《中国现代革命史资料丛刊·一二九运动资料》第一辑，人民出版社1981年版，第13页。

困难，哪里就有团的旗帜，哪里有需要，哪里就有团员青年的身影，为祖国建设贡献了青春，建立了重要功勋！在火热的实践中教育了青年、锤炼了青年。

改革开放和社会主义现代化建设新时期，共青团发起“争当新长征突击手”“五讲四美三热爱”等主题教育活动，号召新一代青年为四化建设建功立业；组织开展“中国青年科技行动”，围绕党和国家关于科技发展的总体部署，开展增强科技意识的主题教育，激励青年学习科技知识。20世纪80年代开始，共青团中央结合先进青年事迹，开展了“我爱祖国我爱党”“团结起来，振兴中华”“我与祖国共奋进”等一系列主题教育活动，积极引导广大青年传承和践行爱国主义精神。

中国特色社会主义新时代，时代变迁和国家的发展使主题教育内容不断变化，但爱国主义始终是主旋律。共青团充分发掘百年党史和团史中的红色人物、红色故事，结合当代青年的时代属性和特征开展主题教育，推动新时代青年继续传承好红色精神，为新时代中国特色社会主义注入红色的青春力量。

习近平总书记多次强调，要着力加强对广大青年的政治引领。百年来，共青团始终把爱国主义作为开展主题教育的一项重大任务，坚持组织、动员和引导广大青年在不同的历史阶段践行爱国主义价值理念。爱国主义是青少年教育取之不尽的重要资源，是青少年主题教育的灵魂。

3. 塑造青少年价值观是主题教育的着力点

塑造青少年价值观是共青团的主责主业。20世纪80年代，国家发展需要用解放思想、担当作为的内容引导青少年树立自强不息、敢于奋斗的精神理念。1980年3月，清华大学化72班的学生们响亮地提出“从我做起，从现在做起”的口号。共青团中央极其重视对这一口号内涵的发掘和意义的推广。1980年5月，时任中共中央副主席的邓小平给《中国少年报》和《辅导员》杂志题词："希望全国的小朋友，立志做有理想、有道德、有知识、有体力的人，立志为人民作贡献，为祖国作贡献，为人类作贡献。"[①]1980年春，团中央决定在青年学生中开展主题教育，大力提倡"从我做起，从现在做起"的精神，鼓励广大青年学生投身四化建设，争当新长征突击手。全国各大、中学校闻风而起，根据本校实际情况开展各具特色的主题教育活动，"从我做起，从现在做起"的口号迅速融入青年学生的学习生活之中。

1981年2月，共青团结合地方上已有的相关主题教育活动，与全国总工会等相关单位联合发起"五讲四美三热爱"活动。中共中央充分肯定此项活动，同时规定每年三月为全民文明礼貌月。在1982年的第一个文明礼貌月中，全国50万个青少年服务队和学雷锋小组走上社会，广泛开展"为您服务"、助人为乐的活动，在广大群众中引起了强烈的反响。随后，这一活动逐渐与学雷锋活动相融合，在转变社会风气、加强社会主义精神文明建设中发挥了积极作用。

1985年，全国共青团思想政治工作会议提出，要加强和改进新时期的青年思想政治工作，在四化建设的伟大实践中培养和造就一代有理想、有道德、有文化、有纪律的共产主义新人，同年开展了"祖国在我们心中，做'四有'新人"主题教育活动。从此，做"四有"新人的口号和以此为主题的教育活动在全国各行各业展开，比如1991年开展的"学雷锋精神，做'四有'新人"活动等。共青团为培育"四有"新人而开展的一系列主题教育活动，对于引导青少年将崇高的理想与党和国

---

① 中共中央文献研究室编：《邓小平年谱（一九七五——一九九七）》（上），中央文献出版社2004年版，第639页。

家的奋斗目标结合起来、培养良好的社会公德和职业道德有重大意义。

同时，共青团通过典型教育法与主题教育工作法相结合的方式，将树典型与开展主题教育相结合，全面开展对青年的思想政治教育工作。例如，被誉为20世纪80年代中国的“保尔”的张海迪就是典型代表。1983年3月7日，团中央授予张海迪“优秀共青团员”称号后，张海迪开始在北京、山东等地进行巡回演讲。各地团组织利用青年喜闻乐见的形式，积极开展主题教育，“学习张海迪”是一次重要的主题教育活动，对青少年养成克服困难、坚韧不拔、昂扬向上的精神品格起到了极大的促进作用。

1994年12月，团中央成立中国青年志愿者协会，后又成立团中央青年志愿者行动指导中心，成为全国青年志愿者行动有力的推动者。中国青年志愿者行动通过一系列主题教育活动，团结、组织、动员更多的青少年参加志愿服务和社会主义精神文明建设，在建设现代社会、树立社会新风、提高公民素质方面起到了积极的引导作用，是中国青年运动的一个重要内容和代表。

四、重点项目

团中央2022年4月20日发布的《新时代加强和改进共青团思想政治引领工作实施纲要》明确指出：“开展各类主题教育活动。以团支部、少先队中队为基本单位、团课队课为基本载体，持续开展‘学党史、强信念、跟党走’、‘青春心向党 · 建功新时代’主题教育。要始终将学习宣传贯彻习近平新时代中国特色社会主义思想作为重中之重，教育引导青少年深刻领悟‘两个确立’的决定性意义，不断增强对以习近平同志为核心的党中央的思想认同、政治认同、实践认同和情感认同。要面向基层，明确全团统一要求，深入发动基层组织，广泛覆盖普通团员和广大少先队员，科学制定评价标准，确保主题教育活动在基层落实落细。要创新形式，紧密结合当代青少年思想特点和行为习惯，精心设计内涵丰富、形式新颖、互动性强的教育内容，切实提升针对性和实效性。要以推动党史学习教育常态化长效化为基础，探索将各类主题教育的有益经验和有效做法转化为制度化成果。”其为新时代主题教育的展开提供了指引。

1.“我与祖国共奋进”主题教育实践活动

进入21世纪，团中央响应党的号召，适应时代发展的需要，启动了“我与祖国共奋进”主题教育实践活动。2006年3月，团中央下发《关于在全团开展“我与祖国共奋进”主题教育实践活动的通知》。团中央号召广大青年农民积极投身社会主义新农村建设，号召广大青年劳动者在加快产业结构优化升级、加快发展服务业中奋发有为，号召青年知识分子为实施科教兴国战略和人才强国战略多作贡献，号召青年学生为报效祖国健康成长，号召海内外各族各界中华青年为实施“十一五”规划、促进祖国建设和发展共同团结奋斗。团中央希望通过开展具有时代特征、符合青少年特点的系列主题教育实践活动，形成鲜明导向，使“我与祖国共奋进”成为广大青少年的响亮口号和自觉行动。

“我与祖国共奋进”主题教育实践活动启动后，广大团员青年积极响应、踊跃参与，在全国范围内掀起了与祖国共奋进、与时代同发展的热潮。2006年6月，团中央下发《关于开展“我与祖国共奋进——唱响新时代青春之歌”系列活动的通知》。在广大青年中开展“我与祖国共奋进”主题歌征集、“生活中的荣与耻”征文、“新时代的年轻人”群英榜推选、征集“青春档案”、“青春中国”寻访实践和建设“我与祖国共奋进”网络展览馆等活动。通过发动广大青年和艺术工作者、音乐院校师生，征集创作一组激励青年与祖国共奋进、在青年中和社会上广为传唱的主题歌曲，使之成为新时期青年学习、创造、奉献的主旋律；通过动员广大青年关注和发现生活中践行“八荣八耻”的具体事例，引导青年从日常生活中的点点滴滴做起，用真情实感书写身边的真、善、美，讲述对荣与耻的感悟。2009年，全团深入推进“我与祖国共奋进”主题教育实践活动，紧紧围绕庆祝中华人民共和国成立60周年、纪念五四运动90周年等契机，在广大青少年中开展内容丰富、形式多样的爱国主义教育活动，掀起了青少年爱国主义教育的热潮。各地团组织面向青年广泛开展报告宣讲和座谈交流活动，数以百万计的青年在报告会中受到国情教育，明确了自身使命，激发了爱国情感。2010年，共青团面向各类青年群体，组织开展了以传唱爱国歌曲、励志歌曲、民族团结歌曲为主要内容的“我与祖国共奋进”青春歌会活动，让青年受到感染、振奋精神。五四期间，团中央组织开展“我与祖国共奋进——伴我成长的歌声”青春歌会活动，运用新媒体手段，面向“70后”“80后”“90后”青年，广泛征集、评选和宣传在不同年代青年成长历程中影响最大、感触最深的爱国励志歌曲。2011年，各级团组织按照中央有关要求和部署，广泛开展“我与祖国共奋进”形势政策教育活动，在广大团员青年中深入宣传党的十七届五中全会精神和全国两会精神。

“我与祖国共奋进”主题教育实践活动逐渐发展成为一项青少年思想政治教育工程、社会主义核心价值体系建设工程。随着这项活动广泛深入地开展，越来越多的有志青年心中满怀对国家、对民族、对社会的责任感和使命感，以蓬勃朝气和昂扬锐气投入时代发展的洪流之中，发出了为构建社会主义和谐社会、全面建设小康社会贡献智慧和力量的时代强音。

2.“我和我的祖国”群众性主题宣传教育活动

为深入学习贯彻习近平总书记在纪念五四运动100周年大会上的重要讲话精神，广泛开展庆祝中华人民共和国成立70周年“我和我的祖国”群众性主题宣传教育活动，根据中央有关安排部署，中央宣传部、教育部、共青团中央决定，在全国中小学组织开展“我爱祖国　同唱国歌”活动。活动坚持以习近平新时代中国特色社会主义思想为指导，紧紧围绕庆祝中华人民共和国成立70周年，围绕贯彻落实立德树人根本任务，大力弘扬以爱国主义为核心的伟大民族精神，唱响爱党爱国爱社会主义的时代主旋律，营造礼赞新中国、奋进新时代的浓厚氛围，引导激励广大青少年紧密团结在以习近平同志为核心的党中央周围，树立远大理想、热爱伟大祖国、担当时代责任、勇于砥砺奋斗、练就过硬本领、锤炼品德修为，努力把爱国情、强国志、报国行自觉融入坚持和发展中国特色社会主义事业、建设社会主义现代化强国、实现中华民族伟大复兴的奋斗之中，做担当民族复兴大任的时代新人，做德智体美劳全面发展的社会主义建设者和接班人。

3.“学团史忆初心，牢记使命跟党走”网络主题教育活动

2022年正值中国共产主义青年团成立100周年，共青团始终坚定不移跟党走，团结带领共青团员和广大青年前赴后继、勇当先锋，书写了中国青年运动的华章。为了让青年学子更好地了解百年团史，坚定永远跟党走的决心，树立远大理想，增强奋斗精神，团中央和各地共青团相继推出“学团史忆初心，牢记使命跟党走”网络专题学习推文，传递青春正能量，向建团百年致敬。建团100周年主题教育活动，旨在团结和

凝聚各界青年力量，引领青少年进一步学党史、悟思想、办实事、开新局，引导广大青年厚植爱党、爱国、爱社会主义的情感，让红色基因、革命薪火代代传承。

4.“把青春华章写在祖国大地上”大思政课网络主题宣传活动

在2022年开展的“把青春华章写在祖国大地上”大思政课网络主题宣传活动中，部分党的二十大代表、航天英雄和思政教师、学生代表等，以案例讲述、情景教学等生动鲜活的形式，与广大青少年同上网上网下大思政课。活动以党的二十大精神网上宣传和2023年网上重大主题宣传为牵引，带领更多青年学子在神州大地贯彻落实党的二十大精神的伟大实践中关注时代、关注社会，汲取“请党放心，强国有我”的磅礴力量。“把青春华章写在祖国大地上”大思政课网络主题宣传活动在“七一”建党纪念日、“十一”国庆节、毕业季、就业季等时间节点，结合党史学习教育和“四史”宣传教育推出新媒体作品，引导青年立大志、明大德、成大才、担大任。还打造了“云思政”网上宣传平台，推动更多的优质思政教育资源通过网络影响青年，激励青年把青春华章写在祖国大地上。

5.“学党史、强信念、跟党走”学习教育

各级共青团和青联、学联学生会组织持续深化“学党史、强信念、跟党走”学习教育；因势利导教育引领青年，坚定跟党走，投身具有许多新的历史特点的伟大斗争；带领团员青年在实施“十四五”规划、实现2035年远景目标的进程中建功立业、成长成才；持之以恒深化改革创新，着力提升为党做好新时代青年群众工作的科学化水平。立足本职

岗位，切实把习近平总书记的重要要求内化于心、外化于行，认真履职尽责、不懈拼搏奋斗，以实际行动为党和人民创造新的业绩。

6.“青春心向党 · 建功新时代”主题宣传教育实践活动

围绕庆祝中华人民共和国成立70周年、纪念五四运动100周年、中国共产主义青年团成立100周年等重要活动，团中央在全团部署开展“青春心向党 · 建功新时代”主题宣传教育实践活动，激励和引导广大青少年大力弘扬爱国主义精神，精心策划开展深入有效、内容新颖、贴近青少年的宣传教育和实践活动，着力深化党的基本理论、基本路线、基本方略教育，着力深化党史、国史、社会主义发展史和中国青年运动史教育，着力深化国情形势政策和发展成就教育。主题宣传教育实践活动围绕“强化主题宣讲、强化仪式感召、强化榜样带动、强化网上引领、强化文化熏陶、强化实践锻炼、强化氛围营造”来开展。各级团组织持续兴起“青年大学习”热潮，开展与青少年面对面的宣讲活动，大力实施“青年讲师团”计划，组织理论专家、党员干部、青年教师、青年典型等走到青少年中，把党的理论讲清楚、讲明白，让青少年听得懂、记得住、能运用。通过广泛开展主题团日、主题队日，突出仪式教育的感召作用，依托各地红色教育资源，集中开展入团仪式、18岁成人礼、祭奠革命英烈等仪式教育活动，组织全体共青团员实地接受一次“沉浸式”的精神洗礼。

7. 党的二十大精神和习近平新时代中国特色社会主义思想宣传教育活动

2022年4月25日，习近平总书记在中国人民大学考察时强调：“青少年思想政治教育是一个接续的过程，要针对青少年成长的不同阶段，有针对性地开展思想政治教育。”[1]聚焦学习宣传贯彻习近平总书记在中国共产党成立100周年、中国共产主义青年团成立100周年大会和党的二十大上的重要讲话精神，在青少年中持续开展思想宣传教育活动，引导广大青少年牢固树立对马克思主义的信仰、对中国特色社会主义的信念、对中华民族伟大复兴中国梦的信心，增强中国特色社会主义道路自信、理论自信、制度自信、文化自信，打牢成长成才的思想根基。2022年，共青团围绕加强党史、新中国史、改革开放史、社会主义发展史教育，开展学习宣传贯彻党的二十大精神、学习贯彻习近平新时代中国特色社会主义思想主题教育等活动，引导青少年从党的辉煌成就、艰辛历程、历史经验、优良传统中深刻领悟中国共产党为什么能、马克思主义为什么行、中国特色社会主义为什么好，引导青少年增强民族自尊心、自信心和自豪感，增进爱国情感，让爱国主义成为青春亮丽的底色。引导广大青少年自觉弘扬社会主义核心价值观，明大德、守公德、严私德，矢志追求更有高度、更有境界、更有品位的人生。

五、有效做法

举团旗，唱团歌，戴团徽，学团章，过团日，上团课，都是主题教育工作法的有效形式。新时代共青团开展主题教育工作既要坚持行之有效的传统做法，又要适应新形势，推进理念创新、内容创新、手段创新、技术创新，使主题教育工作始终贴近青年、充满活力。

---

① 《习近平在中国人民大学考察时强调 坚持党的领导传承红色基因扎根中国大地 走出一条建设中国特色世界一流大学新路》，《人民日报》2022年4月26日。

1. 完善主题教育的工作格局

共青团思想政治引领工作是党的思想政治教育工作的重要组成部分，主题教育工作法是思想政治教育工作的有效方法，要坚持在大局中找准定位，加强协同创新，提高制度化规范化水平，不断完善工作格局，努力提升工作效能。

一要融入党的思想政治工作大局。要将主题教育积极融入全党思想政治工作大格局，加强与党委部门相关政策的有效衔接，为共青团开展主题教育引领工作提供政策依托和制度保障。在主题教育实践中积极融入各地新时代文明实践中心等重要平台建设，发挥各类爱国主义教育基地、公共文化设施等的作用。提高社会化合作能力，有效整合运用社会资源开展主题教育工作。

二要注重强化全团的协同合作。要巩固全团开展主题教育工作实践的格局，加强机制协同、工作协同、成果协同、阵地协同。在全团层面构建和完善全领域发展、全流程参与、全战线统筹、全形态展现的主题教育开展模式。充分调动各级团组织的积极性、主动性和创造性，配合有效实现力量集聚和成效集聚，将主题教育工作系统化、完善化。

三要将面向青少年开展主题教育工作作为各级团、队组织的核心职责，以组织化学习为基本方式，以团支部、少先队中队为基本单元，将“三会两制一课”、主题团队日等作为开展主题教育工作的基本载体，不断强化党、团、队相衔接培养链条的思想政治引领工作功能。要引导青联、学联广泛参与，各级各类青年社团同步行动，发挥团代表联络站、青年之家等各类团属工作阵地作用，依托组织体系实现全面覆盖、深入基层、直达青少年，将主题教育工作落到深处、落到实处。

2. 拓展主题教育的工作内容

创新主题教育内容，要始终坚持将学习宣传贯彻习近平新时代中国特色社会主义思想作为重中之重，教育引导青少年深刻领悟“两个确立”的决定性意义，不断增强对以习近平同志为核心的党中央的思想认同、政治认同、实践认同和情感认同。

一是主题教育内容要贴合时代要求、青年需求、青年特点。新时代的主题教育应坚持认识规律性和把握时代性的统一，用历史照映现在和未来，用时代感悟和再现历史，只有做到二者的有机融合，才能通过主题教育活动实现思想政治教育的目标。

随着时代变化，目标的转换、任务的不同必然要求我们不断创新主题教育的内容，遵循党和国家的政策号召，提高主题教育的针对性和实效性。新时代开展主题教育活动，不能仅仅停留在讲故事听故事、瞻仰革命英烈、总结历史经验教训等传统层面，要与时俱进、创新理论学习和实践教育的思路和方法，构建新时代主题教育的话语体系，创新理念和思路，以全面学习贯彻习近平新时代中国特色社会主义思想为指引，对主题教育的内容进行多样化的创新，让中国共产党的革命精神在新时代主题教育中再现其光芒，要用马克思主义中国化时代化的创新理论成果铸魂育人，使青年自觉增强中国特色社会主义道路自信、理论自信、制度自信、文化自信。

新时代主题教育的内容要充分贴近青年需求。新时代的青年物质生活优渥，对精神追求的层次更高，其中对接受教育和坚定信心的精神需求较为突出，在主题教育内容的设置上，要进一步优化对传承中华民族优秀传统文化和伟大建党精神的延伸，以坚定青年的精神信仰、增强做中国人的志气、增强青年的精神力量、增强做中国人的骨气、满足青年人的精神需求、增强做中国人的底气为基础，满足青年对精神领域和受教育领域更高层次的追求。

新时代主题教育的内容要符合青年特点。新时代青年兼有“志存高远”的理想、“舍我其谁”的担当、“任劳任怨”的吃苦精神，有理想、敢担当、能吃苦、肯奋斗，主题教育的内容要符合青年积极向上、追求进步的特点。同时，新时代青年受科技发展、信息纷杂的影响较深，形成正确的价值观需要主题教育的针对性引导，主题教育要重视培养青年形成正确的世界观、人生观、价值观。

二是要重视主题教育内容的青年化研究。要聚焦青年关切回应问题、释疑解惑。在开展主题教育时，要区分不同年龄、不同群体的青少年，探索对主题教育内容的元素化解析，对宏大理念、理论进行政策性解读，对文件理论语言进行“青言青语”转化，结合具体场景，结合现实案例，结合青少年个人成长，把故事讲生动、把逻辑讲明白、把理论讲透彻。要创新主题教育的形式，需要紧密结合当代青少年思想特点和行为习惯，精心设计内涵丰富、形式新颖、互动性强的教育形式，切实提升针对性和实效性。

3. 创新主题教育的工作方法

主题教育工作方法的创新，必须是在坚持党中央部署的前提和原则下的创新，而不是另搞一套。创新必须是在确保主题教育不跑偏的基础上的创新，这样的创新才有价值和意义，才会具有吸引力和感染力，这样的主题教育才能富有特色和成效。

一要重视发挥主题教育实践育人的优势。把实践育人作为共青团开展主题教育工作的特色优势，紧紧围绕青少年进行社会观察、社会参与的内在需求，组织开展“三下乡”“返家乡”等主题社会实践，“挑战杯”“振兴杯”“创青春”“志交会”等竞赛活动，实施大学生社区实践计划，深化高校共青团“第二课堂成绩单”制度，引导广大青少年在奉献社会、服务人民中锤炼思想、体悟成长。注重开展青少年政治体验活动，如开展政治专题知识学习、各级各类讲座、党史知识竞赛、演讲比赛，以了解我国国体和政体、掌握政治常识、增进政治认同为目标，在全国范围内遴选、建立参观体验点，探索规范化运行模式。

二要善于利用新媒体手段开展主题教育。新时代背景下开展主题教育活动要开辟新的教育载体，利用网络将其他资源融合到活动中来；要转变“理论宣讲为主，自身体验为辅”的教育方式。持续推动网络新媒体为思想政治引领工作“赋能”，深入实施共青团宣传思想产品化战略，不断创作推出有思想内涵、有精良品质、有广泛影响的共青团网络文化产品。加强共青团网络新媒体矩阵建设，加强网上少先队建设，提升团属新媒体协作能力，聚合全团各类互动平台资源，形成主题教育的系统效应。探索主题教育线上线下深度融合，将共青团网络新媒体优势与组织化动员优势结合起来，形成思想政治引领的强大合力。

第二章

实践育人工作法

实践是人的根本存在方式。南宋诗人陆游在《冬夜读书示子聿》中写道："纸上得来终觉浅，绝知此事要躬行。"明代思想家、哲学家、教育家王阳明提倡"知行合一"。人民教育家、思想家陶行知强调"教学做合一"，并把实践放在第一位，从实践中学习，再返回实践。这些观点都强调了实践在育人工作中的重要性。

所谓实践育人，就是让受教育者通过实践的形式，在具体的参与和体验中更好地理解相关的知识，并在实践中提升相应的能力，从而达到最佳的教育成效。实践育人因其具有很强的参与性、体验性，与青少年强烈的求知欲、探索欲高度契合，从而深受青少年喜欢。把原本较为枯燥的知识学习和思想政治引领巧妙地融合在实践体验中，润物细无声地将其变得有意思而且有意义。

党和国家一直高度重视对青少年开展实践教育，在不同时期推出了很多充满青春气息、形式多样、内容丰富的实践活动，取得了很好的教育效果，极大地推动了社会主义现代化建设。

2016年4月26日，习近平总书记在同知识分子、劳动模范、青年代表座谈时强调："所有知识要转化为能力，都必须躬身实践。要坚持知行合一，注重在实践中学真知、悟真谛，加强磨练、增长本领。”[①]2018年5月2日，习近平总书记在北京大学师生座谈会上强调，“不论学习还是工作，都要面向实际、深入实践，实践出真知”[②]。2019年3月18日，习近平总书记在学校思想政治理论课教师座谈会上强调：“马克思主义是在实践中形成并不断发展的，要高度重视思政课的实践性，把思政小课堂同社会大课堂结合起来，在理论和实践的结合中，教育引导学生把人生抱负落实到脚踏实地的实际行动中来，把学习奋斗的具体目标同民族复兴的伟大目标结合起来，立鸿鹄志，做奋斗者。”[③]《中国共产主义青年团章程》明确提出：“中国共产主义青年团是中国共产党领导的先进青年的群团组织，是广大青年在实践中学习中国特色社会主义和共产主义的学校。”共青团中央、全国学联印发的《关于增强新时代大学生社会实践活动实效　深化共青团实践育人工作的意见》明确提出：“实践育人作为落实立德树人根本任务的关键环节，是高校思想政治工作体系的有机组成，是培养担当民族复兴大任时代新人的有效途径。”

团十九大报告强调，“新时代青年要担当奋斗……勤奋学习、躬身实践，主动到祖国和人民最需要的地方拼搏奉献”[④]。历史和实践充分说明，实践育人是共青团一直以来的鲜明组织优势，在新时代新征程上，共青团要继续发挥这一巨大优势，组织动员广大青年在全面建设社会主义现代化国家、实现中华民族伟大复兴的生动实践中绽放绚丽之花。

---

① 习近平：《论党的青年工作》，中央文献出版社2022年版，第123页。
② 习近平：《论党的青年工作》，中央文献出版社2022年版，第149页。
③ 习近平：《论党的青年工作》，中央文献出版社2022年版，第193页。
④ 阿东：《在习近平新时代中国特色社会主义思想指引下　动员引领广大青年为全面建设社会主义现代化国家而团结奋斗——在中国共产主义青年团第十九次全国代表大会上的报告》，《中国青年报》2023年6月26日。

一、工作原理

1. 心理学原理与实践育人工作

从人的认知获得途径看。美国著名心理学家罗杰斯认为，人皆有天赋的学习潜能与倾向。这种学习包括对技能的渴望、对知识的渴求、对他人与自我认识的要求，以及对人际和谐、积极评价的需要与积极创造。他提出人要进行“意义学习”，即学习者主动自发、自我评价的学习。也就是说学习者在学习活动中自由选择有效的、合理的、正当的学习方向，探索发现结果，并独立进行检查、求助、调整，自己对学习过程负责。学习者自我发起的学习，是最持久、最深刻的；而学生负责任地参与学习过程，就会促进学习。实践教育正是学习者自发选择的有效学习手段，并在实践的过程中进行自我修正、自我调整，获得认知水平的提升。

从人的能力习得途径看。心理学家认为，人的能力习得是人对于能力获取的心理诉求基础上的学习结果。美国心理学家亚伯拉罕·马斯洛提出需求层次理论，人有了需要，有了渴望，就会设定目标，让自己有一个追求的方向。人有了目标之后，如果什么也不去做，那毫无疑问是无法实现目标的。因此，人一旦有了目标，就应该朝着这个目标迈进，而实现目标的路径就得靠反反复复的实践活动，在实践中对照目标，不断调整优化实践的策略和举措。实践行动是人的目标达成与能力习得的最佳途径。人的需求不断自我实现的过程其实就是人在持续的实践活动中让自己的能力习得水平不断进阶式提升的过程。实践活动是促进人的需求自我实现的重要途径。

2. 青年心理的特殊性与实践育人工作

青年普遍具有好奇、探索、体验的心理特征，青年人都喜欢新鲜的事物，创新探究是青年人的显著标志，这些鲜明的心理特征对于广泛开展实践活动创造了很好的心理基础。

一是青年的好奇心十分强烈。习近平总书记在全国教育大会上强调，要“鼓励学生善于奇思妙想并努力实践，以创造之教育培养创造之人才，以创造之人才造就创新之国家”[①]。好奇心是促进人的智能发展和帮助社会公众认识客观世界的内部动因，是推动人类社会科学知识不断发展进步的重要驱动力。好奇心是青年普遍性的心理特征，青年总是对新生事物有着天然的好奇，他们渴望探索未知，期望在探索的过程中有新的发展、新的认识和新的成长。

二是青年的创新能力十分突出。“青年是常为新的，最具创新热情，最具创新动力。”[②]青年是社会上最富活力、最具创造性的群体，理应走在创新创造前列。青年的创新能力关乎国家的未来，国家之间的竞争某种程度上而言就是青年创新能力的较量。而创新精神正是青年群体鲜明的特质，他们具有乐于创新、善于创新的品质。青年是最具创新思维的群体，他们头脑灵活、思维敏捷、创意十足，同时青年通过创新性实践使得自己的心智也更加成熟。

三是青年的知识结构还不完善。青年正处于学习知识、培养能力、

---

① 习近平：《论党的青年工作》，中央文献出版社2022年版，第176页。
② 习近平：《论党的青年工作》，中央文献出版社2022年版，第8页。

磨炼品德的关键时期，青年每天都在进步之中。同时，青年的知识结构还不完善，知识体系还在建构之中，通过传统学习方法积累的理论知识还未成为青年自己活的知识。通过实践体验的方式来巩固所学的理论知识是青年建构知识体系的最佳途径，从而帮助青年形成较为稳定的心理认知，在脑海深处建立较为牢固有效的知识结构。

3. 教育学原理与实践育人工作

从教育学角度看，“活动中心论”与“生活教育论”是考查实践育人工作方法的主要理论。教育学家认为，教育是直面人的生命、通过人的生命、为了人的生命质量的提高而进行的社会实践活动。马克思、恩格斯认为，教育与生产劳动的实践相结合是历史发展的必然。教育的过程就是青少年在实践活动中接收知识、建构认知、培养能力、感悟成长的历程。

一是“活动中心论”。美国著名哲学家、教育家，实用主义哲学的创始人之一约翰·杜威提出了“儿童中心（学生中心）”“活动中心”“经验中心”的“新三中心论”。他认为，教育就是个人在社会生活中与人接触、相互影响、逐步扩大和改进经验，养成道德品质和习得知识技能。他认为，人们在社会中参加真实的生活，才是身心成长和改造经验的正当途径。因此，他一直主张“从做中学”。他认为，儿童不从活动而由听课和读书所获得的知识是虚缈的。“活动中心论”强调的就是知识的获得不是个体“旁观”的过程，而是“探究”的过程，而“探究”是主体在与某种不确定的情境相联系时所产生的解决问题的行动。在这个行动中，知识不是存在于旁观者被动的理解中，而是表现为主体对不确定情境的积极反应。知识是个体主动探究实践的结果，这为共青团开展实践育人工作提供了理论视角。

二是“生活教育论”。我国著名教育家陶行知提出的“生活教育论”主要包含“生活即教育”“社会即学校”“教学做合一”三个基本观点。其核心要义是指教育与生活经历体验是同一过程，教育离不开生活，生活离不开教育。陶行知认为，教、学、做三者不可分割、密切相关，做是教的中心，也是学的中心，教育者、学习者都要在“做”的实践中发挥其主观能动性。“做”在获得知识过程中发挥着核心作用，“做”即“实践”。“教学做合一”的主张，强调了实践是获取知识的重要途径，有助于培养青年人的动手操作能力。只有通过实践教育活动，青少年才能有效获取知识，并在实践基础上将知识转化为能力。

二、功能作用

实践本身是一种社会活动，是人类发展进步的重要途径，具有重要的社会功能，特别体现在对人的成长与发展的指导作用、教育作用和示范作用。

1. 实践的指导作用

实践的指导作用是实践的指导性的具体表现。在人类的认知发展过程中，既要重视理论的指导作用，更要重视实践的指导作用。恩格斯指出：“一切观念都来自经验，都是现实的反映——正确的或歪曲的反映。”[①]这充分揭示出实践内容决定理论的本质，实践的发展决定着理论的发展，实践活动过程决定着理论的形成过程。在实践的发展过程中，

① 《马克思恩格斯全集》第二十卷，人民出版社1971年版，第661页。

无论是发挥理论对实践的指导作用，还是实践对实践的指导作用，不仅要结合客观实际，而且要结合主观实际。只有既发挥好理论的指导作用，又发挥好实践的指导作用，既与客观实际结合起来，又与主观实际结合起来，才能最大限度降低实践发展的盲目性，最大限度发挥人们的主观能动性，从而提升实践活动的实效性，进而不断加快人类社会的发展创新步伐。

2. 实践的教育作用

实践的教育作用主要体现在增强学生实践能力、丰富生活体验和增强学生的社会责任感。实践活动是以实践为取向的，目的在于实践意识的养成，增强学生的实践能力，增加在实践活动中的亲身体验。学生通过走入社会情境、接触社会现实、参与各种社会活动等方式，能够增长直接经验，提高实践能力。实践是以体验为核心的行为，使得学生的学习渠道和空间多样化，学习方式生活化，使学生融入完整的社会生活中，得到丰富的生活体验。实践活动把获得社会实践知识、获得社会认知、掌握服务社会的本领作为学生发展的重要内容，使学生通过多样化的实践，形成勇于担当社会责任的价值观念与服务社会的基本技能和方法，使学生在获得社会适应能力和生存能力的同时，形成公民应具备的良好素质，从而实现学生在认知、情感和能力等领域的全面协调发展。

3. 实践的示范作用

实践的示范作用主要是指通过实践活动实现经验总结、典型塑造、榜样引领的示范效应。实践活动让青少年在具体行动中探索，逐步形成经验性的做法，成为示范性的活动，并用于指导今后同类型的实践，从而实现“从实践中来，到实践中去”的目的。同时，实践活动往往能够以生动活泼的形式激发学生积极表现自我、批判自我、展现自我，使每个学生的个性都得到自由充分发展。在实践活动中往往能够让一些优秀的青少年脱颖而出，他们在实践活动中得到锻炼，在实践活动中成长，成为青少年中的榜样，对广大青少年的发展发挥示范引领作用。

三、宝贵经验

社会主义革命和建设时期，共青团积极参与中华民族有史以来最为广泛而深刻的社会变革，组建青年突击队、青年垦荒队、青年扫盲队，开展学雷锋活动，团结带领广大团员青年激发“敢教日月换新天”的豪情，喊出“把青春献给祖国”的响亮口号，向科学进军，向困难进军，向荒原进军，展现出敢于拼搏、辛勤劳动的精神风貌。[①]

1. 青年突击队

青年突击队活动是在社会主义改造时期，共青团在全国青年中开展的以提高劳动生产率、加快建设速度为主要内容的活动。1954年1月13日，在北京苏联展览馆建设工地，18名青年团员建立了一支木工青年突击队，他们首战便用3小时完成了7小时才能完成的混凝土溜槽任务，随后又用181个工完成原计划用478个工的拱顶大梁建造任务。在他们的带动下，工区又先后建立了瓦工、抹灰工、电气工、水暖工、混凝土工等六支青年突击队。

1954年6月，《人民日报》和《中国青年报》发表了以推广青年突

① 习近平：《论党的青年工作》，中央文献出版社2022年版，第3页。

击队经验为主要内容的社论。12月，中共中央向全国批转了团北京市委的报告。在团中央“重点试建，逐步推广”的方针指导下，各地先后建立和发展了青年突击队。第一个五年计划期间，仅全国各地基建工地的青年突击队就有7500个，参加的青年有13.5万人。其中，北京市第六建筑工程公司的张百发钢筋工青年突击队、北京市第三建筑工程公司的李瑞环木工青年突击队等成为先进典型。与此同时，各地农村也纷纷组织了青年突击队，其中广东省中山县新平乡第九农业生产合作社的青年突击队曾受到毛泽东的赞扬。青年突击队活动适应了社会主义建设的需要，在提高劳动生产率，推动劳动竞赛、增强青年生产劳动的自觉性、培养青年骨干等方面都产生了积极作用，是共青团在新中国成立后开展实践育人的有效实践。

几十年来，全国各地一代又一代“青年突击队”会聚在青春的旗帜下建功立业，在经济建设、社会发展、脱贫攻坚、疫情防控、科技攻关等领域创造了一项又一项奇迹，凝聚成推动国家和社会发展的强大力量，书写了一部部催人奋进的辉煌青春篇章。

2. 争做社会主义建设积极分子

为了更好地发挥青年在国家建设中的积极性和创造性，动员全国青年为完成和超额完成第一个五年计划而奋斗，1955年2月，青年团二届二中全会决定于当年9月召开全国青年社会主义建设积极分子大会。决定公布后，各地青年立即开展了“争做社会主义建设积极分子”和“为社会主义建设立功”活动。消息一经发出，青年职工纷纷修订自己的生产、工作计划，创造新的定额，推行增产节约；农村青年也提出了许多具体的行动口号和竞赛目标。活动中涌现了大批热爱工作、虚心学习、不怕困难、联系群众，在青年中很有影响的积极分子，全国不下400

万人。

1955年9月，全国青年社会主义建设积极分子大会在北京隆重召开，来自各条战线的青年积极分子共1527人出席了大会。会前刘少奇、周恩来、朱德分别为大会题词，邓颖超、吴玉章写了祝贺大会召开的文章。邓小平代表党中央在大会上讲话。这次大会号召全国青年行动起来，积极参加社会主义工业化建设和农业合作化运动；学习文化，掌握技术，向科学进军；提高革命警惕，保卫祖国的社会主义建设。团中央特向出席大会的青年积极分子颁发了“青年社会主义建设积极分子章”，授予163个先进集体、单位“朝气蓬勃，永远前进”锦旗。这次大会对全国各界青年的震动大、教育深。会议期间，《中国青年报》每天都发布大会的消息和介绍积极分子的先进事迹，发行量由45万份猛增到168万份。受到极大感染的全国各地青年们纷纷投身“争做社会主义建设积极分子”的实践活动中。

3. 植树造林活动

新中国成立后，我国森林资源匮乏，森林面积仅占全国总面积的7.9%。1955年，毛泽东向全国人民发出在12年内绿化祖国的号召。1956年1月，中央提出的《一九五六年到一九六七年全国农业发展纲要（草案）》规定：“从1956年开始，在12年内，绿化一切可能绿化的荒地荒山。”

为响应毛泽东的号召和落实全国农业发展纲要，团中央制定的《中国青年为实现一九五六年到一九六七年全国农业发展纲要的奋斗纲领（草案）》（以下简称《奋斗纲领（草案）》）指出：全国青少年是绿化祖国最积极最活跃的力量。为确保在12年内绿化一切可能绿化的荒山、荒地和所有的城市、农村，《奋斗纲领（草案）》提出，每年4月1日和

11月1日为全国青少年植树造林日，城市和农村的团组织，都应当在这两天组织广大青少年进行植树造林活动。全国青年响应“绿化祖国”的号召，立即开展了一个规模空前的植树造林活动。

从1955年秋至1956年春，全国有6660多万名青年投入了植树造林活动，造林546万亩，种植树木22亿株。1956年3月，五省区（陕西、甘肃、山西、内蒙古、河南）青年造林大会在延安召开。大会号召全国青少年下定决心，一定要把伟大的祖国绿化起来，一定要把祖国大地变成绿色的“海洋”。

此后，全国青少年进一步开展了规模巨大的绿化祖国活动。仅在1956年，全国就有1.2亿名青少年参加了植树造林活动。他们把“绿化祖国，向荒山秃岭进军”“给沙漠披上绿装”“让黄河变成清河”“把我们的家乡变成花果山”“让荒山变成森林，把空地变成绿园”等口号变成自己的实际行动，先后开展绿化长江、绿化黄河、绿化长城、绿化西北黄土高原活动。在植树造林的实践中，绿化了祖国，培养了青少年。

4. 学雷锋活动

雷锋是沈阳部队工程兵某部运输连四班的汽车兵。在农村时，他是劳动模范；在工厂时，他是先进工作者；在部队时，他是优秀士兵。1962年8月15日，雷锋在抚顺因公殉职，年仅22岁。雷锋生前，他的先进思想和模范事迹就已经在部队和辽宁省广为流传。雷锋殉职后，团辽宁省委很快在全省青少年中开展了学习雷锋的活动。这一活动在辽宁初见成效，使广大青少年受到了深刻的共产主义教育。

1963年2月15日，团中央发出《关于在全国青少年中广泛开展“学习雷锋”的教育活动的通知》。团中央要求各地团组织参照辽宁的经验，在青少年中广泛开展“学习雷锋”的教育活动，积极引导青少年在五个方面着重向雷锋学习：忠实于党，忠实于社会主义事业的无产阶级立场；自觉地服从祖国的需要，以人民利益为重，做一个“永不生锈的螺丝钉”，全心全意为人民服务的精神；关心同志，助人为乐，毫不利己，专门利人的共产主义风格；坚韧不拔、勇于克服困难的意志和克勤克俭、艰苦朴素的作风；坚持又红又专的方向，下苦功夫，努力学习毛主席著作，刻苦钻研业务技术，模范地完成工作任务。

1963年3月2日，《中国青年》刊登了毛泽东“向雷锋同志学习”的题词，出版学雷锋专号。这个专号还刊载了周恩来、董必武等领导人的题词或诗文。3月4日，团中央书记处书记杨海波就学习雷锋向全国青年发表题为《光辉的榜样，伟大的号召》的广播讲话。3月5日，《人民日报》《解放军报》《光明日报》《中国青年报》等都刊登了毛泽东的“向雷锋同志学习”的题词手迹；3月6日，《解放军报》发表了刘少奇、周恩来、朱德、邓小平等领导人的题词，《中国青年报》随即转载。后来，陈云、叶剑英等中央首长也为雷锋题词。团中央书记处于4月3日召开办公会议，要求各级团委制订学雷锋的计划，推动活动深入开展。《中国青年报》在“五四”青年节发表了《论雷锋》的社论，进一步推动学雷锋活动持续发展。

几十年来，学雷锋活动在全国各地已经成为共青团组织广大团员青年开展学习实践雷锋精神的标志性活动，犹如一座巍然矗立的灯塔，不断放射出夺目的光芒，照亮着一代又一代人的心灵。今天，在全面建设社会主义现代化国家新征程上，我们持续深化学雷锋活动的育人功能，引领广大青年继续弘扬雷锋精神，投身强国伟业。

四、重点项目

1. 大学生“三下乡”主题社会实践

开展“与生产劳动相结合”的实践教育始终是党和政府的重要教育方针。改革开放之初，为适应社会主义现代化建设的新需要和人才培养的新要求，1983年秋，团中央、全国学联于纪念“一二·九”运动48周年之际发出了开展“社会实践活动周”的号召，得到了各地和高校团组织、学生会的积极响应。

进入20世纪90年代以后，根据经济建设和社会发展的要求，大学生社会实践活动倡导大学生用自身所学的知识为企业或农村排忧解难，出谋划策，为地方社会经济发展作出实实在在的贡献。

1997年，中宣部提出开展“科技、文化、卫生三下乡活动”后，团中央主动把“三下乡”活动与大学生社会实践活动结合起来，使“三下乡”活动成为大学生社会实践活动的主打品牌，极大地调动了广大青年学生参加社会实践的积极性，得到了基层党政和人民群众的热烈欢迎，成为对青年学生进行实践教育的创新和发展。

1997年5月26日，中宣部、中央文明办、国家教委、团中央、全国学联联合下发《关于开展大中学生志愿者暑期文化科技卫生“三下乡”活动的通知》，“三下乡”活动正式开始实施。文化下乡包括图书、报刊下乡，送戏下乡，电影、电视下乡，开展群众性文化活动；科技下乡包括科技人员下乡，科技信息下乡，开展科普活动；卫生下乡包括医务人员下乡，扶持乡村卫生组织，培训农村卫生人员，参与和推动当地合作医疗事业发展。

通过“三下乡”活动，学生接触大量活生生的案例，能够更好地体会马克思主义世界观和方法论的科学性，培养对劳动人民的热爱之情，能全面地认识国情，认识自我，增强社会责任感和使命感，进而形成良好的思想素质，有助于培养大学生理论联系实际、学以致用的业务素质。“三下乡”活动使青年学生技能得到最大限度的提高，才华得到全面的发展，能够加速科学技术在农村向现实生产力转化，实现产学研结合，实现农科教结合，满足农村经济发展对科技知识的需求。

此后，活动坚持“受教育、长才干、作贡献”的原则，在“传授科技知识，传播现代文明，倡导社会新风，培养时代新人”的活动宗旨指引下，各高校组织大学生深入贫困地区开展科学技术普及、工农业生产技术推广与转让、医疗卫生、文艺演出等志愿服务活动，切实帮助贫困地区群众解决一些实际问题。

大学生“三下乡”活动紧紧围绕党和国家的工作中心，紧密结合大学生思想实际，把学生自愿参加与普遍要求结合起来，把组织选派与市场选择结合起来，把暑期下乡与平时下乡结合起来，把组队下乡与分散下乡结合起来，把点上服务和面上服务结合起来，把“作贡献”与“长才干”结合起来，形成了良好的运行机制。

2005年，中宣部、中央文明办、教育部、共青团中央联合制定的《关于进一步加强和改进大学生社会实践的意见》（中青联发［2005］3号）提出：“文化、科技、卫生‘三下乡’和科教、文体、法律、卫生‘四进社区’活动，是新形势下大学生参加社会实践的有效载体。要广泛发动大学生利用寒暑假等时间开展‘三下乡’和‘四进社区’活动。”

2023年2月23日，团中央、全国学联联合印发了《关于增强新时代大学生社会实践活动实效 深化共青团实践育人工作的意见》，对新时代大学生社会实践工作作出部署，进一步创新了大学生社会实践的内涵，明确新时代大学生社会实践要聚焦红色基因传承、聚焦理论普及宣讲、聚焦发展成就观察、聚焦服务党政大局、聚焦就业创业实践、聚焦基层志愿服务六大领域，充分体现了社会实践活动的时代特点。

大学生“三下乡”活动适应了经济社会发展和个人成长成才的需要，顺应了素质教育的发展要求，产生了明显的社会效益、经济效益和人才培养效益，产生了广泛的社会影响，展现出旺盛的生命力和广阔的发展前景。

2. 青年志愿者行动

1993年12月19日，团中央和全国铁道团委组织2万余名铁路系统的青年志愿者，在北京至深圳2400余千米的铁路沿线上开展志愿服务活动，拉开了“中国青年志愿者行动”的帷幕，中国青年志愿者从此走入中国社会。

1994年1月23日至2月15日，团中央和全国学联组织开展了“全国大中学生志愿者‘94新春热心行动’”；在2月下旬，团中央、团北京市委、中央国家机关团工委等联合组织了“为科学家、教育家、老干部献爱心”青年志愿者行动；在3月5日和6日，全国1000多万名团员利用国家实行新工时制的第一个双休日，围绕社区服务、植树造林、环境美化和保护、重点工程建设义务劳动等多项内容开展了“青年志愿者学雷锋奉献日”活动。这一系列活动的开展，使青年志愿者行动深入社区和千家万户，得到了各级政府的大力支持和人民群众的普遍欢迎。

在青年志愿者行动已经形成巨大声势的情况下，团中央和全国学联又采取一系列措施，使这项活动步入经常化和规范化的轨道。

以“青年志愿者学雷锋奉献日”活动为开端，团中央、全国青联、全国学联决定通过“定服务对象、定服务内容、定服务时间”的方式实施青年志愿者“一助一”长期服务计划，实现一个青年志愿者服务队或一名青年志愿者为一个人或一个家庭提供所需要的经常性服务。1994年5月，团中央和中央国家机关团工委、团北京市委联合组建了旨在帮助贫困地区脱贫致富和为大型社会公益活动开展急需服务的青年志愿者服务队，开展有针对性的志愿服务活动。1994年9月22日，团中央、全国学联在北京师范大学召开了中国大中学生志愿服务总队成立大会，建立了全国性的学生志愿者组织。同年12月5日，又组建了中国青年志愿者协会，使开展青年志愿者活动有了统一的指导协调性机构。12月6日，全国青联、中国青年志愿者协会和联合国教科文组织、国际志愿服务协调委员会、欧洲志愿服务组织联盟，共同举办了“青年志愿服务国际磋商会”。通过这一系列活动，中国青年志愿者活动逐步走向社会化、规范化和经常化，并且开始同国际志愿服务活动接轨。

几十年来，广大青年志愿者走进西部、走进基层、走进群众，在雪域高原、在贫困乡村、在你我身边，挥洒着辛勤的汗水，活跃着奉献的身影，让青春之花绽放在祖国和人民最需要的地方。在抗击汶川地震、玉树地震、舟曲泥石流、芦山地震等自然灾害中，490多万名青年志愿者不畏艰险、冲锋在前；在北京奥运会、上海世博会、广州亚运会、南京青奥会、APEC北京峰会、进博会等活动中，青年志愿者们辛勤奉献，用“鸟巢一代”“小白菜”“绿羊羊”“小青柠”等青春名片彰显了当代青年的价值追求和担当精神；在农民工子女“关爱行动”、助残“阳光行动”中，500多万名青年志愿者纾难助困。

作为共青团事业的重要组成部分，中国青年志愿服务是全社会特别是青年群体中印象最深、认同度最高的共青团品牌活动之一。截至2019年4月，全国所有的省（区、市），273个市（地、州、盟），1337个县（市、区、旗）和2000多所高校已建立青年志愿者协会等志愿者组织，实名注册志愿者超过7000万人。

3.“挑战杯”竞赛

“挑战杯”竞赛是由共青团中央、中国科协、教育部、全国学联和地方省级政府共同主办，国内著名大学承办的一项具有导向性、示范性和群众性的全国竞赛实践活动，是目前国内大学生最关注、最热门的全国性竞赛，也是全国最具代表性、权威性、示范性、导向性的大学生竞赛。

“挑战杯”竞赛从最初的19所高校发展到现在1000多所高校参与，从300多人的小擂台发展到200多万名大学生的竞技场，已经成为深化高校学生素质教育的实践课堂，在广大青年学生中的影响力和号召力显著增强。“挑战杯”竞赛已经形成了国家、省、高校三级赛制，广大高校以“挑战杯”竞赛为龙头，不断丰富活动内容，拓展工作载体，把创新教育纳入教育规划，使“挑战杯”竞赛成为大学生参与科技创新活动的重要平台。自1997年第五届“挑战杯”竞赛以来，香港、澳门、台湾众多高校也积极参与竞赛，派出代表团参加观摩和展示，竞赛成为青年学子展示创新风采的舞台，增进彼此了解、加深感情的重要途径。

“挑战杯”竞赛共有两个并列项目，一个是“挑战杯”中国大学生创业计划竞赛，简称“小挑”；另一个则是“挑战杯”全国大学生课外学术科技作品竞赛，简称“大挑”。两者比赛侧重点不同，“大挑”注重学术科技发明创作带来的实际意义，而“小挑”更注重市场与技术服务的完美结合，商业性更强。“挑战杯”是大学生创新性实践的重要平台。

4.“创青春”全国大学生创业大赛

“创青春”全国大学生创业大赛是“挑战杯”中国大学生创业计划竞赛的改革提升。

2013年11月8日，习近平总书记向2013年全球创业周中国站活动组委会专门致贺信，特别强调了青年学生在创新创业中的重要作用，并指出全社会都要重视和支持青年创新创业。为贯彻落实习近平总书记系列重要讲话精神和党中央有关指示精神，适应大学生创业发展的形势需要，共青团中央、教育部、人力资源和社会保障部、中国科协、全国学联决定，在原有“挑战杯”中国大学生创业计划竞赛的基础上，自2014年起共同组织开展“创青春”全国大学生创业大赛，每两年举办一次，以增强大学生创新、创意、创造、创业的意识和能力为重点，以深化大学生创业实践为导向，着力打造权威性高、影响面广、带动力大的全国大学生创业大赛。

以此为带动，将大学生的创业梦与中国梦有机结合，打造深入持久开展“我的中国梦”主题教育实践活动的有效载体；将激发创业与促进就业有机结合，打造整合资源服务大学生创业就业的工作体系和特色阵地；将创业引导与立德树人有机结合，打造增强大学生社会责任感、创新精神、实践能力的有形工作平台。

5.大学生“返家乡”社会实践活动

为贯彻落实习近平总书记关于青年工作的重要思想，共青团组织大学生投身打赢脱贫攻坚战、投身乡村振兴伟大实践，建立在外高校学子与家乡团组织联系的制度化渠道，在总结地方经验做法的基础上，共青团中央面向全国大学生常态化组织开展“返家乡”社会实践活动。

2019年，团中央发出《关于开展全国大学生“返家乡”社会实践活动的通知》，明确提出2019年至2020年在全国至少100个区县开展“返家乡”社会实践活动。此后，团中央不断总结经验办法，在力求实效的基础上逐步扩大规模。

大学生“返家乡”社会实践活动，是团中央组织大学生投身打赢脱贫攻坚战、投身乡村振兴伟大实践，帮助大学生在实践中了解国情、成长成才，建立在外高校学子与家乡团组织联系制度化渠道的一项创新举措，对于大学生成长成才、助力乡村振兴、落实共青团改革都有着积极意义。一是促进当代大学生全面发展、成长成才。二是有效助力共青团深入参与乡村振兴事业。利用家乡资源为高校学子返乡创造条件、激发热情、做好保障，充分发挥市、县地方团组织作为“生源地”的优势，以血缘、亲缘、地缘为纽带，搭建大学生与家乡的感情联络平台。三是落实“全团大抓基层”“全团抓学校”的创新举措。在当前共青团改革再出发的大背景下，全团聚焦主责主业，树立鲜明导向，通过常态化制度化引导高校学子返乡，加强高校学子与家乡团组织间的联系，补充基层团组织工作力量。

大学生“返家乡”社会实践活动坚持“受教育、长才干、作贡献”的宗旨，按照“团中央统一规划，省级团委统筹指导，市、县团委自主实施”和“因需设岗、按岗招人、双向选择、属地管理、就近就便”的工作原则，采取线上线下相结合的新形式，引导在外学子返乡实践。大学生“返家乡”社会实践活动主要包括以下内容：一是政务实践，二是企业实践，三是公益实践，四是兼职锻炼。还可以根据实际情况开展其他工作。

6. 大学生社区实践计划

2022年，团中央启动了“大学生社区实践计划”。其主要目的在于统筹校内校外共青团力量，组织大学生走进社会基层，了解社会实际、服务人民群众、增强时代责任、提高社会化能力。

“大学生社区实践计划”的目标是全团每年组织不少于25%的高校团支部、20万名大学生，就近就便参与城乡社区实践计划。参与的对象主要是普通高等学校学生团干部、“青马工程”学员，学生党、团员，并带动青年学生广泛参与。

“大学生社区实践计划”的参与方式分为在校期间和寒暑假两种。主要工作内容是参与社区治理、开展课后服务、组织社会调查、开展文体活动、促进基层团建等。在参与社区治理方面，主要围绕乡村振兴、城市建设、精神文明创建、环境治理、生态保护、公共安全、困难救助等基层城乡社区治理中的重点难点问题，出计献策、开展服务。在开展课后服务方面，主要围绕思想引领、兴趣培养、素质拓展、自护教育、心理健康等内容，以志愿服务为基本方式，以基层党群服务中心、“青年之家”等为阵地依托，常态化为中小学生提供课后服务。在组织社会调查方面，主要结合学生专业背景等，有针对性地开展社会调查。在开展文体活动方面，主要围绕党的创新理论、政策法律、精神文明创建等内容，以多种形式为基层群众开展公益性文化宣传活动，广泛组织开展全民健身活动。在促进基层团建方面，主要是协助街道（乡镇）、社区（村）团组织开展团的基层组织建设和基层工作，参与基础团务、活动设计、项目实施等。

五、有效做法

多年来，在党的坚强领导下，共青团组织开展的实践育人工作取得显著成效，引领着一代代中国青年成长为实现中华民族伟大复兴的先锋力量，在国家与社会发展中发挥了积极作用。但同时，我们要看到新时代的中国青年更加具有鲜明的群体特点，更加具有多元化、时代化的特征，这就要求共青团要坚持为党育人、坚持与时俱进、坚持守正创新、坚持群众路线，持续优化实践育人的路径与方式方法，引领新时代青年团结奋斗。

1. 坚持为党育人

新时代共青团开展实践育人工作要坚持为党育人。团组织在工作实践中要充分发挥共青团实践育人的组织优势，注意强化实践活动的思想性，要通过生动的实践活动达到对青少年进行思想引领的目的，切实以实践活动为育人载体，帮助青少年提高社会化能力，增强青少年对社会的认知和了解，厚植青少年的家国情怀，引领新时代青少年心中有信仰、脚下有力量。

2. 坚持与时俱进

新时代共青团开展实践育人工作要坚持与时俱进。共青团始终坚持“围绕中心、服务大局”的工作主线，按照党在不同时期的中心任务，与时俱进，开展了很多富有时代气息的活动。各级团组织要深入学习贯彻党的二十大精神，瞄准我国面向2035年和21世纪中叶的战略规划，兼顾新时代青少年的身心特点，以形式多样的实践活动引导广大青少年坚定理想信念、练就过硬本领，积极投身科技创新、乡村振兴、社会民生、经济发展等各行业各领域的生动实践，团结带领广大青少年迈上全面建设社会主义现代化国家新征程，放飞青春梦想，书写人生华章。

3. 坚持守正创新

新时代共青团开展实践育人工作要坚持守正创新。共青团始终坚持党的领导，团结带领广大团员青年积极投身建设祖国的壮阔实践，在民族复兴征程上勇当先锋、倾情奉献，发挥生力军和突击队作用。青年突击队、青年文明号、青年志愿者等众多青少年喜闻乐见的“青”字号实践活动成为共青团实践育人的亮丽名片。各级团组织要把共青团开展实践育人的好经验好做法继续传承、发扬光大，同时要针对新时代新青年的新特点，深化改革创新，不断丰富品牌实践活动的内容与形式，持续为广大青少年提供生动有趣、引领成长的实践教育活动，从而引领新时代中国青年在社会主义现代化强国建设的实践中发挥先锋队的作用。

4. 坚持群众路线

新时代共青团开展实践育人工作要坚持群众路线。历史充分证明，只有不断从广大青年这片沃土中汲取养分、获取力量，共青团才能成为广大青年信得过、靠得住、离不开的贴心人。共青团开展实践活动的重要目的就是引领广大青少年密切与人民群众的联系，增进对社会的了解，厚植人民情怀，因此各级团组织开展实践活动时要组织动员广大青少年深入基层、深入群众。同时，团组织在开展实践活动过程中，要充分尊重和发挥青少年的主体地位和作用，建立“众创众筹众评”的工作机制，让青年朋友们一起来策划、组织、评价实践活动的成效，让广大青年的满意度和获得感成为评价共青团实践活动的首要标准。

实践育人是共青团开展青少年思想政治引领工作的特色和优势，在推进中国式现代化、实现中华民族伟大复兴的新征程上，共青团要不断创新工作思路、完善工作机制，丰富实践育人途径方法，促进青年健康成长。

第三章

典型引领工作法

典型的内涵是什么?《说文解字》指出:“典，五帝之书也”，“型，铸器之法也”。段玉裁注:“以木为之曰模，以竹曰范，以土曰型，引申之为典型。”所谓典型引领工作，就是通过先进典型的言行，把高深的政治思想原理和抽象的道德规范具体化、人格化，使受教育者在这些富于形象性、感染性和可信性的典型中受到教育。典型引领以其直观、生动、人性的教育形式，融审美、情感、道德、理论为一体，从青少年主体的感受、体验出发，将传统的思想品德教育衍化为在受教育者心理、思想上得以内化、强化、能动化的行为活动，具有极强的现实意义和特殊的教育效力。

党和国家历来非常重视对青少年进行先进典型教育，在不同时期推出了不同层次、不同领域、内容丰富的众多先进典型，取得了很好的教育效果，有力地促进了各时期青少年的健康成长。2013年5月4日，习近平总书记在同各界优秀青年代表座谈时指出:“青年模范人物是广大青少年学习的榜样，肩负着更多社会责任和公众期望，在青少年中乃至全社会都有着很强的示范带动作用。”[①]2018年8月21日，习近平总书记在全国宣传思想工作会议上指出:“榜样的力量是无穷的。在我们党领导人民进行革命、建设、改革各个历史时期，无数先进模范的事迹

① 习近平:《论党的青年工作》，中央文献出版社2022年版，第23页。

教育和影响了一代又一代人。各个时期涌现出来的先进模范都是我们的民族英雄，要广泛开展先进模范学习宣传活动，营造崇尚英雄、学习英雄、捍卫英雄、关爱英雄的浓厚氛围。”① 运用先进典型对青少年进行思想道德教育和政治引领，符合青少年的心理特点和客观需要，能取得良好的教育效果，是新时代共青团工作的有效方法。

一、工作原理

1. 心理学原理与典型引领工作

从人类行为形成的机制看。美国心理学家班杜拉、罗特、米歇尔等人经过长期实验与研究后认为，行为、认知和环境因素是相互影响的，三者之间构成一种连锁性关系，相互作用，互为因果。他们指出，人类的大多数行为，无论是正常的或异常的，好的或坏的，都是在社会活动过程中，通过观察、模仿他人的行为和行为结果而学习得到的。这完全符合辩证唯物主义认识论“实践——认识——再实践——再认识”的辩证发展过程。在现实生活中我们看到，许多时候人们都是在学习、仿效别人，由此产生一种从众效应；而思想敏锐、爱好学习和模仿的青年，这一特点则更为明显。具有优秀品质、良好素质和高尚行为的人都可以成为青年模仿的对象。典型群体的力量，是青年成长过程中不可忽视的重要因素。

从人类需要的层次看。心理学家认为，需要和动机是促进个体心理

① 习近平：《论党的青年工作》，中央文献出版社2022年版，第167—168页。

达成和行为实现的根本动力和诱因。需要是个体由于一定的内部缺乏或不平衡而表现出的对于客观条件的依赖，是个体产生行为和活动的积极性源泉。而动机更是个体在其需要激活的基础上的行为的激发，它使个体朝向一定目标进行活动，对行为具有指向驱动和维持调节的作用。人类需要是多样的，它可分为物质的、精神的和社会的需要。心理学家马斯洛的“需要层级塔”中就把人类的需要明确地概括为生理的需要、安全的需要、归属和爱的需要、尊重的需要和自我实现的需要等五个层次。人类的物质需要是最基本的，精神需要也不可或缺。但人类物质需要的发展与精神需要的发展并不是成正比的。并不是说物质越丰富，他们所具有的精神世界也就越高尚。先进典型能满足青年“需要层级塔”里的精神需要，并能为青年的自我实现提供依据和动力，提供给青年一种先进的行为方式、一种先进的思想观念、一种崇高的精神境界和可资借鉴的经验。

从人类思维活动的特点来看。人们思维活动的基本特点是抽象逻辑思维占主导地位，但有时思维中的具体形象也起重要作用。典型的感人事迹、高尚言行具有具体形象的特点，他们的事迹和言行被报道、宣传、提炼和抽象后，挖掘出其中所包含的主导精神和思想内涵，这一过程正符合了青年思维发展的特点。

2. 青年心理的特殊性与典型引领工作

青年时期是心理急剧变化的时期，有其独特的、鲜明的心理特征，这些特征构成了先进典型引领工作得以在青年中实施并取得明显效果的客观心理基础。

一是青年时期自我意识异常强烈。自我意识的深度是一个人成熟程度的重要标志，也是青年进行自我教育的心理前提。青年时期的自我意识发展到了一个新的阶段，他们迫切希望了解自己并强烈地关心着自己的能力及道德的发展，随之产生的是强烈的自尊心和自信心，渴望受到社会、集体和他人尊重，维护自己社会地位与荣誉的意识和倾向也更加强烈，独立意向迅速发展，形成进取心、责任感、荣誉感等一系列高级社会心理品质。青年人争强好胜，耻于后进，并急切渴望成为群体中的强者，这也正是青少年易于接受英雄、成功人士等强者形象的心理基础。先进典型的成就会使青年得到成功者的心理体验和满足，同时在这个时期，由于青年抽象思维能力的不断提高，基本的人生信念初步形成，他们已能将一个先进典型作为自己的驱动力，并内化为主动的自我追求。

二是青年有较强的可塑性。人在青年时期虽然在生理上已经成熟，在心理和人生观、价值观以及社会适应等方面也有长足的发展并趋向成熟，但从真正意义上来说又未真正成熟，还处于一个不稳定的过渡期。这一特征决定了青少年有很强的可塑性。而模仿是一个人个性形成的重要方面，但青年时期的模仿已不像少年时那样简单，而是达到了更高级的程度。青年模仿的对象更广，更加注重人的内在品质。从把模仿当作目的发展到把模仿当作达到目的之手段，从模仿典型的外部特征、做出类似的举动发展到模仿典型的内心特征而产生独创性的道德行为，有利于青年形成稳定的个性，促进青年的健康成长。

三是青年的自制力较弱。人在青年时期各方面发展已基本成形但又极不稳定，特别是在自制力方面还比较弱，主要表现在目的易变，缺乏恒心，易冲动，容易产生片面观念与偏激行为等。此时，如果我们有意识、有目的地向他们持续传送强烈的道德典型信息，他们就能在不断刺激、强化下逐步接受典型的诸多特征，培养出健康积极的心理定式，从而在道德结构上接近典型或完成与典型的同化，形成较稳定的良好的道德心理结构。

3. 教育学原理与典型引领工作

从教育学角度看，灌输理论与体验教育理论是考查青年典型引领工作的主要理论。德育心理学认为，“人物形象——优秀事迹——内心思想——成长道路”是典型教育培养个体德行的基本线索。它体现在外部形象性与内部精神抽象性的统一，须通过丰富生动的实践活动，让青少年在体验中感悟、在发现中成长。

一是灌输理论。“‘灌输’一词原意是指把流水引导到需要水分的地方，后来，被人们引申为输送思想、知识等。马克思和恩格斯最早把这一概念应用于对无产者的思想教育中。”“尽管中西方各国的社会制度不同、国情不同，但由教师在德育课堂上对学生正面灌输道德知识和道德规范依然是中西方德育课堂教育的基本形式。”[①]这里需要澄清的是：首先，灌输不能简单地理解为“生塞硬灌”而忽视学生的个人意愿。其实任何灌输都具有强制性的特点，而且强制也并非一件坏事。否定灌输就否定了道德教育的现实可能性。灌输本身没有错，只是在实践中，有些教师和团的干部忽视了道德情感、道德信念在灌输过程中的作用，这就使灌输从表面看上去同“生塞硬灌”没什么区别。其次，所谓“灌输”，强调的是对受教者进行理论灌输，但理论灌输不是最终的目的，不断提高受教者的思想政治和道德素质，使先进的理论真正成为他们认识问题、分析问题、解决问题的行动指南，这才是灌输教育的真正目的。我们仍需要继承传统灌输教育的精华，不断更新灌输理念、丰富灌输内容和改进灌输方法。[②]

二是体验教育理论。所谓“体验”，简而言之是指通过实践来认识

---

① 王菲：《对灌输理论的再认识》，《社会科学论坛》2005年第4期。

② 参见王菲：《对灌输理论的再认识》，《社会科学论坛》2005年第4期。

事物。体验教育就是教育对象在实践中认知、明理和发展的过程。体验教育理论是在研究青少年身心发展规律及与之相适应的教育方式的基础上产生的。一个人形成良好的思想品德、获得真才实学、掌握过硬的本领，无不需要积极的内心体验。对于形象思维处于主导地位的青少年来说，他们正处在长身体、长知识、长智慧的起始阶段，他们的成长成才尤其需要不断获得满足和成功的激励，需要主体的参与和积极的内心体验。通过体验，思维才能产生飞跃；通过体验，获得的思想情感和知识技能才能刻骨铭心；通过体验，教育目标才能内化为青少年的基本素质。

体验教育既要注重教育活动的形式与过程，更要注重青少年这一实践主体的内心感受。它要求青少年用“心”去体验，用“心”去感悟，引导他们在体验中把教育要求内化为品质，外显为行为。开展先进典型引领教育，特别是通过别开生面的具体行动来学习先进典型，正与体验教育的理念相契合。正是通过这种情与景、情与理的交融促使青少年释放自身的感情能量，同时又不断提升自身的情感品质，成为青年素质的重要基础，促进青年健全人格的全面形成。

二、功能作用

先进典型是一种社会现象，一个好的典型，其生命力经久不衰，重要原因在于典型社会功能强大。典型的社会功能可以归纳为以下几点。

1. 典型的指导作用

典型，特别是社会群体典型，以其改造世界的经验去影响社会，这就是典型的指导作用。典型是在解决社会或个人发展中的矛盾和问题中摸索到了一些规律和经验的个人和群体，他们走在了一般群众的前面，体现了事物发展的规律和方向，这就决定了典型处于可以提供经验的地位。实践告诉我们，向做得好的人学习和借鉴，可以使自己少走许多弯路。因此，运用典型指导工作就成为一种科学方法。运用典型指导工作符合从个别到一般，又从一般到个别的认识法则。

2. 典型的教育作用

典型以自己的先进事迹、先进思想来影响社会，这就是典型的教育作用。今天，我们所宣扬的典型，就是党的路线、方针、政策和社会主义核心价值观的模范实践者。他们身上，集中了优秀传统文化和时代精神的精华与优点，具有一般人和事物不完全具有的优秀品质，而这些优秀品质最能引起人们的共鸣，最具有说服力。他们的事迹既是党的路线、方针、政策的体现，又是社会主义精神文明的教科书。宣传典型正是以他们的言行对广大青年进行理想、道德和纪律的熏陶和教育。典型，在青年人生的征途中犹如一盏指路明灯，能够告诉青年什么是好的，什么是不好的，帮助青年抑制不符合目标的思想，纠正偏离目标的行动。

3. 典型的示范作用

纵观人的一生，可以得出这样的结论：每个人从懂事开始，几乎都以某一个或某几个人物形象为典型，去学习，去工作，去处事待人，去处理其他一切的问题。典型的示范功能是具体而实在的，甚至是实用的。典型人物的模范行为可供他人模仿，典型宣传的工作经验可直接为他人所借用，因此，常常有“活雷锋”“小徐虎”之说。典型的示范使得人们可以从仿效典型的行为中改进工作方法，提高自身水平，取得更好的成绩。典型示范的直接目的就在于塑造出一批批与典型的观念、行为相类似的个人或群体。

4. 典型的激励作用

典型以其所获得的奖励和荣誉，激发人们积极向上的情感，这是典型的激励作用。典型的激励作用主要表现在三个方面：一是调动人的积极性和创造性。表彰先进，树立典型，让青年看到国家与社会对奋斗者的承认和褒奖，必将激发青年奋斗的内驱力，促使青年向着社会期望的目标努力奋斗。二是促使良好道德观念的形成。青年良好道德观念的形成，需要靠多种手段，典型宣传是重要手段之一。三是培养青年战胜挫折的意志力。青年在受到挫折的时候，典型就可以起到激励作用——“别人能做到，我也能做到”。

三、宝贵经验

新中国成立以来的共青团典型选树与引领工作，经历了从运动伴生型典型到评选产生典型再到制度化荣誉产生典型的演变过程。共青团自主选树的青年典型种类逐步扩展，典型选树工作的规范性不断增强。

1. 重大青年典型

在百年团史中，特别是新中国成立以来，共青团选树了大量先进典型，成为青少年学习的榜样，发挥了巨大作用，一代又一代青年在榜样的鼓舞下健康成长。这些青年典型包括20世纪50年代的黄继光、王崇伦、郝建秀，60年代的雷锋、邢燕子、龙梅和玉荣，70年代的张志新、陈景润、隋世忠，80年代的张海迪、张占英以及中国女排，90年代的秦文贵、李登海、徐洪刚，新世纪的杨利伟、徐本禹、宋鱼水、丁晓兵等。

（1）学习雷锋好榜样

1962年8月15日，雷锋不幸因公殉职。当时只有70万人的抚顺，竟有十万市民自发上街为他送行。中央决定把每年的3月5日定为学雷锋纪念日。从此，学雷锋活动在神州大地上蓬勃开展，成为新中国最为持久和深入的群众性自觉行动。

雷锋坚信："我活着，只有一个目的，就是要做一个对人民有用的人。"他利用一切机会做好事，就连出趟差，也忙着给旅客让座、帮乘务员工作，时间久了，就有了"雷锋出差一千里，好事做了一火车"的美谈。生前，雷锋的事迹很快被团抚顺市委了解到。1960年10月，雷锋被聘请为抚顺市望花区建设街小学（现雷锋小学）和本溪路小学（现雷锋中学）两所学校的少先队校外辅导员。1962年2月18日，雷锋作为特邀代表，出席了原沈阳军区首届共青团代表大会，还作为青年典型发了言。

雷锋牺牲后，千千万万的青少年在团组织和部队的引导下，开展学习雷锋活动。一代又一代青少年，聚集在雷锋精神的旗帜下，不断推动学习雷锋活动制度化、常态化。

在毛主席和党中央的号召下，团组织在全国范围内开展了大规模的宣传和发动工作，学习雷锋活动迅速在全国形成高潮，大批雷锋式的英雄模范人物涌现，雷锋的形象生动地树立在全国人民当中，成为全民榜样。

党的十八大以来，习近平总书记十分重视雷锋精神的弘扬。2014

年3月4日，习近平总书记在给“郭明义爱心团队”的回信中强调，“让学习雷锋精神在祖国大地蔚然成风”。2014年3月11日，习近平总书记出席十二届全国人大二次会议解放军代表团全体会议，接见部分基层代表时，与某工兵团“雷锋连”指导员谈话时强调“雷锋精神是永恒的”。2018年9月28日，习近平总书记在参观雷锋纪念馆时再一次指出：“我们既要学习雷锋的精神，也要学习雷锋的做法，把崇高理想信念和道德品质追求转化为具体行动，体现在平凡的工作生活中，作出自己应有的贡献，把雷锋精神代代传承下去。”

共青团典型引领工作十分注重经典典型的持续运用，雷锋就是一个成功案例。共青团将雷锋精神与各个时代的学雷锋活动紧密结合，20世纪60年代开展了“学雷锋、见行动”活动；1978年底到1979年初开展了“学雷锋、树新风”活动；1983年开展了“学雷锋、学先锋”活动；1991年开展了“学雷锋精神，做‘四有’新人”活动；1994年开展了“青年志愿者学雷锋奉献日”活动；2000年，把3月5日这个学雷锋纪念日定为“中国青年志愿者服务日”。可以看出，共青团在不断赋予雷锋精神新的时代内涵。

（2）身残志坚的张海迪

张海迪是山东省莘县的一名共青团员。她身残志坚，以顽强的毅力自学外语，著书立说，被誉为20世纪80年代中国的“保尔”。张海迪五岁因患血管瘤导致高位截瘫，从那时起，她就过上了同病魔和死亡搏斗的生活。张海迪完全靠自学完成学业。1970年4月，张海迪跟着父母，来到农村生活。她看到当地群众缺医少药带来的痛苦，便萌生了学习医术解除群众病痛的念头。功夫不负有心人，张海迪终于掌握了一定的医术。十几年中，她为群众治病达1万多人次。后来，张海迪走上文学创作的路子，用自己的笔去塑造美好的形象。

1981年，张海迪的事迹开始受到媒体的关注。当年12月29日，《人民日报》头版头条报道了张海迪的事迹。随后，当地共青团组织、妇联、党报都纷纷报道她的事迹。

1983年2月28日，时任共青团中央书记处书记、全国青联主席的胡锦涛，亲自主持召开“首都新闻单位听取张海迪同志事迹介绍会”。3月1日，《中国青年报》头版刊发了《是颗流星，就要把光留给人间》一文，再次重点报道了张海迪自强不息的感人事迹。3月7日，共青团中央授予张海迪“优秀共青团员”称号。3月17日，中央电视台向全国播放了张海迪事迹报告会实况，有近两亿人收看，引起了社会的强烈反响。同年5月9日，中共中央批转了共青团中央和中共山东省委《关于进一步开展学习宣传张海迪活动的报告》，号召广大青少年以张海迪同志为榜样，逐步树立共产主义的人生观，像张海迪那样学习、工作和生活，为全面开创社会主义现代化的新局面而贡献自己的青春、智慧和力量。5月12日，全国各大报刊发表了中央领导人关于向张海迪学习的题词。其中邓小平的题词是：“学习张海迪，做有理想、有道德、有文化、守纪律的共产主义新人！”

张海迪的事迹震撼了千百万青年的心。“学习张海迪活动”是改革开放之初共青团组织开展的一项有巨大影响的典型教育活动，张海迪是一个扎根于人民群众和广大青少年之中的典型。

2. 共青团选树青年典型的重大活动

（1）全国青年社会主义建设积极分子大会

为了更好地发挥青年在国家建设中的作用，团中央于1955年9月在北京召开全国青年社会主义建设积极分子大会，邓小平代表党中央在大会上发表讲话。团中央向出席大会的青年积极分子颁发了“青年社会主义建设积极分子章”，授予163个先进集体、单位“朝气蓬勃，永远前进”锦旗，一大批生产一线的青年典型被树立起来了，广大青年的积极性被极大地调动起来了。中共中央充分肯定了团中央的做法，认为采用召开青年积极分子大会的方法来组织和发动青年建设社会主义的积极性是一项好经验。

（2）争当新长征突击手活动

争当新长征突击手活动是团中央20世纪80年代开展的，旨在鼓励全国广大青年建功立业、向社会主义现代化建设目标进军的活动，也是一项成功的选树和宣传青年典型的教育活动。1979年3月1日，共青团中央作出《关于在全国青年中开展争当新长征突击手活动的决定》，揭开了活动的序幕。活动很快在全国各行各业蓬勃开展起来。

1979年9月，团中央在北京召开全国新长征突击手命名表彰大会，表彰了1万名青年突击手，党和国家领导人在人民大会堂接见了全国新长征突击手（队）的代表。会议给予青年一代极大的鼓舞，“争当新长征突击手”成为时代最热词，“振兴中华”的声音响彻神州。一批批改革开放的攻坚手、突击队员、弄潮儿脱颖而出。作为新长征突击手活动的基本形式，青年突击队、青年掘进队、青年质量管理小组、青年安全监督岗、青年文明岗等“青”字号组织蓬勃发展，在经济建设中发挥了重要作用。青年争当新长征突击手的热情十分高涨。两年多以后，被命名为“青年突击手”的青年，已经有100万人。从1万到100万，是一个飞跃。它说明，活动是符合社会主义现代化建设事业需要的，是广大青年欢迎的，是具有强大生命力的。

为保障新长征突击手活动卓有成效地开展，团中央采取了组织保证、思想基础、发布决定、严抓落实、推广典型、联合开展、纳入计划、汇报中央、调查研究、表彰先进、树立标兵等举措，积累了宝贵的工作经验。

（3）学习“一山两湖”英雄群体活动

“一山两湖”英雄群体指的是1983年5月，中国人民解放军第四军医大学学生和其他群众一起在华山险境抢救遇险游人而组成的群体；1983年12月9日，太原市十五中女学生池越忠、青年工人王志胜等人在太原市迎泽湖中抢救两名落水儿童而组成的群体；1984年2月15日，在河北省石家庄市动物园的沉绿湖上，为营救一名落水儿童，由王德恒、蒲昭枫等来自全国六个省市的群众自动形成的抢救群体。“一山两湖”等英雄群体为当代青少年树立了一组闪耀着共产主义思想光辉的、具有鲜明时代特色的英雄群像。他们崇高的精神境界所表现出的自觉的社会责任感和忘我的英雄献身气概，在社会上产生了强烈的影响。

为了传播他们的英雄事迹和不失时机地对青少年开展教育，中共中央宣传部、共青团中央于1984年3月作出《关于向“一山两湖”等英雄群体学习的决定》。共青团中央召开表彰大会，授予华山抢险英雄群体“全国新长征突击队”称号，授予徐军等人“全国新长征突击手”称号。共青团中央还组织了“一山两湖”英雄集体事迹报告团在北京等地巡回做报告，使广大青少年受到教育和鼓舞。

（4）“中国十大杰出青年”评选活动

“中国十大杰出青年”评选活动由中华全国青年联合会、中国青少年发展基金会、中央电视台、中央人民广播电台、人民日报等联合主办。其宗旨是表彰、宣传在改革开放和社会主义现代化建设中做出突出业绩和重大贡献的杰出青年典型，为当代青年树立光辉榜样，激励广大青年奋发成才。“中国十大杰出青年”评选活动自1990年开始举办，到2009年停办，在社会上产生良好的反响，对激励广大青年建功成才发挥了重要作用。

从工作方法看，“中国十大杰出青年”评选活动设计了人选推报、候选人确定、候选人公示、投票评选四个环节，从初步推报确定的30位候选人中评选出10人，以保障活动的公信力和影响力。

（5）“中国大学生自强之星”评选活动

“中国大学生自强之星”评选活动由共青团中央、全国学联联合新东方教育科技集团共同主办，中国青年报承办。活动评选对象为普通高校在校学生。要求具有良好的思想政治素质，学业成绩优良，品行端正，热心公益，乐观向上；勇于克服在经济上或其他方面面临的困难，表现出顽强的毅力，拼搏进取，事迹突出。“中国大学生自强之星”评选活动自2008年启动以来坚持至今，每年评选一届，影响日益扩大。

从工作方法看，“中国大学生自强之星”评选活动由高校团委在本校推选至全国组委会，经过评委会评选出候选人，再进行网络投票。最后评选出10名“中国大学生自强之星”标兵和100名“中国大学生自强之星”，另有800名获得“中国大学生自强之星”提名奖，分别颁发奖金。“中国大学生自强之星”不仅为大学生树立了身边自强不息的朋辈榜样，而且切实帮助了那些需要帮助的大学生，取得了良好的社会效益。

四、重点项目

团中央2022年4月20日发布的《新时代加强和改进共青团思想政治引领工作实施纲要》在部署新时代典型引领工作时明确指出：“坚持先进性与广泛性相结合，提升青年五四奖章、‘两红两优’、乡村振兴青年先锋、‘向上向善好青年’、‘中国青年好网民’等青少年榜样的说服力，凝练青年突击队、青年文明号、青年岗位能手、青年安全生产示范岗等传统品牌的新时代内涵，挖掘弘扬可信可学的感人事迹、奋斗历程、精神品格，推动形成见贤思齐、崇德向善的良好氛围。”这些就是当前共青团开展典型选树和引领工作的主要项目。

1. 中国青年五四奖章

“中国青年五四奖章”是团中央、全国青联授予14—40岁中国优秀青年的最高荣誉，旨在树立政治进步、品德高尚、贡献突出的优秀青年典型，反映当代青年的精神品格和价值追求。“中国青年五四奖章”于1997年设立颁发，第一届获奖者5人，包括工程师秦文贵、小学教师宋芳蓉。团中央办公厅等于2010年3月印发《“中国青年五四奖章”评选表彰办法（试行）》，使评选工作更加规范、公平、权威。2023年5月3日，第二十七届“中国青年五四奖章”评选结果揭晓。

2.“两红两优”评选

“两红两优”具体指五四红旗团委、五四红旗团支部、优秀共青团员、优秀团干部。“两红两优”是共青团的重要荣誉，分级颁授，每年评选。2022年4月，在迎来中国共青团成立100周年之际，共青团中央作出表彰决定，授予293个团组织“全国五四红旗团委”称号，授予377个团组织“全国五四红旗团支部”称号，授予457人（含追授3人）“全国优秀共青团员”称号，授予341人（含追授1人）“全国优秀共青团干部”称号。

3.“全国乡村振兴青年先锋”评选活动

“全国乡村振兴青年先锋”是团中央、农业农村部组织的评选活动，是落实党中央、国务院有关部署，多渠道培养选树“三农”青年人才的具体举措，由“全国农村青年致富带头人”活动更名而来。“全国乡村振兴青年先锋”评选表彰工作每两年组织一次，一般为单数年的3月至5月份面向社会广泛征集候选人，每届产生“全国乡村振兴青年先锋”400名左右，其中“全国乡村振兴青年先锋标兵”10名。首届评选工作于2021年7月启动，2022年1月揭晓，共有380名青年获得“全国乡村振兴青年先锋”称号。

4.“全国向上向善好青年”推选活动

“全国向上向善好青年”推选活动由团中央主办，旨在引导广大青少年培育践行社会主义核心价值观。活动按照“青年典型青年荐、青年典型青年评”的思路，面向各行各业和基层一线，寻找推选一批身边好青年，通过学习讨论、主题宣传、交流分享和实践活动，带动广大青少年奋发向上、崇德向善，推动全社会形成践行社会主义核心价值观的良好风尚。“全国向上向善好青年”分为五个类别，每个类别每届评出20名好青年。年龄在14周岁至35周岁，拥护中国共产党领导、拥护中国特色社会主义、个人事迹突出、品德高尚、具有良好社会影响的中国公民均可以报名自荐。“全国向上向善好青年”推选活动自2015年创办，每年举办一次，采取社会化推选的方式，广泛动员各领域、各行业团员青年积极参与活动，主动寻找、发现自己身边符合好青年推选标准、模范践行社会主义核心价值观、带头弘扬社会主义精神文明的青年榜样。

5.“中国青年好网民”评选活动

为了传播好网民理念、弘扬好网民精神，动员广大团员青年在网络上共同弘扬主旋律、传播正能量，助力清朗网络空间建设，共青团中央、中央网信办联合发起“中国青年好网民”评选活动。活动自2017年起每年举办一次，上半年开展征集评选，最终评选出社会正能量类、公益慈善类、网络治理与网络安全类、产品创作类和网络素养类共100个好网民故事，向全社会公布，后续的宣传、展示、分享学习活动持续全年。

6. 青年突击队

青年突击队是共青团的传统工作品牌。1954年1月13日，我国第一支青年突击队——木工青年突击队，在北京展览馆工地正式成立。青年突击队分为临时性青年突击队、业余型青年突击队和固定型青年突击队等多种类型，是以团组织为单位，围绕生产生活中的急难险重新任务或一项规模较大的临时性生产任务时开展活动的组织形式。在过去的70年中，在中华大地上涌现出千千万万支青年突击队，青年突击队的旗帜飘扬在祖国的大江南北、长城内外。青年突击队是共青团一张亮丽的名片，是青春精神气质的最好体现！

7. 青年文明号

青年文明号是指在生产、经营、管理和服务中创建并经过活动组织管理部门认定的，体现高度职业文明、创造一流工作业绩的一线青年集体。共青团中央1994年起在全国开展了创建青年文明号活动，旨在组织和引导青年立足本职岗位诚实劳动，文明从业，树立适应社会主义市场经济要求的敬业意识、创业精神和质量、效益、安全、竞争、服务等观念，在全社会展现当代青年的精神风貌，塑造行业和企事业单位的良好形象，倡导职业道德和职业文明。

8. 青年岗位能手

青年岗位能手活动是1994年初由共青团中央、国家经贸委、劳动和社会保障部联合组织评选的荣誉称号，旨在引导广大青工弘扬艰苦创业和敬业爱岗精神，立足本职岗位，提高职业技能，争创一流成绩，努力成为跨世纪的熟练劳动者和合格人才，是跨世纪青年人才工程的重要组成部分。青年岗位能手，是指年龄原则上不超过35岁，有优良的思想品德和职业道德、敬业爱岗、熟练掌握本岗位各项业务技能和理论知识、能够优质并超额完成本岗位各项考核指标、创造较好经济效益的企业青年职工。团中央每年表彰命名100名至200名全国青年岗位能手，10名全国杰出青年岗位能手。目前，全国青年岗位能手评选活动由共青团中央、人力资源和社会保障部联合主办。

9. 青年安全生产示范岗

2001年4月，“青年安全生产示范岗”开始创建活动，截至2018年，共创建全国“青年安全生产示范岗”2961个，其中2018年度创建355个，各级青年安全生产示范岗超过10万个，覆盖了全国各地区、各行业领域和各企事业单位，引导激励了一批又一批青年人成长、成才、建功、进步，对促进全国安全生产形势持续稳定好转作出了积极贡献。2019年起，全国“青年安全生产示范岗”创建工作由共青团中央、应急管理部联合主办。

五、有效做法

在看到共青团典型引领工作取得的巨大成就的同时，也应该看到，新时代的青年典型选树与引领工作面临着一系列困境、考验和挑战。从心理学角度看，青少年群体由于处在特殊的年龄阶段，有着比较普遍的逆反心理，这在急遽转型的现代社会表现得更为明显。从教育学角度来看，现在先进典型的时效性变差，持续影响力弱化，教育的方式和方法有待创新。从技术的角度看，数字技术和网络传播的冲击改变了青少年的生存方式，青少年对典型的看法更加分化和多样。因此，青年典型选树和引领工作也应守正创新，不断更新工作思路、优化工作机制、创新工作方式。

1. 选树典型要符合时代性要求

选树先进青年典型，绝不能离开特定的历史背景和历史条件，必须符合时代要求和时代精神。符合时代要求和时代精神的青年典型，才能激发广大团员青年昂扬向上、奋发有为的精神状态，产生巨大的实践效应。与时代俱进、同实践共生的典型才具有感召力。一个优秀的青年典型，应当具备引领时代潮流的品质，成为推动社会进步的旗帜。“如果我们在发掘、总结典型经验时，善于同反映社会发展态势、规律和方向的时代精神结合起来，同我们的工作对象在不同时期的发展变化和客观需求结合起来，那么，这样的典型就会显示特殊的威力和作用。”①

2. 选树典型要坚持真实性原则

在青少年教育工作中有的人曾经习惯性地以为，只有那些发展全面、全身都焕发出英雄本色的先进典型，才具有典型示范的效果。殊不知，“金无足赤，人无完人”，以“高大全”的标准塑造出的英雄人物、道德典型，超脱于现实生活，可敬不可亲，游离于青少年现实生活世界与精神生活世界之外，使青少年难以真正从思想上、行动上认同这些典型。经验表明，卓有成效的先进典型教育宣传必须考虑到受教育者的心理状况，必须坚持真实性原则。只有真实，才能感人，只有真实，才能在青年内心引发一种敬仰的情感和向往，使人感到先进典型是人，不是神，是他们可能遇到的人物，只要努力学习完全能够学得来、做得到，进而产生模仿心理。真实性包括全面性。在宣传先进典型时，既要宣传其成就光彩照人的一面，又不能忽视其成长的基础过程和弱点，片面宣传只能降低先进典型的可信性，从而使人产生不信任心理，甚至抗拒心理。真实性还意味着适度性。在先进典型宣传上，要注意运用多种层次、多种风格的宣传手法，同时注意把握好“度”，做到“实事求是、适可而止”。

3. 选树典型要贴近青年实际

先进典型离青年越近，就越感人。只有选树得到青少年认同的典型，才能引起青少年感情上的共鸣，才能使先进典型立得住、站得久、传得远，转化为推动时代进步的思想力量、人格力量和精神力量。要依

① 宋德福：《共青团体制改革的思考与实践》，中国青年出版社2007年版，第292页。

靠青年推典型。先进典型只有为青年所接受、所公认，才能经得起时间和实践的检验。青年信服不信服、认可不认可，应当成为选树典型的标尺。选树青年典型的过程就是各级团组织向团员青年宣传典型的过程，就是团员青年了解、认同、学习典型的过程。所以，要扎根现实土壤，从青少年身边选典型。新时代的火热生活是青年典型成长的肥沃土壤。通过用身边人讲述身边事，用身边事教育身边人，激励广大团员青年从身边的人学起，从身边的事做起。要让青少年由衷地感到，先进人物实际上就生活在我们身边，并非可望而不可即。只要从自己做起，持之以恒地做好平凡的事就是不平凡；从点滴做起，兢兢业业地做好简单的事就是不简单。

共青团在宣传典型过程中，要坚持贴近实际、贴近生活、贴近群众，既挖掘、升华先进典型的精神内涵和时代意义，又不任意拔高，坚持让客观事实说话，让青年说话，用平实的语言阐释深刻的道理，用青年易于接受的方式表现高尚的情操。这样塑造出来的先进典型虽然并不个个高大完美，但都有血有肉、真实感人，让广大青年感到可亲、可敬、可信、可学。

4. 选树典型要民主公开

在以往的典型选树工作中，存在上级机关或者媒体定人选，然后集中宣传的情况。这样的操作方式是一个信息单向传递的过程，需要创新。比如，候选人提名应来自基层青年组织。让青年真正感觉到自己在这样一个过程中的权利，这样产生的获选人物就更加容易为青年所接受。

与传统的典型宣传由政治议程和媒介议程塑造典型形象截然不同的是，无论是当前新颖的典型人物宣传模式，比如“人物榜单”形象生成、“时代楷模”发布厅，还是扎根基层的低姿态的、平民化的典型选择策略，都是对传统议程方式的颠覆。以风靡一时的“超级女声”和“我型我秀”等选秀节目为例，民主性正是其吸引力产生的重要原因之一，这是值得共青团选树青年典型工作借鉴的。

5. 善于变“偶像”为“典型”

“偶像崇拜就是追星”，这是当前一些社会舆论对青少年学生偶像崇拜行为的界定。偶像崇拜与典型教育之间总是表现出强烈的反差：一方面，青少年疯狂追逐钟爱的偶像，对学校、社会的宣传教育置若罔闻，甚至反感排斥；另一方面，双方在态度上各持一端，互不妥协，使得“偶像崇拜”成为教育中一个敏感的问题。诚然，偶像和典型之间存在一定的区别。偶像崇拜是青少年特殊的心理情感需求和心理现象，具有心理认同与情感依赖，具有自发性、感情性和认同性，表现为“偶像”的理想化、浪漫化和绝对化；典型教育是青少年成长教育的重要手段和途径，其基础在于社会学习与模仿，具有指导性、示范性和激励性，较之偶像更现实化、理性化和相对化。但从心理源的产生发展来讲，无论是自我投射、替代性补偿，还是作为认同的心理，青少年的偶像崇拜或典型学习从心理实质的角度上讲，均是其主动寻求情感和认知上的同伴与朋友，有意识或无意识地受到激励和帮助，其本质上有一致性。

共青团要以青少年的主体性、能动性为立足点，加强对偶像认知的科学引导，采用疏导式的教育手法，以启发性、互动性的教育方式促进青少年的独立思考，促进青少年自己对所选择的偶像或典型进行理性评价，发展主体能动的育人理念。同时，要了解和掌握青少年思想心理发生发展的内在机制。把握好青少年思想心理形成的关键环节，将典型效应迁移到青少年的实际生活中并不断深化，将偶像、典型身上的要求和导向转化为青少年的动机和素质。在方式方法上也要创新，要将偶像、典型宣传与整个社会思想道德建设的目标保持一致，要充分利用偶像、典型的目标激励、期望导向、强化训练和恰当的归因机制来加以引导，及时关注消极倾向，真正做到把典型引领与青少年的实际学习、生活结合起来。

6. 注重对典型的教育和保护

在典型被选树起来之后，要加强教育培养，防止典型做出与自身角色不相符合的行为，损害共青团典型工作的公信力。因此，共青团典型选树和引领工作要特别注重对已有典型的持续教育和培养，引导他们谨言慎行，牢记自己的身份，发挥模范作用。青年典型和模范人物要按照习近平总书记要求的那样，“再接再厉、严于律己、锐意进取，用自身的成长历程、精神追求、模范行动为广大青少年作好表率”[①]。还要以人为本，真正关心典型的成长、进步与生活，为他们创造良好的工作环境和工作条件，切实帮助他们提升自身素质、提高生活质量，为社会树立愉快、健康、幸福生活的现代典型形象。

7. 典型引领工作贵在实践

学先进是为了赶先进。共青团选树的各类典型只有在实践中发挥引领作用，才能体现其价值。各级共青团组织要紧紧抓住先进典型的本质内涵，引导团员青年以先进典型为标杆，联系实际作思考，对照典型找差距，瞄准先进定措施。要按照“五个模范、五个带头”的要求，进一

① 习近平:《论党的青年工作》，中央文献出版社2022年版，第23页。

步明确团员先进性要求、增强团员先进性意识；要发挥典型引领作用，不断提升育人效果，团结带领广大团员青年成长为有理想、敢担当、能吃苦、肯奋斗的新时代好青年。

第四章

分层分类工作法

分层分类的内涵是什么?《说文解字》指出:“分，别也。”分层就是将已有工作纵向分层级，分类就是将已有工作横向分类别。所谓分层分类工作法，就是通过运用分层和分类的方法，把现有的复杂工作对象按照一定标准进行分层分类，以实现对工作对象的系统化、规范化、精准化的认识和理解，从而提升工作实效。分层分类以系统、规范的外在表现形式，将工作中一些冗杂的文件资料分门别类进行处理分析，以不同层级、不同类别的表现形式或特点，来分析和总结现有共青团工作，并主张对青少年开展分层分类的思想引领工作、组织动员工作、联系服务工作，这对于共青团创新工作具有极为现实的积极意义。

党和国家历来重视在共青团工作中采取分层分类工作法。党的十八大以来，习近平总书记高度重视共青团和青少年工作，并对如何做好共青团和青少年工作提出了方法上的指导。2013年6月和2018年7月，习近平总书记分别在同团中央新一届领导班子成员集体谈话时对如何做好新经济组织、新社会组织中的新兴青年群体工作给予明确指导，其中贯穿的分层分类工作法为新时代共青团做好青少年工作提供了根本遵循。

一、工作原理

1. 社会学原理与分层分类工作

在社会学视角中，社会分层的概念可以被描述为社会成员或群体由于对社会资源占有程度的差异而出现的一种垂直方向的高低层级的分化。社会分层理论在社会学理论体系中，以马克斯·韦伯和埃米尔·迪尔凯姆为重要代表。韦伯从一个多元且宏大的视角来开展社会分层研究，他更注重对于现实和理性的分析。他的社会分层理论是把社会划分为三个维度，主要是从经济、名声和权力这三个不同视角的层级出发，具有很强的工具性。韦伯研究社会分层，不但从社会客观事实出发，而且还会根据社会发展的变化来改变对阶级的判断标准。迪尔凯姆的功能主义思想主张社会存在本身就是具有合理性的，认为社会是一个不可分割、有机融合的整体，强调社会的整体性和整合性。迪尔凯姆以职业类别对社会进行分层，他主张每一种职业都是社会不可缺少的一部分。虽然距离韦伯和迪尔凯姆的分层理论已经过去了一个多世纪，但这两位社会学家的理论，对于我们研究社会分层依然具有重要的指导意义。我们在对共青团工作进行研究分析时，可以借鉴社会分层理论中对于社会阶层的划分方法，当然这种划分同样也不能仅仅只是停留在表面的社会事实层面上，还应当深掘其背后种种原因来进行实际划分。

马克思从生产资料在人类社会中的占有关系来分析社会分层，我们可以把这种从阶级的角度来看社会分层的理论叫作马克思主义阶级分层理论。马克思从阶级的视角出发来探讨社会分层，实际上是为了揭示在社会分工和社会不平等的资本主义社会发展现状之下的社会阶级属性。马克思主义阶级分层理论主张社会生产力的发展是导致出现社会分层的决定性因素，而社会的阶级实际上是由生产关系来决定的。在马克思主义社会分层理论中，“经济条件首先把大批的居民变成劳动者。资本的统治为这批人创造了同等的地位和共同的利害关系。所以，这批人对资本说来已经形成一个阶级，但还不是自为的阶级。在斗争（我们仅仅谈到它的某些阶段）中，这批人联合起来，形成一个自为的阶级。他们所维护的利益变成阶级的利益”[①]。这就表明，马克思在这里所指的阶级，实际上是一个社会实体，其形成有两个阶段，第一阶段是具备共同经济利益和社会地位，第二阶段是具备真实社会互动和政治组织。从共青团工作开展的视角来看，马克思的社会分层理论具有很高的指导价值，为我们运用分层分类的工作方法来推进和开展共青团工作提供了基本理论遵循。

2. 管理学原理与分层分类工作

从管理学的层面来看，分层分类工作既可以与分层管理、分类管理的概念相对照来看，也可以从韦伯所提出的社会组织结构的“科层制”视角来探析。

一是关于分层管理与分类管理的具体内涵。分层管理和分类管理是两个相似但实际内涵存在差异的概念，我们从管理学原理的视角出发来看待分层分类工作，就务必把握好管理学中的分层管理和分类管理这两者的概念。分类管理是组织按照一定的标准和原则，把管理对象分好层

① 《马克思恩格斯选集》第一卷，人民出版社2012年版，第274页。

次和类别，用不同或类似的管理方法，针对不同类别的不同事物进行管理。[①]整体而言，分层管理实际上可视为分类管理中的一个分支，只不过分层管理和分类管理并不完全一样。分层管理是将目标或组织权力层层分解，上下级关系分明。基于此，分层管理可以被定义为：在分工的基础上，以发挥组织职能和成员的集体潜能为目的，根据目标、任务内容、成员等特征在组织中所采取的具有内在关联性和等级差距的差异性管理方式。[②]实际上这就是从一个社会分工的角度来对社会组织机构进行分层分类管理的过程，这也与我们共青团工作中利用分层分类的工作方法来对青少年进行思想引领工作有异曲同工之妙。

二是韦伯关于"科层制"的核心观点。韦伯的"科层制"理论主张每一个组织权威的基础都是一种合理并且合法的权力，是一种理性化的制度设计。"分工"的概念最早由亚当·斯密在《国富论》中提出，而主张通过合理分工来提高工作效率从而实现组织目标的组织合理分工是韦伯"科层制"的典型特征之一。概括地说，科层制是一个横向分科（部）、纵向分层、上小下大的金字塔式结构，这可以被形象化地描述为一种在现代组织机构中广泛运用的运作原理。该结构集权于金字塔的顶端，顶端的决策以正式文件的形式向下逐级传递，并逐级分工执行。[③]基于韦伯的"科层制"理论，结合共青团实际工作的具体实施，可以说共青团工作也是组织分工"科层制"的一种体现。由共青团中央下放任务到各地共青团，各地共青团再依据现实条件实地执行文件要求，这正

---

① 参见张双喜：《基于组织创新气氛的科研团队分层管理模式研究》，《南京理工大学学报（社会科学版）》2011年第4期。

② 参见张双喜：《基于组织创新气氛的科研团队分层管理模式研究》，《南京理工大学学报（社会科学版）》2011年第4期。

③ 参见唐启、任越：《数字时代马克斯·韦伯科层制结构在文书档案工作中的重新发现》，《浙江档案》2022年第2期。

体现了“科层制”的核心理论特点。

3. 教育学原理与分层分类工作

从教育学的角度讲，分层施教、分类施教是教育学领域运用分层分类工作法的具体体现。分层教学和分类教学以孔子的因材施教思想和汤姆森的差异化教学理论为重要理论基础。

一是孔子的因材施教思想。孔子是享誉古今中外的伟大教育家，他基于自身的学识和能力，提出要将温习旧书和学习新书共同进行，主张要根据学生的特点来规定教学的内容。教学实际上被划分为“教”和“学”两个层次。在实际的教学过程中，教育者所起的作用是致力于为受教育者传授知识、答疑解惑，受教育者的学习目标是将所学知识学懂、领会、运用、贯通。“教”和“学”不可分离，始终保持着双向的互动。作为中华优秀传统文化精髓思想的一部分，孔子教育思想是从教师的教学能力层面出发，把因材施教作为根本，注重分层开展教学的工作，将学生分为具体的、不同的层次来进行教学。而新时代共青团运用分层分类的方法来对青少年进行思想引领，也正是孔子因材施教的教育思想的体现。

二是汤姆森的差异化教学理论。差异化教学理论主张教学要强调学生作为学习者的差异化特征，不仅把学习者作为受教育的对象，而且更加注重以学习者的个性特征为核心，在激发学生作为学习者的学习兴趣和学习动机方面，不断提高受教育者的独立思考能力和团队合作解决问题的能力，在课程基本标准的基础上，进一步强调学生的个性化、差异化发展。差异化教学理论仍然是以基本学科属性为导向，注重学生的个性特点和个性发展，致力于从不同主体的个性特点出发，引导受教育者形成正确的价值取向和自身独特的个性发展，把分层分类的工作方法同时运用到教育主体和受教育主体之中，推动学生个性化发展。

二、功能作用

分层分类工作法是一种能够有效提升工作效率的工作方法，自20世纪初马克斯·韦伯提出多元分层理论以来，分层理论已经延续了一个多世纪，分层分类工作法也在此基础上不断发展。分层理论和分层分类工作法能延续至今经久不衰，在于其不可替代的社会性功能。无论是哪个时代，分层分类工作法都能在社会发展的进程中找到自己的位置。简要来说，可以把分层分类工作法的功能归纳如下。

1. 分层分类的指导作用

分层分类大多坚持纵向分层、横向分类的原则，通过政策文件上的任务安排进行层级和类别的划分，再安排开展下一步的具体工作。这在共青团工作的实践方法上具有非常重要的指导意义，对于团中央出台的各项政策的实际实施存在着一定理论上的指导作用。实践和历史告诉我们，仅由上级下发通知，下级部门不一定严格遵照执行。但采用分层分类的方法，上级在下发通知、政策等文件的同时，将责任传递给下一层级的组织，每一层级的组织都有自身所要发挥的清晰作用。如共青团对青少年开展思想引领工作采取分层分类的方法，是由团中央向各省级团委下发通知，再逐级落实到各级各类学校、企业等单位中去。

2. 分层分类的定位作用

分层分类的定位作用表现在将冗杂的政策安排或工作内容规范化、

具体化、模块化，使得工作的内容要求以一种更加清晰的形式呈现出来。这种工作内容规范化的呈现，使得我们在推进共青团工作时有更加明确的层级界限，能够精准定位到作为政策实施主体之间的明确分工。针对共青团工作中的复杂状况，分层分类的工作方法更能够将特定的工作开展精确定位到某一层级的团组织，这既有利于在工作开展的过程中应时而变，根据实际情况解决实际问题，也能够更好地维护和拓展工作的实施范围和实施客体。

3. 分层分类的提效作用

任何一项政策或文件方案的颁布都是为了使得上一层级、本层级或下一层级工作的开展更加顺畅。把分层分类工作法切实运用到共青团工作之中，各级团组织的工作方向就会更加明确，实际的工作实施也会有明显的增效。例如，在《中长期青年发展规划（2016—2025年）》正式出台后，各地党委、政府也相继出台了青年政策的相关条文和规定。这体现了在政策的指引下，在各地组织的配合下，各地青年发展规划的相应条文更加有序地出台，对工作的开展起到了非常有效的推动作用，提升了共青团工作的开展实效。

三、宝贵经验

分层分类工作法在共青团百年发展历程中得到了广泛的普及和运用，有力地促进了团的各项工作的开展。

1. 党的领导人在运用分层分类工作法做好青年工作上为共青团提供了丰富的经验和精准的指引

1928年，在《井冈山的斗争》中，毛泽东准确区分了战斗兵和非战斗兵，干部分子、知识分子与劳动分子，除此之外也明确对20岁以下的青年党员成立青年工作会议。这些突出反映了毛泽东在革命时期就注意到在青年工作中运用分层分类工作法。邓小平在指导共青团开展青年工作时也经常注意运用分层分类的指导思想。例如，团的三大报告提出的六字方针中就包含“团结”，邓小平十分赞同。他历来反对青年团只搞积极分子的小圈子，主张“打破小圈子，搞大圈子”，广泛团结各界青年共同建设社会主义。1957年，邓小平同出席共青团各省市委书记会议的成员座谈时指出：“青年知识界的工作，是共青团工作长期的重点。大学、中学、小学，都是共青团工作的重点。”[1]共青团工作的覆盖面广，在不同时期，各个领域工作的要求是不同的，这就要求共青团在全面开展工作时，必须找准工作重点，集中力量解决某方面、某领域存在的比较突出的问题。在这里，关于大学、中学、小学不同阶段的划分，充分体现了邓小平在指导共青团开展青年工作中注意运用分层分类工作法。江泽民基于对新时期青年的认识，提出了青年工作是一个系统工程的思想，要求各级青年工作机构和青年工作者要尊重不同青年群体的特点来开展工作。胡锦涛进一步深化了对新时期青年的认识，要求青年工作者要适应形势发展需要，不断创新青年工作方式方法。在青年思想政治方面，胡锦涛提出要根据不同青年群体选择有针对性的教育内容和教育方法，重点加强对特殊群体的思想工作。

---

① 中共中央文献研究室编：《邓小平年谱（一九〇四——一九七四）》（下），中央文献出版社2009年版，第1388页。

随着改革开放的深入发展、社会主义市场经济的不断完善，青年群体的分化趋势日益复杂和多元。2002年发布的《当代中国社会阶层研究报告》利用职业分类的方法，将中国社会分成了十个不同的阶层。青年就分布在这些阶层中，不同阶层、不同类别、不同年龄、不同生活学习经历的青年，在实际生活工作中遇到的问题和需要解决的问题是不同的，这就要求我们运用分层分类工作法，推动青年工作取得实效。

党的十八大以来，中国特色社会主义进入新时代，习近平总书记根据青年发展面临的新形势、新问题，作出一系列讲话和指示批示，提出一系列方向性的新观点、新论断、新要求，形成了习近平总书记关于青年工作的重要思想，成为新时代党的青年工作的根本遵循。其中，分层分类工作法就是习近平总书记关于青年工作的重要思想的方法论之一，为共青团做好党的青年工作提供了方法指导。

在引领青年方面，不断提升引领青年树立理想信念的实效。2019年3月18日，习近平总书记在学校思想政治理论课教师座谈会上指出，推动思政课改革创新，要坚持统一性和多样性相统一，要让不同类型的学生都爱听爱学、听懂学会。除此之外，习近平总书记还高度重视在引领青年工作中要注意同实际相结合，动员广大青年在经济建设、文化发展、社会建设、科技创新、重点项目、基层实践等工作实践中发挥作用。习近平总书记关于加强青年思想政治引领的系列讲话和要求蕴含了分层分类指导精神。

在组织青年方面，不断扩大团的工作有效覆盖面。2013年6月20日，习近平总书记在同团中央新一届领导班子成员集体谈话时指出，青年在哪里，团组织就建在哪里。团组织必须适应新经济组织、新社会组织中新兴青年群体越来越多的趋势，努力去做他们的工作。

在服务青年方面，不断提升服务青年的能力和实效。2018年7月2

日，习近平总书记在同团中央新一届领导班子成员集体谈话时指出，做青年工作，联系、覆盖是第一步，更重要的是要服务好、引导好。要针对城乡贫困青年、进城务工青年、残疾青年、农村留守妇女儿童等多做雪中送炭的工作，对积极投身创新创业的青年要多关心他们并提供必要支持。除此之外，习近平总书记要求把网上共青团建设摆在重要位置，把“线上”和“线下”结合起来，增强联系服务青年的实效性。

2. 分层分类工作法的本质是实事求是

实事求是的思想路线是中国共产党的生命线，分层分类工作法的本质是实事求是。共青团是党亲手缔造的，始终把坚持党的领导作为最重要的政治准则。无论是革命、建设、改革时期还是新时代，党的思想路线贯穿共青团工作，这也是共青团不断取得历史荣光的重要保障。

在不同历史时期、不同社会发展阶段，尽管共青团坚持实事求是思想路线的具体表现各有重点，但是其始终把尊重青年特点作为开展一切工作的基础。尊重青年特点的本质要求就是要辩证把握好青年群体的外部共性特征和内部特性特征。外部共性特征主要是指青年群体普遍存在的特征。例如，精力旺盛、富有理想等。青年群体的外部共性特征在不同的历史阶段也有差异性。例如，在革命时期，共青团组织广大青年在党的领导下参加推翻三座大山革命任务，体现了青年群体不怕牺牲、浴血斗争的特征；在建设时期，共青团组织广大青年在党的领导下参加社会主义建设运动，体现了青年群体敢于拼搏、辛勤劳动的特征；在改革开放新时期，共青团组织广大青年投入改革开放大潮，体现了青年群体敢闯敢干、引领风尚的特征。青年群体的内部特性特征主要指不同青年群体的差异性。例如，知识分子青年群体、工人青年群体和农民青年群体存在不同的特征。不同青年群体之间的差异性普遍存在，但在不同的历史发展阶段和社会环境下普遍存在着差异性程度高低的不同。例如，在计划经济时期，青年群体的分化相对单一，而在社会主义市场经济时期，青年群体的分化相对更为复杂多元。

实事求是的思想路线深刻影响了共青团开展工作的方法论。在青年群体分化趋势加速和多元的背景下，用好分层分类工作法是提升共青团工作实效的重要保障，这是共青团开展工作的一条宝贵经验。团十九大报告指出，青年思想观念和价值选择日趋多元多变，青年结构分化加深，青年需求层次不断提升，差异性加大。应对这些变化、破解这些难题，都需要运用好分层分类工作法。

四、重点项目

进入21世纪以来，随着改革开放的深入发展，青年群体的结构性分化日益凸显，共青团根据社会形势的实际变化，在开展青年工作中不断深化分层分类工作法在多项重点项目中的运用，取得了良好的成效。

1. 开展分类引导青年工作

加强青少年思想政治引领是共青团的根本任务。2008年12月，共青团十六届二中全会在北京召开，会议明确提出：在引导青年方面，针对不同领域、不同年龄段青少年思想意识的关键点，探索有效教育引导方式，坚定广大青少年跟党走中国特色社会主义道路的理想信念。会议审议通过的《共青团工作五年纲要（2009—2013）》就积极探索分类教育引导青年的方式方法作出部署：一是分年龄段加强教育引导。构建团队一体化分层教育体系，推动学生的党、团、队组织意识有效衔接，提出大学生、中小学生不同年龄阶段不同的思想教育内容和方式。二是分群体加强教育引导。明确提出在引导各类青年坚定跟党走中国特色社会主义道路理想信念的基础上，还要加强分类教育引导，提出了加强农村青年、城市青年、民族地区青少年和不同界别青年代表人士的重点教育内容和方式。

为贯彻落实共青团十六届二中全会精神及《共青团工作五年纲要（2009—2013）》部署，团中央决定于2009年在全团开展分类引导青年试点工作，并印发了《分类引导青年试点工作方案》（以下简称《试点方案》）。《试点方案》主要包括工作目的、试点对象和方式、试点单位和内容、试点工作职责分工、推进步骤和工作要求。工作目的为：贯彻分类引导青年的要求，根据不同类别青年群体在职业背景、社会阅历及思想意识方面的显著差异，将思想引导工作具体化地落实到具有不同特点的青年群体身上，增强引导青年工作的针对性和实效性。试点对象主要面向四类青年群体：大学生、企业青年、进城务工青年、农村青年。试点工作有两种方式，一是团中央直接联系和指导，二是省级团委直接联系和指导。团中央在北京等12个省、市、系统确定44个基层单位作为直接联系的试点单位，主要包括北京大学等10个大学生引导工作试点单位、辽宁省电力有限公司等12个企业青年引导工作试点单位、深圳市中粮地产集团大洋服务有限公司等11个进城务工青年引导工作试点单位、辽宁省沈阳市辽中县牛心坨乡等10个农村青年引导工作试点单位；各省级团委在本地（系统）内确定8—12个直接联系的试点单位（每个类别2—3个）。试点内容主要包括四个方面：一是调查研究，深入了解不同类别青年思想意识的关键点。二是释疑解惑，努力帮助青年打开思想症结。三是探索创新，创造引导青年的新途径、新手段、新载体。四是总结经验，推广具有普遍性、规律性的好做法。全团试点工作分阶段形成四项成果：一篇《试点单位青年思想意识调查报告》，一个四类青年群体《思想引导大纲》，一本《青年思想引导试点案例汇编》，一份《共青团中央关于加强和改进引导青年工作的意见》。

2010年，团中央在总结分类引导青年试点工作经验的基础上，印发了《关于在全团开展分类引导青年工作的实施意见》（以下简称《实施意见》），正式启动全团分类思想引导青年工作。

主要目标：高举中国特色社会主义伟大旗帜，以邓小平理论和“三个代表”重要思想为指导，深入贯彻落实科学发展观，面向不同青年群体，生动有效地传播党的意识形态和思想主张，传播社会主义核心价值体系，努力把广大青年培养成为中国特色社会主义事业的合格建设者和可靠接班人。

基本任务：针对不同类别青年在职业背景、社会阅历、思维方式、行为习惯等方面的显著差异和具体的思想实际，确定不同层次、不同侧重、不同形式的引导内容和引导方法，将思想引导的目标要求具体化地落实到不同青年群体身上。

对于大学生，要着重引导他们了解在党的领导下我国社会主义现代化建设取得的成就，正确认识世情、国情、党情，理性认同爱国主义、社会主义、党的领导的有机统一。在方法上，要注重探索系统的、有理论说服力的、有实践支持的结合方式，注重运用历史的、现实的、学术的逻辑开展思想引导，注重将思想引领与成长服务相融合。

对于进城务工青年，要着重引导他们充分认识党和政府对进城务工人员的关怀，正确理解工业化、城镇化进程中一些不可逾越的阶段性特征，增强自信心、进取心。在方法上，要注重表达上的言简意赅、生动形象、通俗易懂，注重人文关怀和心理疏导，注重与帮助解决实际困难和问题结合起来。

对于企业青年，要着重引导他们充分认识我国经济体制改革特别是国有企业改革取得的成就，正确认识我国的基本经济制度，把个人成长与企业发展和国家建设的目标更好地统一起来。在方法上，要特别注重结合企业实际和岗位特点，把党团组织的“大道理”转化为青年易于接受的“小道理”，关注企业生产经营和职工成长发展中的“小事”，帮助青年职工解决思想困惑和现实问题。

对于农村青年，要着重引导他们学习党的各项惠农政策和党对新农村建设的根本要求，把农民生活的变化与党的领导更加紧密地联系起来。在方法上，要注重运用生活化的语言和摆事实的逻辑，并与农村青年不甘于现状、渴望致富成才的愿望结合起来，注重帮助他们解决生产发展、创业就业中的实际问题。

对于其他领域的青年，要紧密结合所在组织的社会功能和青年具体的思想问题，合理确定引导侧重点和引导内容，注重采用符合青年具体特点的引导方法。

除此之外，《实施意见》还提出了四类青年群体有效引导路径载体和融入重点品牌活动的内容和方式。

在引导路径载体方面，主要包括面对面交流、实践体验、媒体传播、文化熏陶、典型示范。其中，面对面交流的载体主要包括党课团课、报告会、座谈会、研讨会、辩论会、班组学习讨论、交流谈心，等等。实践体验的载体主要包括参观访问、社会调查、社会实践、见习实习、志愿服务，等等。媒体传播的载体主要包括手机类、网络类、传统媒体等。文化熏陶的载体主要包括文化活动类、仪式教育类和时尚手段等。典型示范的载体主要包括典型选树活动和典型宣传活动。

《实施意见》还提出要在几项重点品牌活动中鲜明地体现思想引导内涵，主要包括“我与祖国共奋进”主题教育实践活动、青年马克思主义者培养工程、大中专学生志愿者暑期“三下乡”社会实践活动、青年志愿者行动、青年文明号创建活动、保护母亲河行动等。在加强组织领导上，《实施意见》要求团的学校、城青、农青部门要切实承担起开展大学生、进城务工青年和企业青年、农村青年思想引导工作的具体职责，并建立分类引导青年工作基层联系点制度。

开展分类思想引导青年工作，是共青团在总结包括上文试点经验及以往有关工作经验基础上系统运用分层分类工作法的探索和尝试，对于提升新形势下青少年思想政治工作实效发挥了积极作用，同时也体现了分层分类工作法的重要价值和意义。目前，分层分类工作法广泛应用在青少年思想政治引导工作中，成为各级各类团组织开展思想政治引导工作的重要工作方法。例如，共青团广西师范学院委员会从“思想引领、成长服务、组织建设”三大领域重点推进，强化组织领导，认真做好项目的各阶段、各环节的工作，确保分层分类思想引导工作体系建设项目工作扎实深入开展，取得了较好的效果。①

2. 做好新兴青年群体工作

共青团系统运用分层分类工作法是从青少年思想政治引导工作开始的，并不断将分层分类工作法及指导思想应用在其他相关青年工作中。随着我国经济社会发展，新兴青年群体已逐步发展成为整个青年群体的重要组成部分。活跃在新经济组织、新社会组织、新媒体从业人员和自由职业者中的新兴青年群体与传统学校青年群体、企业青年群体、农村青年群体等在组织形式、就业生活形态等多方面呈现出不同特征，如何

---

① 参见卢燕：《共青团分层分类思想引导工作体系探索与实践——以广西师范学院为例》，《广西教育学院学报》2019年第2期。

有针对性地做好新兴青年群体工作，既关系到共青团工作的组织力、引领力和服务力的效用发挥，也关系到引导整合新兴青年群体在中国式现代化建设中的作用发挥。

2019年，共青团中央印发了《关于切实做好新兴青年群体工作的意见》，把分类分层作为工作开展的基本原则，并指出，要结合新兴青年群体中具体亚群体类型多，思想动态、生存状况、成长需求、聚集方式等各不相同的特点和实际，针对不同亚群体确定不同的工作目标、优先内容、适当方式、有效载体以及开展工作的重点组织层级等，分类施策、精准发力。要在深入把握不同领域新兴青年群体特点基础上，以网络作家、文创青年、影视行业从业者、自媒体人、街舞青年、快递小哥等为重点工作对象，做好强化有效联系、深化思想引领、服务成长发展、促进建功立业、扩大团建覆盖等工作。

3. 注重共青团激励、培训和制度建设

激励青少年是共青团的重要工作方式，五四奖章是授予中国优秀青年的最高荣誉。五四奖章荣誉等共青团激励表彰形式，充分体现了分层分类的工作方法。其表彰选举实际上采取的是一种自下而上、从基层到中央的选拔方式。从基层到县级到市级再到各省级单位，再从省级单位最终选拔至中央。这种选拔方式其实也可以被称为是一种层层递进、阶梯晋级的形式。同时，除了这种分层级分类别的选拔方式外，五四奖章所采取的荣誉表彰和激励在层级与类别上也存在着差异。比如，获得五四奖章的全国级荣誉是五星级的奖章，以此为最高荣誉层级，并向省、市、县逐级递减。这就是通过荣誉激励的方式来对全国青年以及青年集体分层级分类别进行激励和表彰，这对于新时代的中国青年积极追求进步、努力奋发向上起着重要的积极作用。

团干部的培训培养工作是共青团的一项重要工作，也充分体现了分层分类工作法。《2020—2023年全国团干部教育培训规划》对于不同层级的团干部的培训时间和学习时长作出不同规定，提出了不同要求：团的领导机关科级以上干部 4年内应到团校参加1个月以上的共青团系统性培训，科级（不含）以下干部 4年内累计参加共青团培训不少于12天。高校团委书记，中央企业、省属企业和机关事业单位处级以上团干部4年内应到团校参加1个月以上的共青团系统性培训。各领域基层团干部 4 年内应参加1次以上共青团培训。这种对于不同层级不同类别的团干部采取分层级分类别来划分培训和学习要求的工作方法，是分层分类工作法在团干部教育和培训制度中的生动体现。

《中国共产主义青年团干部教育培训工作条例（试行）》要求：按照分级负责、统筹规划的方式，构建科学完备、系统集成的团干部教育培训体系，整合团内资源、扩大培训范围、加强阵地建设、完善课程设置、建强师资队伍，不断提升团干部教育培训工作的前瞻性、整体性、协调性。从条例具体实施的管理体制来看，不同层级的团委负责人都被分层级分类别地安排了各项培训和检查的任务。共青团中央对于团干部的培训和培育工作起着统筹协调和系统安排的领导作用，并负责把团干部的教育培训工作下放至各层级的团组织机关和各行业的团组织系统之中。团中央还要求各级各行业的团组织要将团干部教育培训的现实情况汇总之后逐级上传至团中央，同时团中央自身也要做好分层级分类别的监督培训工作。那么这就为从团中央开展团干部的培养工作提供了实例借鉴，根据团中央、各级各行业团组织的要求，运用分层分类工作法，对团干部开展教育和培养工作。

分层分类工作的方法和原则也体现在共青团制度建设工作中，下面举几个例子。《中国共产主义青年团团员教育管理工作条例（试行）》

于2020年底印发，其中有一个章节的具体内容是关于组织领导和工作保障的，规定的是团员的教育管理是由团中央统一领导并向下逐级分层落实，也就是从团中央到县级以上团的领导机关，再到基层团（工）委，最后到团支部和团小组。这就将团员教育管理工作从团中央层层往下，把工作要求落实到每一个团的组织中去，生动显现了分层分类工作法的实际操作和运行，对于团员教育管理工作的贯彻落实起到重要的推动作用。

《中国少年先锋队组织工作条例（试行）》于2018年初印发，《中国共产主义青年团支部工作条例（试行）》于2019年6月印发，《中国共产主义青年团党和国家机关基层组织工作条例（试行）》《中国共产主义青年团国有企业基层组织工作条例（试行）》《中国共产主义青年团农村基层组织工作暂行规定》在2020年11月同时印发，《中国共产主义青年团城市基层组织工作规定（试行）》于2021年底印发，《中国共产主义青年团中央委员会工作条例》于2022年初印发。从这几项条例可以看出，团中央所颁布的关于团内的组织规章的工作条例和明文规定，是从少先队到团支部，再到基层组织，最后才到中央委员会的。从分层分类工作法来看，团内条例和规定的组织规章就可以看作是从地方到中央、从农村到城市的一个逐级集中的过程，是分层分类工作法在团内组织规章制度制定工作上的具体体现。

五、有效做法

新时代青年的生活方式、行为模式、发展状况等，都会随着社会、经济、科技的迅猛发展而发生巨大变化，这要求共青团组织要更加贴合实际、贴近青年来开展工作，要根据青年发展状况、发展环境的变化运用分层分类工作法做到精准施策，以期取得实效。

1. 要符合社会实际

理论联系实际是我们党一贯的优良作风，共青团工作是在党的领导下开展的，所以运用分层分类工作法开展共青团工作，决不能脱离实际。1938年，毛泽东在党的六届六中全会上的讲话中强调："离开中国特点来谈马克思主义，只是抽象的空洞的马克思主义。"[①]2015年1月23日，习近平总书记在十八届中央政治局第二十次集体学习时的讲话中强调："理论必须同实践相统一。理论一旦脱离了实践，就会成为僵化的教条，失去活力和生命力。"[②]2021年3月1日，习近平总书记在春季学期中央党校（国家行政学院）中青年干部培训班开班式上的重要讲话中强调："理论联系实际，前提是学懂弄通理论、掌握思想真谛。"[③]从历史实践到现实发展需要来看，都要求我们要站在新时代的背景下，来制定共青团工作的相关政策。同时也要始终坚持理论联系实际的观点，坚持一切工作从社会实际出发，用分层分类工作法不断推进新时代共青团工作创新发展，真正凸显共青团工作的价值所在。

2. 要贴近青年实际

只有真正把青年群体横向分层、纵向分类，从青年发展的社会实际出发，从青年自身的实际需求出发，始终把青年的主体地位牢牢坚持下

---

① 《毛泽东著作选读》上册，人民出版社1986年版，第288页。

② 习近平：《辩证唯物主义是中国共产党人的世界观和方法论》，《求是》2019年第1期。

③ 《习近平在中央党校（国家行政学院）中青年干部培训班开班式上发表重要讲话强调 立志做党光荣传统和优良作风的忠实传人 在新时代新征程中奋勇争先建功立业》，《人民日报》2021年3月2日。

去，把有利于青年发展的工作项目和政策规定制定好、开展好，才能真正被广大青年群体所认可、接受和支持，才能真正在广大青年群体中发挥共青团的引领作用。

3. 要坚持守正创新

任何一种工作方法都有其存在和发展的社会环境和条件，方法是针对分析解决问题而存在的，社会环境和条件的变化必将引起问题主要方面的变化。这就要求共青团应准确把握社会发展状况及其变化对青年发展的影响，精准研判青年群体分化趋势，在运用分层分类工作法时做到守正创新。所谓“守正”，就是面对青年分化的现状及趋势，应坚持运用分层分类的工作方法和思路来破解制约青年高质量发展的桎梏；所谓“创新”，就是要根据青年分化的实际不断调整分层分类的结构、内容和方式，真正与时俱进地有效破解青年工作中的难题。

第五章

调查研究工作法

何谓“调查研究”?“调”系考查了解之意,“调查”即深入考查了解实际情况;“研”系精细地考虑、深入探求之意,“究”系深入探求、钻研之意,“研究”即钻研探究事物的本质、规律等。调查研究即通过各种途径和方法,有计划、有目的、客观地收集数据资料信息,并加以分析、归纳、综合与研究,以获得对客观事物本质及其内在规律的认识,从而对未来发展趋势作出预测,提出对策建议的过程。共青团调查研究工作法即各级团组织(包括团属青少年研究机构)通过各种途径和方法,有计划、有目的、客观地对团员青年的思想状况、青少年成长规律、团的各项重点工作运行等存在的问题、青年发展指标检测等开展资料信息收集、数据整理,并加以分析、归纳、综合与研究,从中找准存在的问题及其原因,对做好青少年工作和团的工作提出对策建议,为党和政府出台青少年发展的相关政策提供决策咨询的工作方法。调查研究工作法是马克思主义的辩证唯物主义和历史唯物主义世界观和方法论的统一,是党的实事求是思想路线的重要要求,是党的群众路线的根本工作方法。

重视调查研究,是我们党在革命、建设、改革各个历史时期做好领导工作的重要传家宝。毛泽东一生高度重视调查研究的工作方法。1930年5月,他在《反对本本主义》一文中就提出“没有调查,没有发言权”的著名论断。对于调查的重要作用,毛泽东认为调查就是解决问题，“你对于那个问题不能解决吗？那末，你就去调查那个问题的现状和它的历史吧！你完完全全调查明白了，你对那个问题就有解决的办法了”[①]。共青团历来高度重视调查研究工作，团的调研工作有两个最直接的目的，一是弄清青年与青年工作的真实状况，揭示问题的本质；二是针对实际情况，进行对策研究，为共青团工作科学决策提供第一手资料。在不同的历史时期，共青团对不同领域青年的基本情况、时代特征，对如何完成党在不同时期的中心任务，对团的组织状况和如何开展工作等，都能做到深入青年，深入基层，开展调查研究工作，大力弘扬调查研究这个党的极其宝贵的传家宝。

一、工作原理

1. 马克思主义哲学原理与调查研究

马克思主义认识论认为，世界是物质的，物质决定意识，意识是物质的反映，认识来源于实践。从最初的感性认识到理性认识再到真理性认识，在认识过程的三个阶段中，感性认识是认识的第一个阶段，也是相对单一或者比较片面、零散的认识，众多的感性认识经过我们的了解、理解、思考、归纳、总结上升到理性认识，而上升到理性认识或者说上升到正确的理性认识，就需要大量真实材料作为支撑，没有大量真实材料是得不出比较正确的理性认识的。通过调查研究，从实践中获取更多的真实材料，才能完成从感性认识到理性认识的飞跃，才能为走向

---

① 《毛泽东选集》第一卷，人民出版社1991年版，第110页。

认识真理奠定基础。

2. 中国共产党党建学原理与调查研究

实事求是是我们党的思想路线，是毛泽东思想活的灵魂。正如毛泽东在《改造我们的学习》中所指出的："'实事'就是客观存在着的一切事物，'是'就是客观事物的内部联系，即规律性，'求'就是我们去研究。"[①]毛泽东从学生时代就注意向社会学习，做社会调查。在接受马克思主义之后，他更是自觉地以马克思主义为指导，老老实实地研究中国社会的状况，写下了《中国社会各阶级的分析》《湖南农民运动考察报告》。毛泽东在深入进行社会调查的基础上，确定正确的行动方向，制定正确的斗争政策。延安整风运动后，"实事求是"被确立为我们党的思想路线。百年党史雄辩证明，当我们坚持实事求是的思想路线时，我们的事业就发展得好；当我们偏离实事求是的思想路线时，我们的事业就会遭到挫折和损失。新时代，习近平总书记多次强调要坚持实事求是的思想路线，并在党的二十大报告中深刻指出："我们必须坚持解放思想、实事求是、与时俱进、求真务实，一切从实际出发，着眼解决新时代改革开放和社会主义现代化建设的实际问题，不断回答中国之问、世界之问、人民之问、时代之问，作出符合中国实际和时代要求的正确回答，得出符合客观规律的科学认识，形成与时俱进的理论成果，更好指导中国实践。"[②]坚持实事求是的思想路线，要求我们必须做到一切从实际出发，理论联系实际，克服主观主义，最根本的是必须进行调查研究。要有眼睛向下的自觉和决心，有求知的渴望，有放下臭架子、甘当

---

① 《毛泽东选集》第三卷，人民出版社1991年版，第801页。

② 习近平：《高举中国特色社会主义伟大旗帜 为全面建设社会主义现代化国家而团结奋斗——在中国共产党第二十次全国代表大会上的报告》，人民出版社2022年版，第17—18页。

群众小学生的精神；要掌握正确的调查研究方法。

3. 领导学决策原理与调查研究

领导决策是领导者的基本职责与任务之一，要求领导者必须掌握现代领导决策的科学理论与方法。习近平总书记2013年在武汉主持召开部分省市负责人座谈会时指出："调查研究是谋事之基、成事之道。没有调查，就没有发言权，更没有决策权。"[①]从领导决策的基本程序看，"发现问题和确定目标、调查研究和制定方案、分析评判和方案选优、贯彻执行和修正完善"是领导决策的主要阶段和步骤。调查研究对于领导决策活动是不可或缺的。目标确定之后，紧接着就是要通过调查收集有关目标的种种信息，在此基础上拟定供领导决策选择的方案。通过调查活动，取得丰富的第一手信息、情报、资料等材料，通过分析研究去粗取精、去伪存真，形成正确的认识，提出行动方案。可以说，调查研究是决策前收集、归纳和整理信息的基础工作。在调查研究过程中，还要对决策的约束条件、环境因素进行必要的预测。[②]调查研究的成果有利于多方面地搜寻实现目标的有效途径，在调查研究过程中要善于抓住根本问题和关键环节，为领导科学决策提供最优参考方案。

---

① 《习近平在武汉召开部分省市负责人座谈会时强调　加强对改革重大问题调查研究　提高全面深化改革决策科学性》，《人民日报》2013年7月25日。

② 参见全国干部培训教材编审指导委员会组织编写：《领导科学概论》，人民出版社、党建读物出版社2006年版，第266页。

二、功能作用

调查研究是做好新时代共青团工作的一项基本功，调查研究能力是团干部整体素质和能力的一个组成部分，调查研究方法是新时代团干部必须掌握的重要工作方法。

1. 有利于正确认识青年、了解团组织和团的工作的实际状况

按照辩证唯物主义和历史唯物主义的基本观点，自然、社会、人类思维，一切都处于生生不息、变化发展的永恒过程之中。大到人类生存的自然环境，社会制度变迁，小到青年随时可能发生的思想、行为、价值观念的变化，都会给共青团工作带来直接或间接的影响。深入而广泛的调查研究，可以帮助各级团的干部更好地了解青年的特点、青年的分布情况、青年工作的针对性和有效性、共青团组织建设的实际状况和团员队伍建设的实际情况，然后采取有针对性的措施做好团的工作，使团的工作真正从青年和社会的实际出发。

2. 有利于正确制定政策和执行政策

陈云说："领导机关制定政策，要用百分之九十以上的时间作调查研究工作，最后讨论作决定用不到百分之十的时间就够了。"[①] 习近平同志强调："为了防止和克服决策中的随意性及其造成的失误，提高决策

---

① 《陈云文选》第三卷，人民出版社1995年版，第189页。

的科学化水平，必须把调查研究贯穿于决策的全过程，真正成为决策的必经程序。”[①]科学规范的调查研究及其结论，可以为正确的工作决策提供重要依据，避免盲目性，减少主观随意性。新时代，青年表现出与以往任何时期都不一样的时代特征，团组织也面临前所未有的机遇与挑战，如何更好地吸引和凝聚青年，始终是共青团干部必须面对的重大课题。只有深入调查研究，把青年的时代特点搞清楚，把吸引和凝聚青年的规律搞清楚，才能为党制定青年政策提供科学依据，才能为共青团执行党的政策确立方法路径。

3. 有利于密切同青年群众的联系

习近平总书记要求团干部要“深入青年之中，倾听青年呼声，把青年安危冷暖挂在心上，发挥组织优势，调动社会资源，千方百计为青年排忧解难”[②]。要推动团的各级领导机关干部经常深入基层、深入青年开展调查研究，真正做到想青年之所想、急青年之所急、谋青年之所求、解青年之所难，正确把握当代青年的时代特征，抓住青年最强烈的成才、发展要求，为他们创造机会、创造条件，切实为青年提供服务，为青年办实事，使团的工作贴近基层实际，满足新时代新青年新需求，密切团干部与广大青年群众的联系，不断提高团的工作的吸引力和凝聚力。

4. 有利于提高解决问题的能力

2020年10月10日，习近平总书记在中央党校（国家行政学院）中

① 习近平：《谈谈调查研究——在中央党校秋季学期第二批入学学员开学典礼上的讲话》，《学习时报》2011年11月22日。

② 习近平：《论党的青年工作》，中央文献出版社2022年版，第31页。

青年干部培训班开班式上发表重要讲话时要求：年轻干部要提高调查研究能力；调查研究是做好工作的基本功；一定要学会调查研究，在调查研究中提高工作本领。2021年9月1日，习近平总书记在中央党校（国家行政学院）中青年干部培训班开班式上的讲话中进一步指出，要掌握调查研究这个基本功，既要“身入”基层，更要“心到”基层，听真话、察真情，真研究问题、研究真问题……要在深入分析思考上下功夫，去粗取精、去伪存真，由此及彼、由表及里，找到事物的本质和规律，找到解决问题的办法。因此，团干部只有不断提高调查研究能力，不断提高认识问题、分析问题和解决问题的能力，才能提升共青团工作的整体水平，才能提高团的工作的科学性和工作效率，使团的工作让党放心，让青年群众满意。

三、宝贵经验

共青团成立百年来，一直高度重视调查研究工作。新民主主义革命时期，年轻的青年团对调查研究工作就十分重视。1923年6月1日，中国社会主义青年团中央执行委员会通告第三十三号，对调查农民状况作出部署，指出“我们马克思主义者，最注重的是事实，所以我们非做一番切实调查的工夫不可”[①]。社会主义革命和建设时期，党中央提倡养成调查研究之风。改革开放和社会主义现代化建设新时期，团中央多次部署全团大调研，尤其在市场经济条件下如何加强团的基层组织建设进行

① 中共中央党史和文献研究院、中央档案馆编：《中国共产党重要文献汇编（一九二三年）》第三卷，人民出版社2022年版，第191页。

大调研。中国特色社会主义新时代，共青团要全面深化改革，制定各项改革措施，就必须坚持调查研究；为了深入推进《中长期青年发展规划（2016—2025年）》，根据规划确定的十大领域、十个重点项目，制定青年发展指标体系，为评定青年发展状况、制定青年发展政策提供科学依据，也必然要求广大团干部要掌握调查研究的工作方法。

1. 调研报告《究竟应当如何认识现在这一代青年？》的经验做法

1979年12月到1980年1月，中央团校黄志坚、郑利华、樊新民等组成调研团队，用一个半月的时间，在福建、安徽二省就改革开放初期经历了"文化大革命"的这一代青年的特点进行了调查。调研团队除了采取召开座谈会、进行个别访谈等方法进行调查外，还深入工厂、大学、中学、街道、商店进行走访，调查青年的思想状况。仅在农村就对1001名青年进行了问卷调查，通过汇总相关数据，加深了对当代青年的具体了解，为研究青年思想取得了大量新的数据和资料。形成的调研报告——《究竟应当如何认识现在这一代青年？》一文，1981年1月5日在《中国日报》（英文版）发表，1981年2月24日在《人民日报》发表，被《新华文摘》1981年第4期全文转载。

该文对当时社会上有人认为改革开放初期的这一代青年是"被'四人帮'耽误的一代""信念动摇，对前途失望，是迷惘的一代""知识贫乏，道德低下，心灰意懒，是垮掉的一代"等消极悲观的认识予以厘清，对调查得到的大量数据资料经过深入分析、提炼得出正确结论，提出改革开放初期这一代青年具有五个方面的特点："对祸国殃民的极左路线深恶痛绝，对党在新时期的路线、方针、政策普遍拥护；但在一部分青年中，程度不同地存在对社会主义制度优越性认识不足，对实现四化信心不足”；“关心国家的命运和前途，思想敏锐活跃，独立思考的能力比较强，因循守旧的东西比较少，走在思想解放的前列；但部分青年缺乏明确的指导思想，判别是非优劣的标准不稳定，有时甚至出现一些错误的倾向”；“讲求实际，关心国家的经济发展，关心自己的切身利益，热心于学习科学技术，掌握真本领，极左路线的那一套空洞的政治说教在青年中没有市场；但在部分青年中有厌倦政治的倾向，缺乏远大理想，政治的激励作用，英雄人物的感召力，有某些下降”；“对物质生活和文化生活的要求越来越高，对美的追求日见强烈，对林彪、‘四人帮’搞穷过渡、实行物质上的禁欲主义和文化上的专制主义极厌恶；但脱离我国经济发展水平现状的奢望，在某些青年中有所增长，艰苦创业的思想准备不足，资产阶级和其他非无产阶级思想对青年的侵蚀还严重存在”；“道德水准逐步提高，许多青年已成为树立社会新风尚的带头力量；但十年动乱所造成的法制观念淡薄，缺乏道德修养的状况还需要进一步改善，某些青年的变态心理仍有待进一步医治”。[①]调研报告发表后，在社会上产生了很大反响。

调研团队在团中央办公厅主办的《团的情况》杂志1980年第36期发表经验体会文章——《我们是怎样进行书面调查的？》，详细介绍了开展问卷调查的经验做法。认为问卷调查有三条好处：第一，可以同开调查会和个别访问的方法互为补充；第二，能够直接搜集青年思想动向和愿望要求的第一手材料，可避免掺水走样；第三，创造了畅所欲言的条件，有利于减少被调查者的思想顾虑，取得的调查材料真实性比较强。文章就做好问卷调查工作提出了四条有益经验。一是调查的目的性必须明确。与开调查会或个别访问不同的是，问卷调查只能靠简短的文字表

① 黄志坚：《黄志坚青年研究文集》（一）青年卷，研究出版社2012年版，第142—148页。

述，如果调查的目的含混不清，就会使被调查者难以回答，答案的使用价值也将大为降低。二是调查表要简明，易于填写，便于分类统计。在设计答问的选项时考虑要周全，分类设多项，给被调查者若干选项，既有利于被调查者作答，也有利于调查者统计分析。三是调查者要亲自到青年中去。四是力求取得真实性比较高的调查材料。要让青年真正说出心里话，取得比较真实的情况，关键在每次填写调查问卷前，先说明调查的目的及意义，宣布执行“三不主义”；在填写调查表时不写姓名，当场发出问卷和收回问卷，不经他人转手；调查者不在调查现场翻阅、议论交来的问卷等。调查中注意了这几个方面，工作做得比较周全，调查材料的真实程度相对就比较高一些。①

上述40多年前的经验做法对进入新时代的青年理论研究工作者深入基层做好调查研究，深入了解当代青年的思想状况等依然有重要的参考价值。

2. 中国青少年研究中心构建青年发展指标体系，坚持出版青少年发展蓝皮书的经验做法

中国青少年研究中心成立伊始，就非常重视从宏观上研究青年发展，积极构建青年发展指标体系，以便更全面、更科学地把握青年发展状况。

1997年，中国青少年研究中心主编的《中国青少年发展状况研究报告（1996）》在中国青年出版社公开出版。这是国内第一部比较全面的青少年发展蓝皮书。全书共分三个部分，分别为1996年青少年社会

---

① 参见黄志坚：《黄志坚青年研究文集》（二）青年研究卷，研究出版社2012年版，第722—724页。

发展状况总报告、专题报告和数据资料。其中总报告从青少年人口状况、青少年受教育状况、青年劳动就业状况、青年科技水平状况、青少年价值观状况、青年生活方式状况、青年婚姻家庭状况、青少年犯罪状况八个方面报告了青少年发展状况，初步构建起青少年发展的指标体系。

从1998年开始，中国青少年研究中心青少年蓝皮书进入分群体研究阶段，相继出版了《新状态：当代城市青年报告》（中国青年出版社1999年出版，郗杰英主编）、《新跨越：当代农村青年报告》（浙江人民出版社2000年出版，郗杰英主编，刘俊彦副主编）、《新白领：当代热门职业青年报告》（中国档案出版社2001年出版，郗杰英主编，刘俊彦副主编）、《新学子：当代大学生研究报告》（文心出版社2002年出版，郗杰英主编，刘俊彦副主编）、《新蓝领：当代中国青年技术工人研究报告》（中国青年出版社2005年出版，刘俊彦主编）、《新世纪中国青年发展报告（2000—2010）》（光明日报出版社2012年出版，安国启、邓希泉主编）、《中国青年企业家发展报告》（天津社会科学院出版社2015年出版，安国启、张华、邓希泉主编）等青年群体发展报告。2017年《中长期青年发展规划（2016—2025年）》出台以来，按照团中央权益部的工作部署，中国青少年研究中心和中国社会科学院社会学研究所每年各完成一部青年发展蓝皮书，计划用5年时间，全面评估中长期青年发展规划提出的青年10个领域的发展状况。目前，由中国青少年研究中心组织完成并公开出版的有：《中国青年发展报告No.2：中国青少年权益保护的发展进步》（社会科学文献出版社2018年出版，张良驯主编，邓希泉副主编）、《中国青年发展报告No.3：建档立卡贫困人口中大学生就业发展研究》（社会科学文献出版社2020年出版，张良驯主编，邓希泉、孙宏艳、郭元凯副主编）、《中国青年发展报告No.5：当前进城务工青年群体发展状况》（社会科学文献出版社2022年出版，张良驯主编，郭元凯、邓希泉副主编）。

在持续开展青年发展状况研究的基础上，中国青少年研究中心十分注重青少年发展指标体系的构建，除了内部使用的调查指标体系外，公开出版的有两部，一部是2005年由文心出版社出版的《当代中国青年发展状况指标体系研究》（郗杰英主编，刘俊彦、张华副主编），一部是2016年由现代出版社出版的《中国青少年发展监测系统（2015—2024适用版）》（刘俊彦、张华主编）。与此同时，中国青少年研究中心还出版了"中国青年工作发展蓝皮书""中国少年儿童发展蓝皮书""中国预防青少年犯罪红皮书""中国家庭教育蓝皮书"等科研成果，为我国青少年研究事业的发展作出了不可替代的贡献。

3. 廉思团队分群体研究青年的经验做法

2007年以来，廉思带领具有社会学、统计学等多学科背景的近30位青年学者组成课题组，围绕"蚁族"及流动青年群体研究、"工蜂"及青年知识分子研究、新兴青年群体及新的社会阶层研究、"左翼"思想及青年社会运动研究、党建及青年意识形态研究等五个方面[①]开展了大量扎实有效的调查，获得了关于当代不同青年群体的大量一手资料和实证数据，调研报告数十次得到党中央领导批示。其调查研究方法主要体现在"深度入场""共情交流""抽离研判"等方面。

（1）深度入场

廉思认为，调查者要了解青年，首先要"深度入场"。要到大学和

---

① 参见廉思、冯丹、张钊：《在时代演进和社会变革中探寻中国青年的发展规律——廉思课题组青年研究回顾》，《青年学报》2019年第4期。

青年学生碰撞思想，到直播间和网络主播互动，到街头听流浪歌手唱歌，到工厂和管理技术人员谈发展，到公益平台和社会组织从业者交心。通过与青年面对面接触，积累大量现场感性知识，为实现理性认识的飞跃奠定坚实基础。在入场中交朋友获信息，真实地感受到现场的氛围，尤其是心理氛围，使调查者能近距离观察不同群体的青年，对他们进行访谈，利于调查者深入感受与体验。要走进青年的圈子，成为“圈内人”。要避免在深度入场时产生“社会距离”，找到普通青年了解其生存状态。诀窍在于要找到在圈子内有一定威望和影响力的关键人物，他能起到有力的担保和支持作用，帮助调查者像滚雪球一样与圈内其他青年建立更广泛和深入的关系，取得青年的信任。对大学生进行调查研究，因其知识水平和文化层次较高，入场的实际效果取决于真理的力量和人格的力量，需要调查者不断提高自己的理论水平和思想深度。

（2）共情交流

入场后，调查者的共情能力是最重要的能力之一。“共情交流”要求调查者在调查中，不只把调查对象当作研究客体来分析，而且要当作平等主体来交往。在共情交流中，听青年把自己的心里话说出来，听青年讲对很多具体政策的看法、对社会问题的看法。调查者不能急于求成，更不能急功近利，要有决心和毅力，以心换心，心心相印，最后才能心有灵犀。要理解青年人不同的活法，理解他们存在的合理性。在对一些边缘青年群体调研中，对他们一定要以诚相待，让他们首先接受调查者，这是至关重要的第一步！调查对象只有接受调查者个体，才会静下心来听调查者的观点和意见，才会和调查者真心实意展开对话。只有在调查者与调查对象同时把对方看作和自己共同在场、有相融诉求空间的平等个体，才能获得“贴近的体验”和“内部的视野”，也才能深入群体深处，做出真正有价值的社会调查。

（3）抽离研判

“抽离”即不仅仅听调查对象的一家之言，他们提的意见是否符合实际情况，有没有政策依据，是否具备实现的条件，不能因为调查者和调查对象有了感情，是“一家人”了，就放弃了原则，影响了判断。调查者要以良好的学术道德和社会公心来审慎对待调查研究工作。在共情交流后的研判过程中，调查者要努力将自己从共情的氛围中抽离出来，保持适当的距离去审视整个研究对象。要用相对科学的方法和公允的态度得出严谨的判断。调查者要从调查对象主体的角度出发，仔细分析他们为什么这样说，他们给出的说法依据是什么，等等，努力还原当时调查对象所处的场景。在尊重调查对象的基础上，识别出调查对象的述说和“事实”之间的偏差及其原因，从而揭示事物的内在逻辑。在研判过程中，调查者要能够比较熟练地运用政治语言、学术语言和生活语言。和调查对象沟通，要用生活语言去交流；撰写研究报告，要用政治语言去提炼；撰写研究论文，要用学术语言去总结。在对一些边缘青年群体的研究中，往往深度访谈和场景观察的效果要好于调查问卷和焦点组座谈。[①]

4.《江西青年发展报告（2020—2021）》关于调查研究的经验做法

2021年12月，《江西青年发展报告（2020—2021）》由社会科学文献出版社出版，是反映新时代江西青年发展研究的蓝皮书。该书顾问、山东省青少年研究所原所长、山东青年政治学院张华教授为该书撰写的代前言中，对做好青年发展报告的调查研究进行了全面总结。

---

① 参见廉思：《青年研究中调查方法的运用及思考》，《高校共青团研究》2018年第1期。

（1）按照严格的社会学研究范式，构建江西青少年发展监测系统，形成科学的调查抽样框架

该书借鉴《中国青少年发展监测系统（2015—2024适用版）》确定的原则与方法，构建了江西青少年发展监测系统，作为该研究的社会调查抽样框架。

江西青少年发展监测系统的抽样原则。一是区县样本全覆盖原则。将江西省内所有区县纳入样本单位，按照国家统计局的行政区划排序，等距抽取10%的区县作为一级样本单位。二是基层监测点差异化原则。在每个抽中的区县中，根据青少年人口分布，随机抽取城乡小学、初中、高中、制造业企业等不同的监测点，以满足抽样框架对青少年群体的有效覆盖。高校和青少年犯罪监管系统作为独立系统在全省单独抽样。三是监测系统可操作原则。在抽中的区县样本中，配齐每个区县10个子系统的12个监测点，以及全省统一抽样的高校和青少年犯罪监管系统，形成可操作性强的系统性调查监测系统。

江西青少年发展监测系统的抽样方法与结果。采用多阶段分层抽样和随机抽样的方法逐次展开。第一阶段抽取样本区县。采取各市内部按照青少年人口排序，全省等距抽样的方法，获得8个设区市的12个区县作为一级样本。第二阶段抽取各区县基层监测点。根据青少年群体在学、在业、闲散等不同社会分布状态，在抽中区县随机抽取12个不同类型的基层监测点，在全省形成9个不同青少年群体监测子系统。第三阶段为高校独立抽样。按照国家教育部高校名录排序，按照1/10比例，等距抽中9所高校，构成了江西省大学生发展监测系统。第四阶段为特殊青少年群体独立抽样。针对流浪青少年、违法犯罪青少年群体的实际分布状况，采取判断抽样的方式，将11个样本区县所在的8个市的社会救助机构组成流浪青少年监测子系统；将5家戒毒机构组成违法犯罪青

少年监测子系统。

该监测系统顺利通过了本研究的实践检验。《江西青年发展报告（2020—2021）》第一次启用江西青少年发展监测系统进行江西青年发展的大样本调查。

（2）回应中长期青年发展规划提出的目标，精心选择调研指标，严格管控调查过程

明确该研究使用的青年发展指标整体框架和主要数据来源。该研究把“青年发展指标”范围确定为规划明确的十大领域，将青年发展指标分解为客观指标和主观指标。客观指标主要用于回答青少年发展的基本事实，比如，青少年人口结构、身心健康状况等；主观指标更多涉及青年的自我认知与评价、社会认知与评价等指标。客观指标主要通过现有的政府权威统计数据、职能机构调查统计资料、研究机构的数据资料等途径获得；主观指标则要通过精心设计自编量表，通过问卷调查、访谈等渠道获取。

精心编制青年版、中学生版、监管系统青少年版等三个不同版本的江西青年发展状况调查问卷。

培训调研员，严格管控施测过程。为调研员统一配发了《调研员手册》，对本研究的抽样方法、样本分布、各类监测点的样本抽取方式、样本量等给予详细具体的说明；对调查问卷填写过程中可能出现的问题以及处理方式做出具体规定；要求调研员如实填写“调查备忘录”，对调查中遇到的问题及时反馈，确保问卷发放和收回过程都在调研员的掌控之下。[①]

---

① 参见张华：《〈江西青年发展报告（2020—2021）〉的研究背景与技术说明》，《江西青年发展报告（2020—2021）》，社会科学文献出版社2021年版，第7—13页。

以上做法对其他地方做好“青年发展报告”的调查工作有直接的借鉴意义。

四、调查研究的方法

共青团要做好调查研究工作，必须掌握具体的调查方法和研究方法。

1. 调查的方法

根据不同层级不同类型的调查研究工作，可以采用不同的调查方法。共青团常用的调查方法如下。

（1）全面调查法

全面调查法也叫普遍调查法。需要对研究对象总体即全部个体进行调查。团组织对所辖区域或单位全体团员青年开展的调查属于全面调查。全面调查对人力、财力、物力消耗较大，调研成本高，因此，共青团一般不采用组织专门力量、培训专门人员、统一调查时间、集中进行调查这种全面调查的方法。共青团全面调查更多的是利用日常掌握的基本情况、原始数据作真实的统计汇总，这种方法简便易行，只要对日常统计资料提出规范要求和严格管理，就能得到全面的统计数据。大数据时代，伴随政务公开，越来越多的社会统计资料可以通过政府公共服务平台获取，为共青团调查了解青少年发展的一般状况提供了诸多便利条件。全面调查一般适用于描述性研究，它的结果更多地回答“是什么”和“怎么样”，难以揭示现象背后的原因。

（2）个案调查法

个案调查是从全体研究对象中选取有代表性的个案进行深入调查研究。调查者可以根据研究需要和平时掌握的情况，精心选择调查对象，根据预先设计的访谈提纲，通过个别访谈、开调查会座谈、随机询问等方式，获得所需要的资料。个案调查的优势在于省时、省力，同时能得到调查者需要的资料，但获得的材料很难做到程序化、标准化，由于调查者主观因素的介入，获得的材料客观性、精确性难以得到切实保证，也影响到材料的可信性。个案调查一般适用于定性研究，与抽样调查配合使用，则可以相得益彰。

（3）抽样调查法

抽样调查是运用概率论和数理统计原理从研究对象总体中抽取部分样本进行调查，通过对样本的调查分析推论总体情况的一种调查研究方法。共青团在调研中广泛使用这种调查方法。抽样调查首先需要一个科学的抽样框架，保证抽取样本的代表性。比如，中国青少年研究中心启用的中国青少年发展监测系统就采取了按照2%县市区的抽样比例，按照青少年人口排序的方式，在东、中、西、东北部地区等距抽取样本县市区，为调查结果推论全体提供了抽样框架的技术保障。

抽样调查的具体方法包括随机抽样和非随机抽样两大类：随机抽样要求抽样时必须保证总体中任何一个样本有被选中的同等概率。随机抽样包含了简单随机抽样、分层抽样、系统抽样、整群抽样、多阶段抽样等具体方法。非随机抽样不需要严格遵守随机原则，可以根据主观判断和操作方便选择样本。比如，进行农村青年调查，选择青少年人口较多的乡镇就比简单随机更能满足对调查人数的要求。调查违法犯罪青少年状况，直接选择规模较大的监狱、未成年犯管教所、强制戒毒机构则可能更加方便。与全面调查相比，抽样调查具有应用范围广、时效性强、节省人力财力物力，可以同时调查更多方面等优点；与个案调查相比，抽样调查具有代表性强、准确性好、误差可以计算控制等优势。抽样调查在共青团调研中已经成为使用频率最高的调研方法之一。但它的全面性不及全面调查，深刻程度不及个案调查。如果在抽样调查过程中配合使用社会统计数据，并结合少量的深度访谈，则可以取得更好的效果。

（4）观察法

观察法是依靠调查者与调查对象直接或间接接触，通过调查者的感受和体验收集调查资料的调查方法。在实际调查中有参与性观察和非参与性观察两种方法。参与性观察要求调查者参与到观察对象的群体中，以接受观察的身份加入，调查者的身份保密，如以打工者的身份去观察外出务工青年；非参与性观察要求观察者作为旁观者去了解调查对象，如机关团干部深入学校开展“驻校蹲班”，观察学生在课堂的学习情况和课外活动情况，就可以采取非参与性观察法。

采取观察法，调查者要尽量减少对观察对象的干扰，须做到以下几点：一是及时记录观察结果；二是个人记录要与观察小组其他成员比较核对；三是对同一现象要从不同角度观察；四是将观察资料与有关文献资料对比，找出异同，弥补不足；五是不能有先入为主的偏见。

（5）问卷法

问卷调查是所有大规模调查必不可少的调查方法，是共青团推广最快、应用最广的调查方法。问卷调查的核心环节是设计问卷。一般情况下，调查问卷应包括以下几个部分：一是明确的标题，让接受调查者对要了解的东西一目了然。二是清楚的填写说明，告诉调查对象开展此项调查的目的、要求，并对他们的合作表示感谢。填写说明要简明易懂、委婉礼貌。三是问卷内容，包括调查对象个人基本情况和调查的全部问题。其中封闭式问题（也叫客观题）要求调查对象在问卷所提供的选项中选择回答，当调查者提供的答案不能穷尽该问题的全部答案时，则须列出“其他”选项；开放式问题（也叫主观题）则应在问卷上留出回答的空格；所有的问题都应当含义清楚，调查对象可以理解并且愿意回答，问题越简短越好，要努力避免否定性问题和带有诱导性的问题，以保证问卷获取的信息具有更高的可信度。四是确定每一个问题的编码号，便于计算机进行数据处理。五是给每一个调查点配发调查备忘录，要求调查员真实记录调查过程。调查备忘录应包括发出问卷时间、最早和最后收回问卷时间，调查对象提出的问题，配合调查单位联系人姓名电话，调查员签名及联系方式等。调查备忘录既是对调查本身的重要反馈，也可以用于必要的复查。

现在网络调查中大量使用问卷调查软件来实施调查，对青年调查对象来说，用手机就可以操作，对调查者来说也非常简便好用。如简道云、问卷星、腾讯问卷等软件是调查中运用较多的。在实施网络调查前，首先要在系统中创建问卷，如输入问卷名称、问卷基本信息、问卷说明等；其次是设计问卷，在问卷设计主界面，根据系统问卷设计器提供的各种题型，选择适合本问卷所需题型，包括单选题、多选题、评测题、矩阵题、填空题等题型，根据需要，还可以进行问卷逻辑设计、外观设计、页面设置和执行设置等；最后是发布问卷，点击相应发布选项，问卷即自动生成问卷链接和相应的二维码，便于在微信群或QQ群等平台发布，让调查对象扫描后，及时填答问卷的内容。

（6）文献法

文献法是以现有文献资料作为调查对象的调查方法。与其他调查方法最大的不同就在于它所调查的全部资料本来都是由于其他目的而被保存下来的。这些文献包括正式文献和非正式文献；第一手文献和第二手文献；书面文献、图像文献和有声文献；专用文献和非专用文献；等等。

文献研究的主要步骤包括：一是根据研究目的确定要采用的文献；二是根据研究计划收集相关文献；三是论证文献的可靠性和完备性；四是整理文献并进行描述分析。文献法可以用来做定性研究和定量研究。定性研究要求研究者更多地关注文献内容；定量研究更多地关注文献中能够反映本质内容的易于计量的特征并进行数理统计。文献法的优点是样本数量大；内容自发性强，质量高；研究费用低，适合做纵贯研究。其缺点是由于历史原因造成的内容失实会使研究者难以辨别，文献不完整影响研究者判断，缺乏标准形式编码困难等，这些因素都会影响文献研究的质量。

2. 研究的方法

调查得来的材料往往只是一些表象、事例、情况和数据，必须加以研究，才能了解事物的特征和本质，了解其内在联系和规律，才能发现问题并找出解决问题的答案。研究的方法主要有以下几种。

（1）归纳法

归纳法就是将多件同类的个别事物归在一起，从中概括出共同属性或特征以加深认识的研究方法，也是常用的逻辑推理方法之一。

（2）综合法

综合法就是将众多的零散事物进行横向组合或纵向串联，视作一个整体进行研究。它比归纳法具有更大的概括性，也更为复杂。

（3）统计法

统计法就是运用统计数据来描绘社会经济现象的状况和变化，进而认识社会经济规律的方法。一切客观事物都有量和质两个方面，而且量变可以导致质变。因此，研究量的方面，多做数量分析至为重要。随着大数据、新媒体技术的发展，通过网络平台或手机App实行的网络调查，其统计工作在被调查者完成答卷时系统将自动完成统计工作，既可以单题统计，也可以按条件分类统计、交叉统计，以柱状图和饼状图的方式显示，还能支持根据答卷时间等条件进行答卷数据筛选，以及查看每一份答卷的详细信息等。

（4）比较法

比较法就是把两个或两个以上既同类又有不同之处的事物放在一起比较、分析，可以更深刻地认识各自的特征。在进行比较时必须注意：作为比较对象，应该具备某一方面或某些方面的共同性质。这种同质性越高，可比性越大；如没有同质性，比较就不能成立。比较对象的各种因素还必须具有可分解性和可度量性，各种因素既要有联系性，又要有独立性，可以进行独立的考察和比较，并且通过多种量化的、技术性的指标来显示、说明。运用比较法，必须从客观、逻辑、历史、辩证、总体的角度看问题，才能抓住事物的实质。

（5）分析法

分析法就是将复杂的事物进行分解，联系其他有关因素，从而辨析、认识事物的本质和规律。当前通过网络调研平台实施的调查，在对调查数据进行的定量分析中，可以使用Excel、SPSS、系统支持对答卷数据Excel、SPSS、SAS、Python、Mplus、R语言、Matlab、LISREL等软件进行综合处理，从中分析现象在不同对象、不同条件下的数量关系。仅以SPSS软件分析为例，就有至少五类分析方法。

一是描述分析：指整理加工收集到的数据，找出现象之间的关系以及其中的规律，并用统计量对这些资料、基本特征进行描述。一般分为频数分析和描述性分析。频数分析是指对题项进行频数和百分比统计，直观描述样本选择情况，也可以使用图形或表格直观展示样本选择情况，通常涉及样本、有效样本、频数、百分比、累计百分比和有效百分比等；描述性分析对调查中的变量或者量表等定量数据进行统计，通常涉及平均值、标准差、中位数等。

二是方差分析：指分类变量与定量变量之间的差异性分析，包括单因素方差分析和多因素方差分析。单因素方差分析用于研究一个分类变量，多因素方差分析用于分析多个分类变量（常见是两个）。

三是卡方分析：是研究分类变量与分类变量关系的分析方法。通常涉及卡方值和P值，P值小于0.05说明存在显著差异。

四是相关分析：用于研究两个定量、变量之间的相关关系情况，包括二者是否存在相关关系，以及相关关系的紧密程度。其衡量标准为相关系数，通常使用Pearson相关系数。

五是线性回归分析：研究变量X对于变量Y的影响关系，其中X被称为自变量，Y被称为因变量。在多数情况下，可以使用线性回归分析进行假设验证。[①]

（6）演绎法

演绎法也是逻辑推理的方法之一。它以公理为大前提，以求证的事物为小前提，如果小前提符合大前提的前项，那么小前提的结论必然符合大前提的后项。

五、有效做法

调查研究是一种系统的认识活动，它具有一定的结构和程序，做好

① 参见上海市团校编：《团务通：基层团务实用手册（第三版）》，上海交通大学出版社2022年版，第262页。

调查研究，提高调查研究质量，需要掌握和运用科学的思想方法。共青团调查研究工作的对象主要是青年人，青年人充满活力，思维也最为活跃，要成为青年的良师益友、做好青年的表率，应该在调研工作上解放思想、与时俱进，不断开拓创新，才能适应新形势的要求，满足青年的需要，使共青团的工作发挥更大的作用。调查研究实施开展过程主要包含以下四个方面。

1. 确定调研课题

调研课题是共青团调查研究的意图和出发点，是团组织或青少年研究机构通过调查研究要发现和解决的问题，即调查什么，为什么做这项调查，是团的调研工作首先必须明确回答的问题。确定调研课题一般需要考虑对团的工作的意义和调研的可行性两个方面。这就要求共青团的调研课题既要选择对于党的青年工作全局有重要意义的课题，又要选择团组织能够执行和做好的课题。当代中国青年的理想信念、精神状态、综合素质直接关系到国家发展活力和核心竞争力。为此，共青团要从团员青年的理想信念、思想状况、综合素质等方面入手，对青年问题展开调研；在深化共青团改革背景下对团的组织覆盖和工作覆盖情况、团干部队伍建设和团员队伍建设中的问题等展开调研；在深入实施《中长期青年发展规划（2016—2025年）》的过程中，对青年发展的十大领域、十大项目的实施情况进行调研。这些应该成为共青团的调研课题。

共青团组织和团干部选择和确定有价值的研究课题，可以采取以下方法：一是深入学习党的理论和工作部署，结合当地实际，在党政最关注的领域确定研究课题。二是在工作的难点、重点、节点处确定研究课题。三是关注团中央最新的“青少年研究”课题指南和本地区有关机构发布的课题指南，从中发现和确定选题。四是关注《中国青年研究》

《青年研究》《青年发展论坛》等青年类学术刊物最新发表的学术论文，结合实际确定研究课题。

2. 制订调研方案

调研课题确定之后，要围绕调研意图的实现，制订切实可行的整体调研方案，对调研目的、调研对象、调研内容、调研方法、问卷设计、访谈提纲的拟定等具体调研事项、具体程序、操作流程以及必要保障条件等进行详细的谋划。一是明确调研目的。根据调研意图，明确调查什么，为什么做这项调查，调研需要解决哪些问题等。二是确定调查对象的规模和范围。根据调研目的，按照调研对象的性别、年龄、学历、政治面貌、职务以及行业分布、地域分布等选取一定比例的有代表性的青年作为调查对象。三是确定调研内容。调研内容是调查研究的核心。可以通过前期搜集相关领域的文献资料，掌握该课题已有的研究成果，了解该领域尚未被系统研究的问题，以便更好地确定调研课题的主体内容。四是确定调研方法。调研方法是实现调研目的的工具。共青团开展调查研究既可以选取定量的调研方法，也可以采取定性的调研方法，更要注重定性与定量两种方法的有机结合。要设计好调查问卷、调查表或拟定好调查提纲，制订抽样方案和调研计划等，选择最适合调研课题的调研方法。五是确定调研的时间安排，如明确调查研究的时限、阶段安排，拟定调研的时间进度表，明确任务分工和责任人员等。六是确定经费预算。对调查和研究过程中将会出现的交通、餐饮、劳务、专家咨询、办公用品、印刷等费用做出预算，为调研工作顺利开展提供保障。

3. 实施调查研究

调研方案确定后，关键是要付诸实际行动，展开调查研究。具体包括实施调查环节和实施研究环节。实施调查环节，首先，要选择并培训调查员，让每一个调查员都清楚了解调查的目的，掌握基本的调查技术，并为每一位调查员配备“调查员手册”，对调查过程中可能会遇到的问题提出解决的办法。其次，要争取地方团组织或有关单位的支持，协调好调研对象的工作时间，在不影响正常工作的情况下参与调查。再次，制订对调查员的工作督察随访方案，防止调查员工作不负责任，出现弄虚作假现象，以保证调查质量。实施研究环节，重点是做好调查数据和材料的分析处理工作。要按照一定的程序和方法，对调查获取的数据和材料进行编码、聚类和净化，去伪存真、去粗取精。可以采取计算机软件处理调查问卷，也可以手工处理访谈信息和座谈会获取的资料信息。经过对收集资料的初步整理可以发现调查过程中出现的问题，以便及时查缺补漏，采取措施完善调查工作。

4. 撰写调研报告

撰写调研报告是调研过程的后期总结阶段，需要运用学科理论和研究方法，对调查数据、调查获取的资料进行深入细致的分析研究，形成研究成果。研究成果以调查报告为主，也可以是调研论文或专著等形式。调研报告主要供团的机关作为决策参考，也可以上报给党政机关领导在制定相关青年政策时发挥资政作用；调研论文可以在学术期刊发表，发挥社会影响；对青年发展规划的实施情况进行的调研可以形成综合性的研究专著，如青年发展蓝皮书，实现调研的理论价值和应用价值。调研报告一般分为综合报告和专题报告两种类型，要求研究者将所收集到的数据和资料进行系统的加工整理，以书面形式准确报告研究结果以及自己的观点与建议。撰写调研报告应做到结构完整，一般要从五个方面进行研究：调研的主题及意义，该调研课题前人已有的研究成果以及本研究的创新意义，介绍研究对象基本情况、调查过程及资料来源，介绍对调查资料进行分析研究的方法及研究结论，系统地进行理论阐述、必要时要有对策与建议等。撰写调研报告还需要注意以下四个方面的问题：一是主题必须明确。二是思路必须清晰，一般要先列出写作提纲，对所有材料的使用作出统筹安排。三是使用的概念、术语必须准确、规范、前后统一，没有歧义。四是考虑阅读者的具体情况和不同要求，选择恰当的语言风格和文字量。比如，写给党政领导的资政报告应尽可能简洁明了，突出存在的问题和对策建议，而向社会公开发表的调研报告则必须有理有据，观点鲜明，导向正面积极等。[①]

① 参见刘俊彦主编:《共青团工作12讲（第二版）》，天津社会科学院出版社2018年版，第224页。

第六章

组织功能工作法

中国共青团是马克思主义政党组织体系的重要组成部分，是团结动员广大青年为实现中华民族伟大复兴而奋斗的组织载体和行动基础。共青团既是马克思主义信仰的组织化形态，以马克思主义、共产主义为信仰之基，以中国特色社会主义和中华民族伟大复兴为价值追求，也是组织动员、激励引导广大青年为实现第二个百年奋斗目标而团结奋斗的政治共同体，具有庞大的组织网络、复杂的组织结构、严格的组织纪律、规范的组织程序。政党的力量在于组织，同样的道理，共青团的力量也蕴含于组织化的青年之中。青年组织化是共青团组织存续和发展的重要基础和前提。组织功能工作法是共青团开展青年工作的基础性方法，具有深厚的历史传统，并且在时代发展和社会转型中不断传承创新，逐步形成了面向多维、结构整全、技术多元、效能显著的理论体系和方法论体系。

从构词法的角度看，共青团组织功能有两种阐释路径。第一种是共青团组织的功能，特指根据共青团的使命、定位、任务而形成的共青团的职责体系和工作清单，这是一种广义层面的定义。在广义上，共青团组织功能就是共青团组织为实现其组织目标、组织使命、组织任务而形成的能力结构和职责范围，在政治上和理论上通常与“共青团职能”这个概念互通使用，有研究者将其归纳为两大类型：第一类是根本职能，包括助手和后备军职能、桥梁和纽带职能、国家政权社会支柱职能、在实践中学习中国特色社会主义和共产主义的学校职能；第二类是具体职能，包括思想引导职能、组织动员职能、民主参与职能、维护青少年合法权益职能等。[①]也有学者提出了不同类型的分类标准，但总体上是在上述框架下作出的进一步细分和结构化重组，在此不再一一赘述。[②]第二种是狭义维度的界定，主要是指共青团各级组织运转、运行、运作时的条件、基础、程序、方法、规则和载体等各类要素的总和，是共青团内部各类组织要素之间的结构、关系和联动响应机制，最集中的表现就是在调节团中央与地方团组织的关系、团的领导机关与基层团组织的关系、团的干部与共青团员之间的关系的过程中所贯彻的理念、坚守的原则、运用的方法、工作的载体等。对此，宋德福曾用“肌体功能”的比喻来阐释共青团组织功能：“这里讲的组织功能，不是一般意义上的组织工作系统，而是指团的自身肌体的功能性运转。正确认识这种肌体的功能要素和运转规律，是团的领导机关实施正确领导的基本条件。”[③]

2022年5月，习近平总书记在中国共产主义青年团成立100周年大会上全方面、多维度深刻阐释了共青团的组织功能，强调，“共青团要增强引领力、组织力、服务力，团结带领广大团员青年成长为有理想、敢担当、能吃苦、肯奋斗的新时代好青年”[④]。在新时代新征程，我们要继续用好组织功能工作法这一青年群众工作的重要方法，把广大优秀青年充分团结、组织、动员起来，不断推进共青团组织体系改革创新、组

---

① 参见胡献忠：《共青团职能历史演进与拓展的文本分析》，《中国青年社会科学》2015年第5期。

② 关于广义共青团组织功能的讨论，可参见张华：《共青团群团职能论纲》，《北京青年政治学院学报》2013年第1期；何昊宸：《新时期共青团职能的定位研究》，云南大学2014年硕士学位论文；康晓强：《国内学术界关于中国共青团职能研究述评》，《科学社会主义》2016年第3期；宋若男：《从中国共青团的发展历程剖析其职能演变》，《新生代》2022年第3期。

③ 宋德福：《共青团体制改革的思考与实践》，中国青年出版社2007年版，第293页。

④ 习近平：《论党的青年工作》，中央文献出版社2022年版，第7页。

织功能拓展优化、组织能力提质增效。

一、工作原理

共青团组织功能工作法是一种科学管用的工作方法，有着深厚的理论基础和扎实的学理依据。对此可以从以下三个方面来理解。

1. 马克思主义先锋队政党理论与共青团组织功能

中国共青团是中国共产党领导下的先进青年的群团组织，在初心使命上与共产党一脉相承，在组织形态上与共产党高度相近，在运作方式上与共产党结构联动。正因如此，中国共产党的先锋队政党的政治特质就能够成为理解共青团组织功能的重要视角。

马克思、恩格斯是从无产阶级的历史进步性和道义正当性的角度来阐释工人阶级政党“历史性出场”的理由的。马克思在《〈黑格尔法哲学批判〉导言》中指出，无产阶级是人类解放的最后一道枷锁，无产阶级的解放就意味着人类社会的普遍解放，人类社会的普遍解放是以无产阶级的解放为标志的。如此一来，马克思就把无产阶级解放的阶级叙事同人类社会解放的世界历史叙事贯通起来。但是，无产阶级不会自发地解放自己，无产阶级必须实现从“自在”到“自为”的转型和跃升。随着无产阶级获得阶级意识，一则意识到自身解放的历史使命，二则意识到资产阶级与无产阶级的根本性对立，只有实现对资本主义政治经济制度的整体性置换才能实现阶级解放和人类解放。无产阶级“自为形态”的最高形式就是马克思主义无产阶级政党——共产党。在《共产党宣言》中，马克思、恩格斯深刻阐释了共产党的先进性、进步性和优势性，“在实践方面，共产党人是各国工人政党中最坚决的、始终起推动作用的部分；在理论方面，他们胜过其余无产阶级群众的地方在于他们了解无产阶级运动的条件、进程和一般结果”[①]。

共产党同其他工人政党的最大区别就在于，共产党不仅始终走在工人群众的最前列，而且深刻洞察和掌握工人运动规律和无产阶级解放的基本原理，能够自觉地将这一规律和原理创造性地运用到工人运动实践中，引领工人运动向前发展和人类解放事业向前推进。在此意义上，我们称共产党为马克思主义的无产阶级先锋队政党。列宁将马克思主义政党基本原理同俄国革命具体实际相结合，进一步发展出无产阶级先锋队政党理论。列宁认为，无产阶级先锋队政党有三大组织特征：一是政党具有先进性，无产阶级政党不同于无产阶级，它必须走在无产阶级之前，成为无产阶级的组织者、动员者和引领者，而不能成为无产阶级的“尾巴”；二是政党具有组织性，强调无产阶级政党是政治组织的共同体，反对任何形式的分散主义和自由化倾向；三是政党具有集中性，确立了民主集中制这一无产阶级政党的根本组织原则和工作原则。

共青团是中国共产党组织体系的重要组成部分。共青团的组织功能深受中国共产党组织功能的影响，在思想基础和理论逻辑上又是由马克思主义先锋队政党理论所塑造而成的。比如，共青团也强调全团上下的团结一致和集中统一，也将民主集中制原则作为共青团组织的根本原则和根本工作方法。马克思主义先锋队政党理论是分析阐释共青团组织功能的重要理论基础，不了解马克思主义先锋队政党的组织特性、组织结构、组织功能和组织原理，就无法理解作为马克思主义先锋队政党青年组织的共青团的独特组织功能和组织优势。

---

① 《马克思恩格斯文集》第二卷，人民出版社2009年版，第44页。

2. 组织结构理论与共青团组织功能

组织首先表现为一种结构形态。所谓结构形态，是指组织中个体与组织、部分与组织，以及个体与个体、个体与部分之间的结构化关系及其总体样态。组织结构理论是组织理论研究的重点问题。组织结构优良，组织运行就会通畅，组织职能的实现就会达到预期，相反就会造成组织发展受阻，甚至导致组织的消亡。任何一个现代组织，都把建立结构优良、权责明确、职能完善、运行通畅的结构形态作为组织建设发展的重大课题。

组织结构理论在组织学知识体系中占据重要位置。德国著名管理学家、组织学家马克斯·韦伯是组织结构理论的重要创始人，他创立了组织研究的理想类型方法，抹去了传统官僚制的“神圣光环”，除去了公共官员“所有的感情价值”，而只是将他们视为一种技术工具，从而构建了“理想型官僚制”的组织模型。作为一种认识论方法，这种组织分析范式的最大优点就在于能够通过比较不同经验事实和理想类型之间的极为细小的差别，对经验事实的客观性认识更为清晰。[①]

组织中的权力形态。组织之所以能够成为一个不可分割的有机共同体和社会团结的基本载体，一个重要原因就在于组织成员是靠某种权力形式聚合而成的。相对于共同价值而言（如信仰、立场、观点和追求等），权力形式对组织成员的约束性、规范性和制约性更为显著，是确保组织始终成为一个不可分割的有机整体的“压舱石”。对此，韦伯认为，任何一种组织都只有以某种形式的权力为基础，才能实现其目标。组织的权力有三种基本类型，第一种是理性的、法定的权力，第二种是

① 参见朱国云:《组织理论：历史与流派（第二版）》，南京大学出版社2014年版，第36页。

传统的权力，第三种是超凡的权力。[①]不同组织的历史传统、功能定位、价值目标不同，三种权力形式在组织中的配置方式和实现效度就不同。共青团组织功能工作法的运用和发挥，不是随心所欲的，而是受到权力形态的制约和限制的。一方面要坚持依法依规依章，遵守宪法和法律，根据团内规章制定的原则、规程、方法、范围等履行组织功能；另一方面要遵循共青团的历史传统，弘扬共青团理论联系实际、密切联系青年、批评和自我批评的优良作风。

组织中的科层理性。韦伯认为，现代组织集中表现为一种科层化的组织形态，这是理性主义在现代组织建构和发展中的必然结果，组织科层化是现代组织普遍采用的运作形态和发展方向。对于公共组织来说，官僚制组织是最典型的科层化组织。所谓的官僚制组织，就是把各级公共部门中的官员理解为专业技术和公共知识的掌握者和运用者，他们以公共利益和共同价值作为公共政策设计和执行的基点，最大限度去除个体性因素（包括利益因素、情感因素、价值因素、偏好因素等）对公共行政的介入和影响，最大限度保证和维护公共行政的客观性和中立性。“官僚制管理优势的源泉在于技术知识的应用，随着现代技术和商品生产方面经营方法的发展，技术知识已变得非常重要。以知识为基础的管理，使官僚制具有特别的合理性。一方面，技术知识足以使官僚制的职位拥有特殊的权力；另一方面，官僚制组织能够利用其掌权者，从实际工作经验中发展知识，从而进一步增强权力。”[②]韦伯提出的科层理性和官僚组织理论影响深远，官僚化体制成为现代组织建构普遍遵循的模式。共青团在相当程度上也展现出科层性的组织形态特征，这种由“团

---

① 参见朱国云：《组织理论：历史与流派（第二版）》，南京大学出版社2014年版，第37页。
② 参见朱国云：《组织理论：历史与流派（第二版）》，南京大学出版社2014年版，第40页。

的中央组织—团的地方组织—团的基层组织”构成的自上而下、纵向到底的组织网络，以及由“团的领导机关—团的直属事业单位—团属青年组织”组成的分工明确、横向到边的组织布局，有助于提升共青团组织功能的专业性、规范化和覆盖面。

3. 社会契约理论与共青团组织功能

围绕“组织何以可能”这一问题，自由派学者的观点不同于马克思主义经典作家给出的传统解释。在马克思主义经典理论中，组织的形成逻辑不能在抽象的精神世界中寻找答案，而必须深入经济生活和市民社会中，现代政治组织、生产组织、交往组织和社会组织的形成，都是因生产力和生产关系矛盾运动作用而导致的客观社会结果。这种建立在历史唯物主义方法论原则基础上的宏大叙事为我们理解组织的历史发生学原理提供了重要启示。但是，宏大叙事的理论逻辑无法揭示组织生成发展的微观机制。在这方面，自由主义理论学者基于现代社会中人与人之间的信任—契约关系给出了关于组织建构的另一种微观解释。在他们看来，现代社会打破了传统的社会共同体结构，把人塑造成为高度理性化、自主性、独立性的原子性个人，在此背景下，人与人之间要想建立伙伴关系，只基于情感和信任的联结是不够的，还必须遵照理性主义原则和制度主义精神缔结契约。

契约对社会成员之间的承诺—兑现关系作出清晰界定，并且对于“违背承诺”的可能性及其可能产生的严重后果作出明确规范。中国共产党极为重视政党承诺，将其作为国家治理的重要方略，体现了“言必行，行必果”的政治担当和使命意识，“中国共产党的政党承诺是合规律性与合目的性的统一，既体现了中国共产党人对共产党执政规律、社会主义建设规律、人类社会发展规律的认识，又展现出中国共产党人的价值取向与精神追求，还关注政党承诺本身的现实性、具体性和可操作性。从源头上看，中国共产党人的初心和使命昭示着党对人民的庄严承诺，为中国人民谋幸福、为中华民族谋复兴成为中国共产党发展历程中一以贯之的红线”[①]。作为中国共产党的助手和后备军，中国共青团继承了中国共产党重承诺、讲信用、担使命的政治品格和优良传统，同政党、青年形成政治契约关系，通过对共青团组织功能的深度开发和充分履行，积极兑现承诺。

二、功能作用

共青团是由复杂的组织要素构成的青年共同体形态，在结构上呈现出纵向到底、横向到边的复杂性、网络化特征。组织体系是共青团存续和发展的基础与依托，具有十分重要的功能作用。

1. 共青团组织的政治功能

政治性是马克思主义政党青年组织的根本属性，是共青团组织同其他青年组织相区别的本质特征。评价共青团组织的先进与否，首先是看政治上是否先进；看共青团组织的功能是否完备优化，首先是看其政治功能是否完备优化。丧失政治性，共青团就会变质、变色、变味，政治功能是共青团组织的第一位功能。习近平总书记强调：“政治性是群团组织的灵魂，是第一位的。群团组织要始终把自己置于党的领导之下，在思想上政治上行动上始终同党中央保持高度一致，自觉维护党中央权

① 项久雨：《政党承诺：我国国家治理特质探赜》，《马克思主义与现实》2022年第5期。

威，坚决贯彻党的意志和主张，严守政治纪律和政治规矩，经得住各种风浪考验，承担起引导群众听党话、跟党走的政治任务，把自己联系的群众最广泛最紧密地团结在党的周围。”①

概括起来，共青团组织的政治功能主要有四个方面：一是政治引领，推进马克思主义及其中国化理论成果青年化阐释和社会化传播，当前最重要的任务就是用习近平新时代中国特色社会主义思想武装青年，引导教育青年深刻领悟“两个确立”的决定性意义，自觉做到“两个维护”。二是政治动员，引导动员广大青年为全面建成社会主义现代化强国，以中国式现代化全面推进中华民族伟大复兴而团结奋斗。三是政治参与，发挥共青团组织在发展全过程人民民主中的独特组织优势和政治优势，积极引导和动员广大青年积极有序参与社会主义民主政治。四是政治录用，推荐优秀团员青年加入中国共产党，为党组织源源不断输送新鲜血液。

2. 共青团组织的聚合功能

组织是个体的聚合形式，个体通过组织这一基本依托和中介实现有机团结。中国共青团是先进青年的组织形态，是中国青年运动的先锋队。共青团组织的聚合功能可以从“内部视角”和“外部视角”两个方面来理解。从内部视角看，共青团实现对共青团员的组织聚合，共青团员是共青团组织的基本构成要素，是共青团组织最重要、最基本的依靠力量，共青团组织从广大先进青年中发展和培育共青团员，吸纳优秀青年分子加入共青团组织，实现共青团组织体系的再生产。从外部视角看，共青团是中国青年运动的先锋队。中国青年运动是中国共产党领导

---

① 习近平：《论党的青年工作》，中央文献出版社2022年版，第107页。

下的青年运动，是社会主义现代化国家建设的重要力量，共青团是中国青年运动的引领者和推动者。习近平总书记强调："一百年来，中国共青团始终与党同心、跟党奋斗，团结带领广大团员青年把忠诚书写在党和人民事业中，把青春播撒在民族复兴的征程上，把光荣镌刻在历史行进的史册里。""历史和实践充分证明，中国共青团不愧为中国青年运动的先锋队，不愧为党的忠实助手和可靠后备军！"①

共青团的组织聚合功能主要通过三种形式来实现：一是价值聚合。这是最基本也是最持久的聚合机制。实现中华民族伟大复兴的中国梦是近代以来中国人民的共同追求，也是中国共产党百年来接续奋斗的历史使命，中国梦是国家的梦，也是人民的梦，更是青年一代的梦。广大青年团结在党的旗帜下，凝聚在共青团的组织周围，为实现中华民族伟大复兴贡献青春力量。二是利益聚合。这是共青团组织聚合功能得以实现的重要物质基础，思想一旦离开利益就会出丑，共青团通过开发社会服务功能，提升青年服务专业化、制度化、规范化水平，大力建设基层服务型团组织，完善支持青年发展的政策体系，不断满足广大青年日益增长的美好生活需要，从而增强广大青年对共青团的组织黏性，提升共青团对各界青年的吸引力和吸纳力。三是制度聚合。通过建立健全团内规章制度体系，特别是共青团员发展、教育、管理的体制机制、共青团组织推荐优秀青年入党的体制机制等，为共青团组织体系再生产构筑"四梁八柱"，进而实现制度聚合。

3. 共青团组织的服务功能

共青团组织是兼具政治性和社会性、政治功能和服务功能的马克思

---

① 习近平：《论党的青年工作》，中央文献出版社2022年版，第4页。

主义政党群团组织。对于像共青团组织这样自上而下设置、结构形态完备、功能职责健全的组织形态，政治功能与服务功能在共青团组织体系内的配置方式和运行机制略有不同。根据历史唯物主义的基本原理，社会逻辑决定政治逻辑，政治逻辑反映社会逻辑，这就意味着越是到共青团组织体系的基层，服务性功能就会越发凸显，越是到共青团组织体系的上层，政治性功能就会越发显著，从而决定了共青团组织体系中“上端”与“下端”两种不同的功能实现方式和逻辑。对于位于上端的共青团组织而言，重在发挥政治性功能；对于位于基层的共青团组织而言，建设服务型团组织，开发和拓展服务性功能是重中之重。正如习近平总书记所强调的：“群团组织要强化服务意识，提升服务能力，挖掘服务资源，坚持从群众需要出发开展工作，更多把注意力放在困难群众身上，努力为群众排忧解难，成为群众信得过、靠得住、离不开的知心人、贴心人。”①

三、宝贵经验

建团100多年来，共青团在党的领导下不断开发组织功能，实现从革命型青年组织、单位制青年组织、现代型青年组织以及治理型青年组织的深刻转变，为中国革命、建设和改革事业作出重要贡献。新中国成立以来，共青团的组织功能在政党、国家和社会中不断调试转型，特别是改革开放以来，共青团积极融入社会主义市场经济体制，在优化资源配置、推进社会治理、发展民主政治、传播先进文化、构建现代化经济

① 习近平：《论党的青年工作》，中央文献出版社2022年版，第109页。

体系等方面发挥了积极作用，形成积累了宝贵经验。[①]

1. 单位体制下的共青团组织功能

在废墟上建立起的新中国，首要任务就是恢复国民经济，发展工业生产，实现国家工业化。为了加快达成上述目标，实现对全国物质生产要素集中统一调配，党在全国范围内普遍建立了单位体制。单位体制是“父爱主义”政治理念在社会管理和资源配置方面的集中体现，它是集政治与经济、生产与生活、家庭与国家高度统一的社会组织形式，是一种集政治体制、社会建制、生产制度、分配体制于一体的社会组织方式，一切微观社会组织都是单位，控制和调节整个社会运转的中枢系统由与党的组织系统密切结合的行政组织构成，具有功能合一性、主体非契约性、资源不可流动性等特征。

共青团同其他公共权力机关一样内嵌于单位体制中，并与党和政府相互配合，在企事业单位中开展青年工作。单位体制对推动社会主义国家工业化目标的实现不言而喻。一是为国家现代化建设的战略总目标积累和培养人才，实现对青年人力资源的有效整合。共青团的目标任务就是在党的领导下，用共产主义的精神教育青年一代，团结全体青年积极参加社会主义的劳动，以便尽快地把我国建设成为一个伟大的社会主义工业国，为将来实现共产主义准备条件。二是稳定青年情绪，引导青年合理流动。人们普遍把青年视作社会变迁的风向标、晴雨表，青年利益如果得不到满足，集体情绪如果失控，便极易引发社会风险和政治危机。

---

① 参见刘佳：《青年组织化的逻辑——中国共青团组织形态的百年变革与现代建构》，《中国青年研究》2020年第9期。

2. 市场化进程中的共青团组织功能

市场化改革对共青团组织的发展造成深层影响：一方面，在以党政分离为核心任务的政治体制改革背景下，政党、政府、市场主体、群团组织的边界更加清晰，职能更加明确，共青团获得比以往更为充足的自主性空间，它从党政体系内走出，直面青年。但另一方面，获得相对独立身份的共青团组织希望在市场体制下有所作为，开发共青团组织的新职能和新价值。但由于市场机制严格限定了政府干预行为的发生机会和权力边界，对于一个没有公共权力的共青团来说，想介入市场过程，在资源配置中开发新的组织功能并非易事。此时共青团要么重新回到党政体系，丰富政治功能的实现方式；要么直面资本逻辑和正在成长的社会空间，放低政治身段，融入青年生活，创新联系青年、服务青年的手段和路径，为其后续开发市场化功能积累条件。

市场化水平是影响共青团的政治位阶、组织功能、工作创新的决定性因素，经济发达地区的共青团与市场化体制融合得较为充分，青年工作创新力度更大，共青团在改善内部治理结构、促进成员参与、维护所代表群体利益方面的创新较为活跃；而经济欠发达地区的共青团被边缘化的特征就相对明显，共青团组织形态调试面临新一轮压力，这成为基层共青团建构现代性组织形态的约束性条件。上述问题一旦固化，就会成为制约共青团组织形态转型的体制性障碍，破解这些障碍将要付出更大的改革成本。共青团中央已经意识到这一问题，《关于加强新时代团的基层建设　着力提升团的组织力的意见》指出："基层组织有效覆盖不足、团员先进性不强、团干部能力状态有待提升、团的运行机制不畅等问题，还没有得到根本性转变。"实现这种转变的根本之策，在于全面深化共青团改革，建构开放型政治组织形态。

3. 国家治理现代化进程中的共青团组织功能

党的十八大以来，党围绕共青团的价值、组织与制度三要素总体发力，在正本清源中构建更为完善的共青团功能体系。在政治价值方面，明确习近平总书记关于青年工作的重要思想在共青团事业发展中的引领地位，为共青团组织形态建构提供了根本遵循，全面建成社会主义现代化强国是目标方向，实现中华民族伟大复兴是逻辑主线，推动共青团改革创新是根本动力，锻造合格青年干部队伍是组织保障，坚持党管青年是根本原则。在组织体系方面，既注重共青团机关机构的职能重塑，将群团机构改革同党和国家机构改革统筹考虑、一体衔接，理顺同群团、事业单位的关系，协调并发挥各类机构职能作用，形成适应新时代发展要求的党政群、事业单位机构新格局。加强基层共青团组织基础能力建设，优化机构设置、加大资源投入、确保干部配备，使基层团组织强起来。在制度规则方面，坚持问题导向、破立并举的组织建设思路，《中共中央关于加强党的政治建设的意见》明确共青团组织是党的政治机关，必须把政治建设摆在首位，《中国共产党党组工作条例》规定共青团组织不设党组，表明共青团是政党体系的一部分，是协助党实现政治性功能的辅助机构。

新时代共青团组织功能的建构是一种面向未来发展、兼顾社会需要、照顾青年特点、彰显时代精神的系统方案，是发端于政治逻辑且超越传统政治的开放型建团模式。

四、重点项目

党的十八大以来，党中央领导和推动共青团全面深化改革，将共青团纳入国家治理体系和治理能力现代化建设的总体方略之中。新时代共青团改革以“强三性”“去四化”为目标导向，以全面增强共青团组织力为重点，推动共青团组织形态、组织结构、组织功能、组织文化的全面革新和重塑。梳理新时代以来共青团改革特别是共青团组织功能领域改革的制度文件，可以较为全面地把握共青团组织功能改革、调整、优化、充实的重点领域。

1. 在团中央机关层面，加强团中央委员会自身建设

2022年1月，共青团十八届六中全会审议通过《中国共产主义青年团中央委员会工作条例》，明确了共青团中央委员会的工作原则、组织构成、工作职责、议事制度和自身建设等内容，对于更好发挥团的中央一级领导机关的组织功能具有重要意义。条例规定，团中央委员会受党中央委员会领导，始终在思想上政治上行动上同党中央保持高度一致，坚决贯彻执行党中央决策部署，坚决维护习近平总书记党中央的核心、全党的核心地位，坚决维护党中央权威和集中统一领导。团中央委员会按规定及时向党中央委员会请示报告有关重大事项。团中央委员会坚持民主集中制，实行集体领导和个人分工负责相结合的制度。凡属应当由全会、常委会会议讨论和决定的事项，必须由集体研究决定。在集体讨论和决定问题时，个人应当充分发表意见。

2. 在地方团委层面，明确团的地方委员会核心工作任务

团的地方组织是团中央组织和团基层组织的连接中枢，团中央的决策部署要通过各级地方团组织转化为具体的工作安排并由基层团支部来贯彻落实，团的地方组织在此过程中发挥着承上启下的关键作用。在过去很长一段时间内，地方团组织核心工作任务不清晰，有的地方团组织还承担着大量非共青团职责范围内的工作。党的十八大以来，团中央推动地方共青团组织改革，制定出台《共青团地方委员会核心工作任务》等制度文件，明确了共青团地方组织的核心组织功能，一是凝聚青年，二是服务大局，三是当好桥梁，四是从严治团，强调上级团委机关一般更侧重统筹规划、下级团委机关一般更侧重执行落地。文件的出台进一步理顺了地方共青团组织与地方党委、地方共青团组织与团中央之间的关系，进一步完善共青团组织的双重领导体制。

3. 在团的基层组织方面，增强基层共青团组织力

基层团组织是共青团组织建设的重点，也是薄弱环节。党的十八大以来，共青团中央认真贯彻落实习近平总书记重要指示精神，把抓基层、强基础作为共青团组织建设的重点任务，提出提升基层共青团组织力的重大课题。一是积极适应青年生产生活和聚集分布新变化、新特点，创新组织形态，规范支部建设，丰富工作载体，构建纵横交织、充满活力的团的基层组织体系。二是按照“坚持标准、控制规模、提高质量、发挥作用”的思路，严格团员发展，加强团员教育管理，着力提升团员先进性、光荣感，切实履行为党培养合格建设者和可靠接班人的根本任务。三是健全团干部选拔配备、教育培训、激励约束等工作机制，不断充实基层工作力量，持续调动基层团干部积极性、主动性、创造

性，着力建设一支忠诚干净担当的高素质专业化团干部队伍。

4. 在基层团组织制度规范方面，完善共青团“三会两制一课”制度

团十九大报告指出：“创新‘三会两制一课’制度落实方式，健全基层团内民主制度，增强支部组织生活政治性、时代感、青年味，让团员在组织生活中充分交流思想、表达意见、学习成长，更好焕发团支部活力。”[①] “三会两制一课”是指支部大会、支部委员会、团小组会、团员教育评议制度、团员年度团籍注册制度和团课。落实“三会两制一课”，是共青团保持和增强政治性、先进性、群众性的必然要求，是推进团要管团、全面从严治团的重要载体，是加强团员思想政治教育和自我教育、强化团员意识、提升基层团组织凝聚力和战斗力的制度保障。党的十八大以来，共青团中央进一步完善优化共青团“三会两制一课”相关制度，制定出台了《中国共产主义青年团基层组织“三会两制一课”实施细则（试行）》《关于加强新形势下发展团员和团员管理工作的意见》《中国共产主义青年团支部工作条例（试行）》等团内规章制度文件，推动团内政治生活民主化、规范化，提升共青团员民主评议的科学性、全面性，增强共青团团课的时效性和吸引力。

5. 在团员教育管理方面，保持和增强共青团员先进性

2017年7月，共青团中央印发《关于保持和增强团员先进性的意见》，对保持和增强新时代团员先进性作出全面部署，提出政治思想上先

---

① 阿东：《在习近平新时代中国特色社会主义思想指引下 动员引领广大青年为全面建设社会主义现代化国家而团结奋斗——在中国共产主义青年团第十九次全国代表大会上的报告》，《中国青年报》2023年6月26日。

进、道德品行上先进、发挥作用上先进、执行纪律上先进等四个方面的先进性标准，强调保持和增强团员的先进性是基础性、长期性、系统性工程。新征程上，全团要把理想信念教育作为首要任务，把学习习近平新时代中国特色社会主义思想贯彻团员教育全过程。要坚持统一要求和分类指导相结合，坚持集中行动和长效机制相结合，坚持修身正己和发挥作用相结合，坚持教育管理与关怀激励相结合，按照《关于加强新形势下发展团员和团员管理工作的意见》要求，统筹抓好团员的发展、教育、管理和作用发挥，切实把保持和增强团员先进性工作抓细抓长抓出实效。

6. 在党团关系方面，共青团推荐优秀团员青年入党

推荐优秀共青团员作为党的发展对象，是党中央赋予共青团的一项重要任务。党的十八大以来，团中央进一步完善体制机制，规范共青团组织向党组织推荐优秀青年入党的工作机制和程序，明确年满18周岁的中国青年工人、农民、军人、知识分子和其他社会阶层中的优秀共青团员，承认党的纲领和章程，愿意参加党的一个组织并在其中积极工作、执行党的决议和按期交纳党费的，优先由团组织推荐加入中国共产党。

7. 在全面从严治团方面，构建全面从严治团的工作格局

2022年1月，共青团十八届六中全会审议通过《新时代全面从严治团实施纲要》，这是共青团百年历史上出台的第一份关于全面从严治团的综合性文件，明确指出，要用五年左右的时间，建立健全管团治团的基本制度体系，团干部思想、能力、作风明显提升，团员先进性明显增强，团组织的政治功能和社会功能更加彰显。进而通过持续努力，全面

树立新时代共青团清新形象，把各级共青团建设得更加充满活力、更加坚强有力。为此专门制定了26项重点工作机制，提出了落实规划纲要的具体工作要求。

五、有效做法

组织功能工作法是共青团有效工作方法中的基础性方法。在实践中，组织功能工作法通常同其他类型的工作方法贯通使用、一体运用。共青团位于开放的社会系统中，社会环境的变化必然对共青团组织功能工作法提出新的要求，共青团组织功能工作法必须与时俱进，不断创新，既要坚持马克思主义政党青年工作的基本要求，贯彻落实党管青年的重要原则，同时也要结合新形势新任务不断创新组织功能发挥的形式、渠道、路径和方法，创造性开展工作。

1. 贯彻落实党管青年原则

党管青年原则是党的青年工作的根本原则，也是共青团组织功能工作法必须坚持的政治原则。“青年工作不是一般的事务性工作，而是关系党的事业薪火相传、后继有人的政治工作，是党要亲自抓在手里的工作。”[①]坚持党管青年原则，体现在组织功能工作法上就是落实党管青年组织的原则。习近平总书记强调：“各级党委（党组）要坚持党管青年工作原则，加强对共青团工作的领导和支持，建立和完善在党的领导下

① 贺军科：《学习贯彻习近平总书记关于青年工作的重要思想 切实为党做好新时代青年工作》，《中国共青团》2019年第7期。

各部门齐抓共管青年发展事业的工作格局，支持共青团创造性开展工作。”[①]中国共青团是中国共产党领导下的先进青年群团组织，“坚持以政治建设为统领，加强共青团系统党的建设，增强‘四个意识’，坚定‘四个自信’，坚决维护党中央权威和集中统一领导，旗帜鲜明抵制各种歪风邪气，保持清风正气和良好形象”[②]。

2. 深化共青团机关机构改革

“团的领导机关是一个地区或一个单位团组织的首脑部门，它担负着制定政策、部署任务、指导工作的重要职能。它决策是否科学、布局是否合理、指挥是否得当、行为是否堪称表率，直接关系着这个地区、这个单位团的工作的前途和团的事业的兴衰。”[③]党的十八大以来，党中央高度重视共青团中央机关机构改革，优化完善职能布局，科学设置组织机构，地方各级党委积极推动地方共青团机关机构改革。机关机构改革是共青团改革的标志性成果，为共青团更好发挥组织功能、释放组织效能奠定坚实基础。

3. 坚持开放性共青团组织建设理念

与政党组织建设方式类似，共青团组织依附于行政区划单位而建，这有利于党团组织之间形成有效联动，建团成本也较为低廉。随着产业结构体系调整和新经济业态的孕育，国家经济地理格局发生复杂的空间

---

① 《习近平在同团中央新一届领导班子成员集体谈话时强调　切实肩负起新时代新征程党赋予的使命任务　充分激发广大青年在中国式现代化建设中挺膺担当》，《人民日报》2023年6月27日。

② 《习近平在同团中央新一届领导班子成员集体谈话时强调　代表广大青年赢得广大青年依靠广大青年　让广大青年敢于有梦勇于追梦勤于圆梦》，《人民日报》2018年7月3日。

③ 宋德福：《共青团体制改革的思考与实践》，中国青年出版社2007年版，第293页。

位移，尤其是户籍制度不再是制约青年社会流动的制度性障碍，共青团基层组织设置必须积极回应上述挑战，行政区划不再成为基层团组织设置的唯一标准，工会、共青团、妇联要探索以多种形式方式构建纵横交织的网络化组织体系，做到哪里有群众，哪里就要有自己的组织，怎么有利于做好工作，就怎么建组织。目前，共青团中央已经对新社会组织建团、跨区域建团、行业建团、城市街道与乡村建团作出一体化部署，团建策略改进优化并不断创新。

4. 建强共青团组织的领导团队

共青团组织的领导团队主要是指团的各级领导机构，包括各地方共青团领导机关和共青团委员会组成人员。共青团实行“参公管理”的干部管理体制，普通青年要想进入团的领导机关必须参加公务员考试，团委主要负责人由本级党委直接任命。长此以往造成共青团领导团队与外界交流沟通不畅，共青团代表性功能弱化，政治动员方式取代群众路线机制，这也是共青团陷入“行政化”怪圈的主要原因。在改革中，共青团领导团队吸纳更多基层青年加入其中，比如通过专兼挂机制选派行业领域青年代表充实共青团领导机关，在团的代表大会和各级委员会中扩大普通青年、一线青年代表比重，建立团干部联系青年群众的常态化机制等。这些制度安排打破了过去共青团领导团队自我运转、行政逻辑、垄断资源的格局，为共青团走出机关，与不同领域青年建立组织联系创造了条件。

5. 强化共青团组织功能与社会功能的双向联动

政治组织的基本定位意味着共青团与政党体系打交道会游刃有余，两者之间的结构性联动机制有助于共青团将党政意志和主张及时传递给青年群体，转化为具有可操作性的青年政策。但这也隐含着一种潜在的可能，即共青团在面对转型社会中青年组织化机制的新变化时，存在政治嗅觉不高、应对能力不足、与新生代青年的对话能力不强等现实问题。目前青年社会组织虽有所发展，在某些方面对共青团形成了一定挑战，但尚未发展到与共青团一争高下的地步。显然，与正在成长中的青年社会组织相比，共青团在组织网络、资源存量、工作机制方面仍占有优势地位。因此，共青团改革在保持与党政体系结构性联动机制的同时，增强同不同类型青年社会组织联络、对话和互动的能力，构建以共青团为中心、各类青年组织广泛参与的同心圆结构青年工作组织体系，不仅可能而且可行。

第七章

完善制度工作法

“制度”是由“制”与“度”两个单音节词组合而成的复合词语。要理解制度，就要先明白“制”和“度”的含义。《说文解字》给出的解释是：“制，裁也。从刀，从未。度，法制也。从又，庶省声。”“制”在最初是会意字，有裁制、限制和制度等意思；“度”在最初则是形声字，有度量和法度等意思。中国共青团是一个具有高度组织性和纪律性的青年群团组织，自诞生之初就重视加强制度建设，从严管团治团。在历史演进中，团内规章制度在实践中不断发展完善，成为各级共青团组织推进工作的基本方法。

新时代以来，“坚持从严治团”和“坚持依规治团”被写入团章，一大批团内规章集中出台，共青团制度规划正式颁布，团内规章制度建设又有了新的规划和成果。团十九大报告明确指出，“团内制度体系不断完善并有效运行”[①]。中国共青团已走过百年征程，“总结中国共青团紧跟党奋斗的百年历史及其宝贵经验，有助于深刻领会党史‘青年篇章’”[②]。团内规章制度建设是共青团事业发展的重要保障，也是新时代共青团工作的重要方法之一。

---

① 阿东：《在习近平新时代中国特色社会主义思想指引下 动员引领广大青年为全面建设社会主义现代化国家而团结奋斗——在中国共产主义青年团第十九次全国代表大会上的报告》，《中国青年报》2023年6月26日。

② 倪邦文：《新时代共青团和青年工作的行动指南——学习习近平总书记在庆祝中国共产主义青年团成立100周年大会上的重要讲话》，《机关党建研究》2022年第6期。

一、工作原理

完善制度工作法蕴含了诸多工作原理，既包括制度创制、调校、演化、变迁相关的政治学原理，也包括组织建设的科学化原理。此外，系统论的原理与完善制度工作也有着显著的内在关联。

1. 政治学原理与完善制度工作

自古以来，制度在整个人类政治生活与公共政治领域中就发挥着重要的作用。许多政治学者对于制度的秩序维系功能、价值规范机制、行为约束作用等都进行了深入研究。中国古代传统典籍中就有“为之制度，使无迁也”“凡将立国，制度不可不察也”的论述。通过认识制度效用的政治整合及社会动员、利益配置及资源汲取、国家巩固及关系调节等功能，以及制度演化的内生性及外生性、渐进性及剧烈性、合意性及意外性、强制性及诱致性变迁等模式，政治学者在一定程度上具有认识制度建设特别是国家治理情境下政治制度发展规律、演进轨迹、内生根源的相对优势。[①]

贯通人类政治文明发展的历史长河，创制、调校、演化与变迁的制度是逃不开的话题。制度对于整个人类社会的发展起着规范、塑造的重要作用。在政治学原理当中，核心议题与关键论域就在于制度分析。旧

---

① 参见马雪松：《社会主义政治制度自我完善和发展的政治学阐释》，《理论与改革》2022年第2期。

制度主义政治学的失势回落引致了行为主义革命的反动性拓展，后行为主义的拨正调校则又推动了新制度主义政治学的勃兴发展。[1]近年来，制度主义政治学逐渐突破新旧之争，走出流派纷乱，不断融合发展，已成长为21世纪政治学研究的重要范式。

党的十八大以来，制度的现代化成为推动中国国家治理现代化的核心内容，党的十八届三中全会、党的十九大、党的十九届四中全会以及党的十九届五中全会以及党的二十大等重要会议一再强调国家制度在国家治理中的重要性，国家治理迎来了新一轮“制度高潮”，制度研究进入了黄金时期。

中国共产党在百余年历程中对制度创新与体制完善持续作出实践探索和理论总结，凝练为党治国理政的关键环节和重要成果——“中国特色社会主义制度是当代中国发展进步的根本制度保障，是具有鲜明中国特色、明显制度优势、强大自我完善能力的先进制度”。党的十八大以来，习近平总书记高度重视党的青年工作，从治国理政全局出发，针对新的历史条件下我国青年工作面临的新形势、新情况、新问题，发表了一系列重要讲话和重要论述，为更好地指导开展青年工作提供了重要遵循，并在实践中逐步形成了时代特征鲜明的习近平总书记关于青年工作的重要思想。这就为共青团完善制度工作提供了根本遵循。

纵观当下，在以习近平同志为核心的党中央坚强领导下，中国共产党的青年事业、青年工作和共青团改革都取得了前所未有的瞩目成绩。然而，我们同样要认识到，青年事业、青年工作和共青团改革在新的历史条件下也遇到了新风险、新困难、新挑战，特别是当前随着我国青年工作和共青团改革进入了攻坚克难的深水区，青年事业、青年工作和共

① 参见丁志刚、李天云：《推动建立中国特色制度政治学》，中国社会科学网2021年9月29日。

青团改革都缺乏现有的经验方法作为参考。共青团完善制度工作，从现代化逻辑来看，正是系统深入地学习和研究习近平总书记关于青年工作的重要思想，将共青团工作置于完善和发展中国特色社会主义制度、推进国家治理体系和治理能力现代化的架构中，置于以中国式现代化推进中华民族伟大复兴的伟业中的必然选择。

2. 组织建设的科学化与完善制度工作

习近平总书记明确指出："制度更加成熟更加定型是一个动态过程，治理能力现代化也是一个动态过程，不可能一蹴而就，也不可能一劳永逸。""必须突出坚持和完善支撑中国特色社会主义制度的根本制度、基本制度、重要制度，着力固根基、扬优势、补短板、强弱项，构建系统完备、科学规范、运行有效的制度体系。"①

作为组织工作有效推进以及科学化水平提升的重要保证，随着时代的发展，制度建设也必须做到与时俱进。面对青年发展与青年工作所迎来的新的形势、挑战和任务，共青团只有深入扎实推进组织建设，不断提升组织建设的科学化水平，才能让共青团的组织深入青年群体。只有抓住团内规章制度建设这个"牛鼻子"，真正用制度管权管事管人，推进共青团的各项工作，共青团的组织建设才能够拥有更加持久旺盛的生命力。

共青团作为中国共产党领导的先进青年的群团组织，在不断推进共青团的组织工作改革创新的过程中，如何既总结运用好新的经验，又传承发扬好过往的优良传统，这些都不能只靠"口口相授"，而是要靠制

① 习近平：《坚持和完善中国特色社会主义制度推进国家治理体系和治理能力现代化》，《求是》2020 年第 1 期。

度。[1]党的十八大以来，以习近平同志为核心的党中央立足当前，着眼长远，修订、颁布了多部党内法规，为从根本上扭转党的领导弱化、党的建设缺失、全面从严治党不力状况提供了制度保障。共青团工作也是如此。要使制度发挥作用，关键在落实，落实的关键在加强执行力。

共青团组织建设的科学化要求青年群体必须树立制度意识和基础态度。共青团的组织建设能否伴随时代发展尤其是青年群体的需求得到改善进步，不在于一时，而在于持久。如果共青团这样一个庞大的群团组织没有规范的团内规章制度要求，有些问题即使在当下的角度来看是初步妥善解决了，但时间一长问题还是容易出现。制度建设是具有根本性、全局性、稳定性、长期性的建设。只有真正用团内规章制度把共青团在组织建设长期实践探索中所形成的成功经验，真正以制度的形式固定下来，用科学规范的制度体系来律己、管人、治事，保证共青团工作的稳定性、连续性，避免随意性，才能不断提高共青团工作的程序化、规范化水平。

3. 系统论与完善制度工作

不管是什么样的制度，一定都有着其内在的价值目标，同时通过这一内含的价值目标，推进制度效能的实现。因此，从某种意义上说，制度所内含的价值目标是其自身的灵魂与核心，决定了完善制度的方向。中国特色社会主义制度的价值目标就在于实现以中国式现代化全面推进中华民族伟大复兴。

从历史唯物主义的角度来观察，当社会生产力和生产关系发展到一定水平时，就会出现一定的社会制度。既然制度受生产力和生产关系发

---

① 参见王炯：《组织工作科学化要靠制度》，《中国组织人事报》2013年5月8日。

展水平影响，那么制度所承载的价值目标自然就与生产力和生产关系发展水平密切相关。马克思、恩格斯对于未来社会有着美好的设想，他们认为“所有人共同享受大家创造出来的福利”。毛泽东指出：“社会主义制度的建立给我们开辟了一条到达理想境界的道路，而理想境界的实现还要靠我们的辛勤劳动。”[①]习近平总书记强调，我国国家治理的一切工作和活动都依照中国特色社会主义制度展开。共青团的团内规章制度是团的中央组织，省、自治区、直辖市团委和系统团（工）委制定的规范团的职能履行和团的建设活动、依靠团的纪律保证实施的专门规章制度。这些团内规章制度嵌构着多个层次和多重架构，构成了致力于推动全面从严治团，让共青团在新时代更好肩负起党的助手和后备军的职责使命。

从系统论的角度看，制度的功能是否能够达到最佳运行状态，主要取决于其耦合程度，即各项制度之间是否兼容互补、制度的内在规范是否契合相睦、制度执行和治理过程是否存在掣肘和抵触。制度的功能耦合程度关系制度是否具有优越性，以及优越性能否得到充分体现。[②]共青团团内规章制度作为一个综合系统，它的立废存改影响制度本身，同时也关系整个共青团的建设和党的青年工作。习近平总书记明确指出：“我们要坚持以实践基础上的理论创新推动制度创新，坚持和完善现有制度，从实际出发，及时制定一些新的制度，构建系统完备、科学规范、运行有效的制度体系，使各方面制度更加成熟更加定型，为夺取中国特色社会主义新胜利提供更加有效的制度保障。”[③]充分运用和把握

① 《毛泽东同志论青年和青年工作》，中国青年出版社1960年版，第26页。
② 参见宇文利：《运用系统论构建制度哲学》，《人民日报》2020年4月13日。
③ 中共中央文献研究室编：《十八大以来重要文献选编》（上），中央文献出版社2014年版，第76页。

系统论，深入研究共青团团内规章制度的价值目标、组织结构、功能耦合，对于推动共青团各方面制度更加成熟、更加定型，在实现以中国式现代化全面推进中华民族伟大复兴的进程中发挥共青团的应有作用具有重要意义。

二、功能作用

百年来，中国共青团始终坚持从严管团治团，以改革创新之精神、从严从实之态度，自觉对标全面从严治党经验做法，在实践中不断深化对团内规章制度的认识，全方位、高标准推进团内规章制度建设，功能作用显著。

1. 巩固和加强了党对共青团的全面领导

政治性是共青团的灵魂，把坚持党的领导深深融入血脉之中，是共青团区别于其他青年组织的根本特质和鲜明优势。“在我国，中国共产党是各个领域的领导核心，共青团的根本职能就是助力党实现其伟大目标”[①]。巩固和加强党对共青团的全面领导，要靠思想教育，更要靠制度保障，这种保障主要体现在两个方面。

一是赋予其极高的法规地位。共青团对“党的领导”存在一个逐渐深化的过程。共青团在建立之初就在自己的章程中宣示“在中国共产党

① 刘俊彦：《全面从严治团的实践与探索——〈新时代全面从严治团实施纲要〉解读》，《中国青年社会科学》2022年第3期。

的政治指导之下工作，服从他的章程和纲领”[①]，自新民主主义青年团一大召开后，这种“指导”被强化为“领导”。在团十五大章程中，“坚持党建带团建”作为团的建设必须贯彻的基本要求被正式提出。在团十八大上，“坚持党的领导”被写入团章，并成为团的建设必须贯彻的第一个基本要求，囊括了之前党建带团建的要求，还对其具体内涵进行了详细说明，篇幅之大，足见其重要地位。

二是赋予其严格的刚性约束。新时代以来，一些加强党的领导的好经验和新举措，如共青团中央贯彻落实习近平总书记重要指示批示精神和党中央决策部署的督查督办机制、重大事项请示报告工作机制、团员团干的教育培训制度等相继制定了配套的团内规章，赋予了它们规章层面上的约束力。这种约束力来源于规章之中的义务性规定和禁止性规定。团内成员不履行坚持党的领导所要求的义务，抑或做出违背坚持党的领导的规定的行为，团组织都可以依据规章对其作出规章上负面的评价，并据此对其作出相应的处理，使其承担规章规定的负面后果。

截至目前，中国共青团已经出台了《中国共产主义青年团中央委员会工作条例》《共青团中央书记处工作规则》《中国共产主义青年团重大事项请示报告条例》《共青团中央关于提高政治站位　改进工作作风的六条规定》《共青团中央贯彻落实中央八项规定实施细则精神的办法》《共青团中央关于新形势下推进从严治团的规定》《基层团组织书记述职评议考核暂行办法》《中国共产主义青年团纪律处分条例（试行）》等一系列规章制度，从工作制度、作风要求、监督考核、执纪问责多方面着手，构建起加强党的全面领导的制度体系。

① 江西省团校共青团理论研究中心、江西共青团和青年工作理论研究会编：《共青团章程汇编——共青团早期临时章程至共青团十八大章程》，江西人民出版社2018年版，第30页。

2. 保障了共青团工作的科学化、规范化

团内规章制度，既是管团治团的依据，也是全面从严治团的保障。中国共青团在百年奋斗历程中自觉对标全面从严治党经验做法，重视以严明的纪律规矩提升组织凝聚力和战斗力。新时代以来，团内规章制度建设明显提速，团内规章制度建设有了更高的标准和要求。2015年《中共中央关于加强和改进党的群团工作的意见》发布，提出“坚持依法依章程独立自主开展工作”的要求；2017年，团十七届六中全会通过了《关于新形势下推进从严治团的规定》；2018年，团十八大对团章进行修改，“建立健全团内规章制度体系”被写入团章；2022年，团中央印发《新时代全面从严治团实施纲要》，对新时代加强规章制度建设作出具体部署。

目前，中国共青团已经形成了较为完备的团内规章制度体系，并处于继续完善的过程之中。从纵向层面看，形成了位次清晰的团内规章体系。2021年，团中央印发《中国共产主义青年团团内规章制定条例（试行）》，规定团内规章的名称为“团章、准则、条例、规定、办法、规则、细则”七种，明确了各类规章的主要内容、制定权限、制定流程和效力位阶。从横向层面看，形成了覆盖全面的团内制度体系。规章的形成，意味着制度在规则层面的确立。到今天，共青团已经逐步形成了涵盖加强党的领导、团的组织、团的自身建设、团的监督保障等主要领域在内的制度体系，涉及团的日常工作、团的监督考核、团的纪律处分、团的选人用人等方方面面的重要事项，从严管团治团的制度大网逐渐合拢。从发展层面看，制定了细致可行的完善蓝图。《新时代全面从严治团实施纲要》对团内规章制度体系建设，提出了坚持整体推进与急用先行相结合的原则。谋划了5个重点任务，细化出16个工作要点，并

规划了26个需要建立的重点机制，旨在用五年时间构建起，“由基础性制度、主干性制度和执行层面制度共同构成的，整体框架清晰、相对精干紧凑的团内制度体系”[①]。《新时代全面从严治团实施纲要》出台以来，团内规章的制定和清理工作陆续展开，一批团内规章被废止，同时《中国共产主义青年团纪律处分条例（试行）》《中国共产主义青年团中央委员会工作条例》等相继出台，进一步补强了团内规章制度体系中的关键环节。

3. 确立并维护了团的团结和集中统一

习近平总书记强调，“组织能使力量倍增”[②]。中国共青团百年来始终扭住为中华民族伟大复兴而奋斗这一主题，目标恢宏、志向远大，需要长期保持组织的创造力、凝聚力和战斗力。在革命中诞生的中国共青团，从建立初期就在团章中严明了组织纪律，并逐步形成了“三个服从”的秩序，即少数服从多数、下级服从上级、个人服从组织。团五大团章中正式提出“民主集中制”原则，团十三大团章中将其进一步明确为团的根本组织原则。在实践中，特别是改革开放以后，共青团更加重视组织生活的正常开展和各级委员会的建设，探索出了以“三会两制一课”制度为代表的各项举措。团十八大后，这些举措大多被上升到规章层面，得到了进一步的发展完善，发扬充分的民主、实行正确的集中有了更充分的保障。

在保障民主团结上，一方面颁布了《中国共产主义青年团地方组织选举工作条例》《中国共产主义青年团支部工作条例（试行）》《中国共

---

① 《新时代全面从严治团实施纲要》，《中国青年报》2022年1月28日。

② 中共中央纪律检查委员会、中共中央文献研究室编：《习近平关于严明党的纪律和规矩论述摘编》，中央文献出版社、中国方正出版社2016年版，第36页。

产主义青年团基层组织“三会两制一课”实施细则（试行）》等团内规章，对参与选举、参加组织生活、提出批评建议等团内民主权利的行使作出了规定；另一方面颁布了《共青团地方委员会核心工作任务》《共青团中央贯彻落实中央八项规定实施细则精神的办法》《基层团组织书记述职评议考核暂行办法》等规章制度，对改进作风，保障团员权利，加强各级委员会、委员、团代表认真履职等方面作出明确规定。在维护集中统一上，一是强化了团的组织性，完善了重大事项请示报告制度，完善了团中央向党中央、下级团组织向上级团组织请示汇报的报告事项、程序方式和监督问责规定；二是加强了纪律性，完善了监督考核、执纪问责方面的规章制度，为处置破坏团的集中统一的行为提供了更明确的依据。

4. 支持和推进了团的自身建设

中国共青团是中国共产党的助手和后备军，团的建设包含在党的建设总体规划之中，是一项系统性、长期性的工程，涵盖政治建设、思想建设、组织建设、纪律建设、作风建设等诸多方面。在不同的历史时期，团的建设在坚持基本原则的前提下各有侧重，这是团在不同形势下的因应表现。团内规章制度不断演进完善的历程，实际上也是不断适应团在不同形势下建设的需要的过程，团内规章制度建设已经深深融入了共青团各项建设的肌理之中，成为一个有机整体。

改革创新的实验与经验教训的总结，贯穿团的建设历程，这些实践中的有益成果，最终都要形成制度并以规章的形式固定下来，成为之后进一步推进建设的遵循。从历史角度来看，团的建设科学化、规范化的需要，促进了团内规章制度建设体系化、精细化的发展；从实践层面来看，团内规章制度的健全保障了团的各项建设的实施落实，在现实上推进了团的其他建设的发展进程，形成了一个互有补益的循环。目前，团内规章制度的建设已经贯穿于团的各项建设工作中，基本形成了推进团的自身建设的制度保障。例如，在政治建设上，制定了《共青团中央关于提高政治站位改进工作作风的六条规定》《中国共产主义青年团重大事项请示报告条例》等；在思想建设上，制定了《中国共产主义青年团干部教育培训工作条例（试行）》《中国共产主义青年团团员教育管理工作条例（试行）》等；在组织建设上，制定了《中国共产主义青年团发展团员工作细则》《中国共产主义青年团支部工作条例（试行）》等；在纪律建设上，制定了《中国共产主义青年团纪律处分条例（试行）》《关于新形势下推进从严治团的规定》等；在作风建设上，制定了《共青团中央贯彻落实中央八项规定实施细则精神的办法》《共青团中央贯彻落实中央政治局改进工作作风、密切联系群众八项规定精神的实施办法》等。

三、宝贵经验

2023年6月26日，习近平总书记在同团中央新一届领导班子成员集体谈话时强调，“要顺应全面从严治党的要求，坚持问题导向，敢于刀刃向内，纵深推进团的改革，全面从严管团治团”[①]。团内规章制度作为从严管团治团的制度保障，中国共青团在建立之初就对其给予高度重视，在奋斗历程中不断加以健全和完善，在接续发展的历史统一性中又

① 《习近平在同团中央新一届领导班子成员集体谈话时强调　切实肩负起新时代新征程党赋予的使命任务　充分激发广大青年在中国式现代化建设中挺膺担当》，《人民日报》2023年6月27日。

体现出改革创新的鲜明时代性，书写了辉煌的历史。

1. 新民主主义革命时期的起步探索

1922年5月10日，中国社会主义青年团第一次全国代表大会通过团的第一部正式章程《中国社会主义青年团章程》，章程分九章三十四条并附决议案五则。由于缺乏党章的参照，这部章程的体例和内容都较为松散。1922年党的二大通过《中国共产党章程》，团章的制定从此有了根本的遵循和权威的范本。团二大和团三大在对照党章修订的基础上通过了两份“修正章程”，此后，根据党章的修正适时修正团章逐步成为惯例。1927年后，团的工作转入地下，团内规章加强了对组织和纪律问题的规范。在组织问题上，1928年团五大通过的《中国共产主义青年团章程》首次提出了“民主集中制原则”并作出四点具体要求，细致规定了团的各级组织及其职能。在纪律问题上，团五大团章明确规定“遵守严格的纪律，是每个团员及各级团部最高的义务”，区分了对组织和个人的不同处分，并规定了纪律处分的调查、审查、作出、核准及申诉程序，是团在纪律处分问题上的一次突破。遗憾的是，由于团五大于莫斯科召开，在团章的修改上受到少年共产国际很大的影响，团五大团章承认中国共青团是少年共产国际的支部，并且服从其一切决议和指导，而仅承认了中国共产党对中国共青团的政治指导，这对此后国内一段时期的党团关系产生了不利的影响。1936年，由于建设抗日民族统一战线的需要，党中央作出《关于青年工作的决定》，决定对共青团展开根本改造，根据地和红军中的共青团组织相继改为省、县青年救国联合会筹委会和青年队，大批团员被吸收入党。1937年，西北青年第一次救国代表大会在延安举行，通过了《目前政治形势与青年救亡运动的决议》，会后共青团中央正式取消，在中共中央组织部下设立了青年部。

随着各级团组织改造的完成，团内规章制度在这一时期的建设也告一段落。

总体而言，这一时期的团内规章除团章外多以决议案的形式出现，如《关于共产青年运动的决议案》《学生运动决议案》《政治纪律决议案》《组织问题决议案》等。这类规章往往是针对具体问题作出的简明扼要的规定，富有浓郁的革命色彩，显现出强烈的时效性和针对性。尽管初创期的团内规章缺乏系统性，但这种简洁易懂、便于操作掌握的形式，很好地适应了共青团组织在艰难的革命环境下谋求生存与发展的需求，无疑是成功的尝试。

2. 社会主义革命和建设时期的曲折前行

1949年4月，中国新民主主义青年团一大通过了《中国新民主主义青年团团章》，首次在团章中设置“总则”部分。1953年召开的新民主主义青年团二大通过了新中国成立后的第一部团章，明确规定了团的性质、团的任务、团的组织建设原则、党团关系等团的重大问题，第一次对“中国少年先锋队组织”作出规定，团章的文本特征逐渐凸显。

这一时期的团内规章制度建设主要从组织、纪律、管理三个方面着手，聚焦于解决重新建立起的各级团组织在日常运转中遇到的实际问题。在组织建设方面，注重构筑稳固的组织结构基础，着力强化基层团组织的建设，出台有《共青团三届五中全会关于加强农村团的基层组织在青年中的核心作用的决议》《共青团厂矿企业支部的工作任务和工作方法》和《共青团农村支部的工作任务和工作方法》等规章。在纪律处分方面，从革命年代的以惩处为目的，逐步过渡到以教育为目的、以处罚为手段的阶段，团的纪律处分更加规范化。团九大团章中明确指出“应当本着惩前毖后、治病救人的方针进行批评和教育”[①]，并出台有《中国新民主主义青年团纪律处分暂行办法》《关于处理受刑事处分的青年团员的团籍问题的规定》《关于在整风、整团中处理犯有各种错误的团员的规定》等规章。在团员管理方面，着眼于加强日常管理、维护组织运转，出台有《青年团中央委员会关于团员管理办法的规定》《中国新民主主义青年团中央委员会关于接收团员手续的规定》《共青团中央组织部关于转移团员组织关系的规定》等规章。

整体而言，这一阶段的团内规章制度已经基本适应了共青团组织在社会主义革命和建设时期的角色转换，实现了从革命性、临时性向日常性、稳定性的转变。但不可否认，由于受到“左”的思想的影响，团九大提出了青年要“以阶级斗争为纲”这样不符合实际的要求，对共青团工作产生了负面影响，随着“文化大革命”的爆发，共青团工作全面停顿，团内规章制度建设也由此从高速发展激变至停滞倒退。当然，这种剧烈的反转，也给改革开放后团内规章制度建设的再出发提供了正反两方面的经验教训。

3. 改革开放和社会主义现代化建设新时期的全面深化

1978年团十大对团章进行了修改，但没有摆脱“左”的思想的影响。1982年，团十一大对团章进行了重大修改，新增“团的干部”一章，形成了一份体例、内容相当成熟完整的新团章，成为改革开放以后团章的主要范本。团十一大后，团内规章的制定明显提速。一方面，团的工作刚刚恢复正常，急需对涣散的基层组织进行整顿和激活，把团的

---

① 江西省团校共青团理论研究中心、江西共青团和青年工作理论研究会编：《共青团章程汇编——共青团早期临时章程至共青团十八大章程》，江西人民出版社2018年版，第80页。

组织原则、工作制度重新建立起来；另一方面，随着国家建设对年轻人才的需求激增，必须加强对团干部的选用和管理。在1982年至1992年的十年间，团中央有针对性地出台了包括《中国共产主义青年团全民所有制工业企业基层组织工作条例》《中国共产主义青年团团员证管理暂行条例》《共青团在中等学校中的支部工作任务和工作方法》《关于协助党委建立省级团委后备干部制度的意见》在内的大量规章。

20世纪末，共青团更加系统性地制定团内规章，重视通过规章制度间的衔接配套提高各项工作的规范化水平。从1992年起，团中央先后印发了《中国共产主义青年团基层建设纲要（试行）》《共青团中央关于加强团的建设若干问题的决定》《共青团工作跨世纪发展纲要》等一系列纲领性的规章。相应制定了一系列的配套规章，如《中国共产主义青年团发展团员工作细则（试行）》《关于进一步做好推荐优秀团员作党的发展对象工作的意见》《共青团中央关于加强新经济组织团的建设的意见》《全国性青年社会团体管理办法》等。

进入21世纪后，共青团更加重视常态化管理和长效化机制的建立。面对市场经济发展给青年生产生活方式带来的巨大变革，团适时出台了包括《共青团中央关于加强非公有制经济组织团的建设的意见》《企业团委基本工作规范（试行）》在内的一系列规章制度，有效地支撑了团在新变化下的发展壮大。在实现常态化管理方面，团中央在2006年连续出台了《关于加强共青团员经常性教育的意见》等四部增强长效机制的规章，涉及流动团员管理、基层组织建设、发挥团员模范作用等多个方面，并在《干部教育培训工作条例（试行）》《关于全面推进乡镇、街道团的组织格局创新工作的指导意见》等多部规章中强调要建立工作制度，形成长效机制。

综合来看，这一时期的团内规章制度建设从整顿局面出发，在不断适应经济社会发展需要的过程中推动团内规章制度建设走向深入，以团章为核心的依规治团的制度体系初步成型。但在一些重要领域还缺乏主干性规章的支撑，对各类规章的位阶次序、制定权限、更新清理等问题还没有详细规定，团内规章制度体系的骨架仍有待进一步完善。

四、重点项目

习近平总书记指出，“法规制度带有根本性、全局性、稳定性、长期性”①。2015年党中央印发《中共中央关于加强和改进党的群团工作的意见》，明确提出“坚持依法依章程独立自主开展工作”的要求。2018年团十八大召开，“坚持从严治团”和“坚持依规治团，建立健全团内规章制度体系”②被写入团章。在这样的背景下，团内规章制度受到了更多的关注，迎来了进一步健全和完善。团十九大报告明确提出，要“完善团内规章制度体系，着力强化全面从严治团的刚性约束”③。

1. 优化顶层设计，加强团内规章制度的整体规划

2014年和2022年先后颁布的《全面深化改革进程中共青团工作五年发展纲要》和《新时代全面从严治团实施纲要》两份纲领性文件中，

① 中共中央纪律检查委员会、中共中央文献研究室编：《习近平关于严明党的纪律和规矩论述摘编》，中央文献出版社、中国方正出版社2016年版，第61页。

② 江西省团校共青团理论研究中心、江西共青团和青年工作理论研究会编：《共青团章程汇编——共青团早期临时章程至共青团十八大章程》，江西人民出版社2018年版，第214页。

③ 阿东：《在习近平新时代中国特色社会主义思想指引下 动员引领广大青年为全面建设社会主义现代化国家而团结奋斗——在中国共产主义青年团第十九次全国代表大会上的报告》，《中国青年报》2023年6月26日。

明确了团内规章制度建设的指导思想、目标要求和预期取得的成效，系统性地部署了需要重点关注和加快建设的体制机制，推动团内规章制度建设提质提速。

2. 突破重点领域，筑牢团内规章制度的“四梁八柱”

新时代以来，尤其是团十八大后，团中央在重点领域条例的制定上取得了突破。2018年以来，《中国共产主义青年团支部工作条例（试行）》《中国共产主义青年团干部教育培训工作条例（试行）》《中国共产主义青年团中央委员会工作条例》《中国共产主义青年团重大事项请示报告条例》《中国共产主义青年团纪律处分条例（试行）》等条例集中出台，填补了之前一些重要领域在条例上的空白，在组织规章、职能建设规章、自身建设规章和监督保障规章中逐步形成了条例骨架。此外，《中国共产主义青年团地方各级代表大会组织选举规则（暂行）》《中国共产主义青年团发展团员工作细则（试行）》等团内规章或升格或完善，进一步充盈了团内规章制度的体系肌理。

3. 强化法治意识，统筹激励约束机制协调发展

2021年团中央制定了《中国共产主义青年团团内规章制定条例（试行）》，明确规定了团内规章的种类形式、主要作用、制定原则、制定权限等基本问题，同时规范了团内规章的规划、制定、审批等程序性问题，共青团第一次有了自己的“立法法”。

新时代以来，共青团不仅重视使用团内规章制度的刚性约束力，也善于发挥团内规章制度的教育引领力。不仅出台了《中国共产主义青年团纪律处分条例（试行）》《关于提高政治站位改进工作作风的六条规定》等严肃纪律作风的约束性规定，还出台了《全国青年岗位能手评选

表彰管理办法》《青年安全生产示范岗创建活动管理办法》等具有激励性质的规章制度，并对《全国五四红旗团委（团支部）、全国优秀共青团员、全国优秀共青团干部评选表彰工作办法》《青年文明号活动管理办法》等已经实施的激励性规章进行了修订，进一步激发了青年积极主动做好共青团工作的内生动力和岗位荣誉感。

中国特色社会主义新时代，中国共青团坚持党建带团建，把党的要求贯彻落实到团的建设之中，努力做到从严治团、依规治团，在团内规章制度的发展上取得了长足的进步。

五、有效做法

“法与时转则治，治与世宜则有功”。百年来共青团完善制度工作法取得的成就，是一代代共青团人接续奋斗的结果，既要善于发扬历史智慧，也要善于把握时代脉搏。新时代团内规章制度建设要坚持正确的方向，一方面要善于继承经验，坚持过去行之有效的制度规定，不随意动摇；另一方面要坚持守正创新，结合新的时代特点与时俱进，找到新的发力点。

1. 始终坚持服务全面从严治团需要

严肃团的纪律，是中国共青团自建立之时就极为重视的准则。“徒善不足以为政，徒法不能以自行”。从严管团治团，不仅要靠教育形成思想上的自觉，也要靠规矩增加行为上的约束。规章制度是一种更为长远、根本的策略，它构成了从严治团中的刚性部分。在历史实践中，团内规章制度作为一种有效方式被运用在管团治团的工作之中，在对标全面从严治党经验做法的过程中，逐步形成了“依规治团”的理念。依规治团，是内含于全面从严治团框架之中的，是后者的制度保障，二者呈现出手段和目的的关系。一方面，没有全面从严治团的要求，就没有依规治团理念的提出，全面从严治团推进的需要构成了依规治团水平提升的出发点；另一方面，没有规章制度的支撑，全面从严治团的各种设想就很难落到实处，依规治团水平的提升扎稳了全面从严治团的落脚点。新时代推进团内规章制度建设，必须处理好二者的关系，使之同频共振、携手共进。

2. 始终坚持围绕团的历史任务

在共青团百年奋斗的壮阔历程中，始终坚持围绕团的历史任务展开各项工作，将围绕中心、服务大局作为工作的主线，稳步推进团的事业向前发展。“一个理性的组织，常常根据内外部情况的变化，有目的、有计划地改变其组织的内在结构、行为和运作流程，促成某种新的平衡状态的形成，从而适应客观发展的需要，更好地实现组织目标”[①]。团在不同阶段的基本任务和工作重点是各有侧重、因时变化的，团内规章制度的建设也必须立足实际，应势而动、随势而行。进入新时代，面对中华民族伟大复兴战略全局和世界百年未有之大变局，识变应变、主动求变已经成为常态，对团运用规章制度推进中心工作开展的能力提出了更高的要求。新时代以来，一些新举措、新制度集中出台，带来了团内规章制度建设的新气象。但是，我们仍要清楚，不论形势如何变幻，团的基本属性、团的指导思想、团的组织原则、团的根本任务、团的奋斗主

① 胡献忠：《组织治理视域下中国共青团自身建设的百年历程与逻辑》，《中国青年研究》2022年第4期。

题等基本要素始终未变；听党话、跟党走的政治生命，党有号召、团有行动的政治信念始终未变；投身民族复兴的奋斗主题、扎根青年的活力之源始终未变。这些都是开展团内规章制度建设时所必须坚守的基本底线。应对考验挑战，要统筹原则性和灵活性。既要有坚定不移之心，保持政治定力，把定长远目标不偏移；又要有乘势而上之能，做到随机应变，化解现实问题于当下。

3. 始终坚持立足团的建设实际

习近平总书记多次强调，“制度不在多，而在于精，在于务实管用，突出针对性和指导性”[①]。团的建设是一项系统性、长期性的工程，团内规章制度建设也是这个大工程中的一部分，承担着为整体建设保驾护航的重要责任。突出团内规章制度的务实性，就必然要紧密联系团的建设实际。回顾历史，团内规章制度本身就是为了规范团的建设和团的活动，引领和约束团员、团干部的行为而产生的，从一开始就不可能同团的建设的整体任务割裂开来。革命年代，团内规章制度被视为严明革命纪律、支撑革命行动的重要手段；新中国成立后，团内规章制度又被视为加强团的领导、团结青年投身建设的有效方式；改革开放后，尤其是进入新时代后，团内规章制度又被视为全面从严治团、提升团的建设科学化规范化的主要工具。因此，必须坚持系统性思维，从团的建设全局出发，将团内规章制度建设自觉贯穿于团的其他建设之中，充分发挥协调辅助、保障引领的作用，在整体中谋发展、在全局中求进步。

---

① 中共中央纪律检查委员会、中共中央文献研究室编：《习近平关于严明党的纪律和规矩论述摘编》，中央文献出版社、中国方正出版社2016年版，第55页。

4. 以团章为统领整体提升

中国共青团章程是由中国共青团全国代表大会制定，集中体现团的统一意志，对团的性质和宗旨、路线和纲领、指导思想和奋斗目标、组织原则和组织机构、团员义务和权利以及团的纪律等作出根本规定的团内规章。从法治角度而言，团章就是团内的“宪法”“母法”，是整个规章体系的核心与根基，任何其他的规章制度都不得与团章相抵触，而一旦与团章相违背则会失去自身的合法性基础。从制度角度而言，团章所确立的各项制度要求具有根本性和全局性，它设定出一个时期内共青团建设的基本任务和主要目标，会直接影响一个时期内团内规章制度建设的整体规划和工作重心。团章的每一次大的修改完善都会引领团内规章制度的一次大发展，加速团内规章制度走向健全的进程。在新时代筑牢全面从严治团基础、推动依规治团发展，必须深刻认识团章在团内规章制度体系中的核心地位，继续坚持对团章进行高质量的修订与完善，充分发挥团章统领团内立法的优势；必须坚持体系建设，锚定质量提升，完善基础性制度、补足主干性制度、补强执行层面制度，提升团内规章制度体系整体框架的科学性和合理性。

5. 加强对团员团干的教育

规章制度的意义不仅在于规范行为和惩戒错误，更在于教育成员和引领行为。人们对法的遵循，不仅来自法的权威性和强制力，更来自人们对法治的信仰与认同。习近平总书记指出，帮助广大青年树立正确的理想、坚定的信念，是党对共青团工作第一位的要求，应当作为团组织的首要任务。只有全体团员干部将团内规章制度所承载的价值理念和目标追求内化于心，提升依规行事的意识和自觉，团内规章制度才能真正落到实处，发挥出应有的作用。加强团内规章制度教育，一方面是加强正面教育，引导团员干部严格按照规章制度的要求开展各项工作，能够对标要求对自己行为进行价值评价和结果预测；另一方面是加强反面警示，依据规章对团员、团干和团组织的违规行为进行否定评价，进行及时通报，对其他的组织和个人起到警示和劝诫的作用，通过正反两方面的教育提高团员干部的法治自觉。

6. 结合基层实际出台务实管用的规章制度

共青团组织的规章制度在坚持原则性的前提下，也注重灵活性。这里的灵活性就在于各项规章制度的落实要与基层实际相统一，要在共青团开展工作的基层实际中务实、管用，发挥效果。截至2022年12月，全国共有共青团组织409.3万个。其中，团的地方委员会0.3万个，基层团（工）委18.9万个，团（总）支部390.1万个。根据基层团组织服务青年的情况，可以划分为学校、机关、事业单位、国有企业团组织和非公领域经济组织、社会组织、产业园区、商务楼宇、市场商圈等新兴领域的团组织以及农村团组织等。不同层级、不同领域的团组织在具体规章制度上也有相应的调适。以共青团的“三会二制一课”制度为例，不同的基层团组织在具体落实这一制度时，需要结合工作实际，进一步作出相应的具体规定、细则和要求，并使其与基层团组织工作计划紧密联系，便于操作。

7. 从严从实提升实施效果

习近平总书记强调，“法律的生命力在于实施，法律的权威也在于实施”[①]。一方面，要筑牢扎实的基础。新时代以来，经过多年的努力，团内规章制度已经得到了很大的丰富。但需要看到，现阶段团内规章制度的执行机制还不够健全，对规章制度的立、改、废、释全周期的程序性规定还相对匮乏薄弱，缺乏整体性和联动性。陈旧的规章得不到及时清理，会在新规章与旧规章之间产生矛盾，造成适用上的困惑；过时的条文得不到适时修订，会使规章的适用偏离预期，造成权威性上的损害；存疑的事项得不到肯定的解释，会使规章的适用失去标准，造成结果上的偏差，必须继续完善团内规章制度的执行程序。另一方面，要突出严的要求。在今后的团内规章制度建设中，要继续加强对团内规章制度实施过程的监督考核，明确责任、严明奖惩，建立科学合理的考核体系和评价体系。要突出维护团内规章制度的严肃性，有规章就要坚决执行，不能降标准、卖人情，保证团内规章制度执行到位、显现实效。

① 中共中央宣传部、中央全面依法治国委员会办公室编：《习近平法治思想学习纲要》，人民出版社、学习出版社2021年版，第83页。

第八章

办实事解难事工作法

团十九大报告指出："深入分析青年分散化、多样化需求背后的普遍性、紧迫性诉求，大力创新服务理念、工作机制、技术手段，不断提升有限资源约束下服务青年的实效。"[①]这就要求共青团提高为青年办实事、解难事的主动性和自觉性。

为青年办实事、解难事，是共青团组织的重要功能之一，也是共青团开展青年工作的重要方法。民心是最大的政治，赢得青年必须想青年之所想，竭诚为青年群众排忧解难。百年来，共青团始终把为青年办实事、解难事作为安身立命之本，将其作为共青团组织发展的生命线，正如习近平总书记所指出的："团的最大优势在于遍布基层一线、深入青年身边。要紧扣服务青年的工作生命线，履行巩固和扩大党执政的青年群众基础这一政治责任，既把青年的温度如实告诉党，也把党的温暖充分传递给青年。要千方百计为青年办实情、解难事，主动想青年之所想、急青年之所急，充分依托党赋予的资源和渠道，为青年提供实实在在的帮助，让广大青年真切感受到党的关爱就在身边、关怀就在眼前！"[②]

"实事"和"难事"在本质上讲都是对青年需要的一种描述和定义，

---

① 阿东：《在习近平新时代中国特色社会主义思想指引下　动员引领广大青年为全面建设社会主义现代化国家而团结奋斗——在中国共产主义青年团第十九次全国代表大会上的报告》，《中国青年报》2023年6月26日。

② 习近平：《论党的青年工作》，中央文献出版社2022年版，第9页。

只不过在程度上略有不同。对此我们可以基于“对立性”思维来理解这两个概念，“实事”的对立面就是“花架子”“形式主义”，“难事”的对立面就是“简单易行”之事。也就是说，为青年办实事、解难事，就是要避免“花架子”“形式主义”，避免简单重复、粗枝大叶，要把握青年需求结构中最重要、最急切、最紧迫的事项，发挥共青团的组织优势和组织功能，及时跟进、帮助解决青年群众的急难愁盼问题，持之以恒，久久为功，建章立制，创新渠道，不断提升共青团专业化服务能力和青年公共产品供给能力，为青年成长发展提供更为广阔的实践空间、更为完善的体制保障、更为充分的社会机会。为论述方便，本章将“实事”“难事”作为一个有机整体来阐释，将其置于青年需求结构中进行分析。

一、工作原理

工作方法的科学性，首先是建立在该方法在理论基础的科学性上，并且该方法在工作实践中得到进一步检验和发展。共青团办实事解难事工作法同样建立在扎实的理论根基上，内含多维度的工作原理和思想意涵，对此可以从以下四个方面来理解。

1. 马克思主义群众观与办实事解难事工作法

共青团是马克思主义政党青年组织，马克思主义群众观是共青团开展青年群众工作的理论基石，是办实事解难事工作法的理论基础。群众观点是马克思主义的基本观点，人民立场是马克思主义的根本立场。马克思主义认为，历史无外乎人通过人的劳动而创造的，人民群众是历史的真正创造者，历史运动的扩大必然伴随着群众运动的扩大。马克思主义政党来自人民，以实现无产阶级解放和劳动解放为最终使命，而要实现这一目标，马克思主义政党就必须将人民群众有力组织和动员起来，把分散的群众聚合为整体性的人民，构建起以马克思主义政党为轴心的群众共同体。

在中国共产党的组织体系和群众工作网络中，共青团在组织青年、团结青年、引领青年、整合青年等方面发挥了十分重要的作用，是中国共产党组织体系的重要组成部分。习近平总书记强调："青年在哪里，团组织就建在哪里；青年有什么需求，团组织就要开展有针对性的工作，努力使团组织成为联系和服务青年的坚强堡垒。"[①]在党的领导下，共青团将各界青年群众和广大先进青年聚合在党的旗帜下，构建起以政党为中轴的青年共同体，从而使青年的长远利益同中国特色社会主义事业的长远目标相贯通，使青年的具体利益同党和国家发展的现实任务相衔接。共青团坚持走群众路线，推动马克思主义群众观点转化成为青年办实事解难事的具体行动，推动"人民至上"的政治理念转化为促进青年发展的政策体系和工作体系，这不仅是因为党团之间在价值目标、理论基础和政治立场上具有根本一致性，更为重要的是，只有将马克思主义群众观点和原则有效转化为满足青年群众多维度、多层次、多样化需要的具体行动，才能为维系青年共同体的稳定性、持久性和活力提供最为根本的物质保证和最为坚实的制度基础。在此意义上，为青年办实事解难事绝不是"短期之举"，而是关乎党长期执政基础巩固和强化的重大战略性举措，是中国共青团职能体系的核心要素。习近平总书记对此提出明确要求："群团组织要强化服务意识，提升服务能力……

① 习近平：《论党的青年工作》，中央文献出版社2022年版，第31页。

更多把注意力放在困难群众身上，努力为群众排忧解难，成为群众信得过、靠得住、离不开的知心人、贴心人。”[①]

2. 青年发展理论与办实事解难事工作法

从现实性角度看，为青年办实事解难事就是破解制约青年发展的社会性问题和体制性障碍。青年发展问题是关系中国特色社会主义事业长远发展的重大战略性问题。国家要发展，青年首先要发展。2017年，党中央、国务院印发新中国历史上第一个青年发展规划，构建起促进青年发展的政策支持体系和组织领导机制，第一次将青年发展上升为国家战略。

促进青年发展是一项系统化工程，为青年办实事解难事是促进青年发展的题中之义。一方面，青年发展的本质就是破解青年问题，而青年问题又是社会问题的一部分，不同类型的社会问题都以不同形式投射到青年问题领域，“青年问题是社会问题最直接和最明显的外在表征，青年问题的减缓和解决有赖于相关社会问题的减缓和解决。青年问题一般不会独立于社会问题而单独存在和发展，往往有可能诱发和加剧社会问题，当前尤其呈现出青年问题与社会问题同构互促的典型特征”[②]。因此，促进和实现青年发展，必须从破解制约青年发展的社会问题和体制机制障碍入手，发挥共青团组织桥梁纽带作用和政治势能优势，推动党、政府、社会、市场等各类主体形成解决青年问题的政策合力和工作合力。另一方面，青年发展具有社会历史性，“人的自由全面发展不是一种应当确立的状况，生硬地让现实与之相适应，而是体现为个人和社

① 习近平：《论党的青年工作》，中央文献出版社2022年版，第109页。
② 邓希泉：《青年发展理论的基本问题研究》，《中国青年社会科学》2018年第1期。

会的具体行动，这构成了人自由全面发展的实际运动过程，所以人的自由全面发展的内容和水平（程度）都是开放的，呈现为不断进步的历史过程，这也就是说，人的彻底解放、自由全面发展这一理想目标的实现是一个由社会进步不断积累起来的过程，是历史长期发展的结果”[①]。也就是说，每一代青年所面临的发展问题是不同的，发展的环境和条件也是不同的，青年发展就是在解决一个又一个问题、困难和挑战的过程中实现的。在此过程中，共青团组织发挥价值引导、资源整合、社会动员、政策支持等职责作用，为青年办实事解难事就是其中之一。

3. 利益代表理论与办实事解难事工作法

社会存在决定社会意识，思想离开利益就会使自己出丑，任何一个组织既是价值观念的共同体，也是共同利益的集合体。共青团是中国青年的组织，代表青年利益、维护青年利益、实现青年利益、增进青年利益是共青团组织的重要职责。利益代表理论认为，社会成员基于共同利益、共识性价值和规则形成共同体，并且会将个体利益委托给共同体，由共同体来代表、维护、实现每一个个体成员的具体利益，所谓“代表”，“就是将缺席之物呈现出来，当然不是直接的呈现，而是通过某种中介间接地呈现”[②]。共青团就是类似于连接政党、国家和青年群众的“中介性”“代表性”组织，共青团既要向上反映青年群众的利益关切和诉求，同时也要不断开发和创新共青团组织的服务功能及其实现形式，提升为青年群众办实事解难事的专业化能力和规范化水平。总体观

---

① 徐先艳、王义军：《马克思主义人的自由全面发展理论与新时代青年发展》，《中国青年研究》2018年第8期。

② 陈明明、陈远星：《代议制政府与代表制政府：一个理论和历史的比较》，《学术月刊》2021年第7期。

之，共青团通过服务功能帮助青年办实事解难事的方式方法主要有七种类型，一是发现服务需求，二是提供服务平台，三是创设服务机制，四是建立服务阵地，五是打造服务品牌，六是供给服务资源，七是管理服务载体，这些服务青年的方式方法具有适应性、整合性、交叉性、开拓性等特点，是共青团办实事解难事工作法的基本实现形式。[①]

4. 情感治理理论与办实事解难事工作法

情感治理是基于中国历史传统、民族精神和道德力量而形成的一种具有中国特色的治理方式，实现了对西方科层化治理理论与实践模式的超越。所谓情感治理，是指在日常人情事理处置过程中，主事组织与主事人运用以心换心的思维、以情换情的方式、以德报怨的方法、以情感人的境界，在遵循既有科层制法理规则与程序基础上，推动涉及人情事理的多方主体相互体谅、相互理解、相互支持、相互合作，进而达成整个社会的人情事理都得到有效处置、人心民风得到教化熏陶、社会秩序得到安定保障、发展绩效得到有机提升的和睦和谐和合的目标和状态。[②]共青团是青年的组织，为青年排忧解难是共青团组织的本分和天职。但是，共青团组织不是权威性的权力机关，也不是科层化的行政机关，作为群团组织，共青团在解决青年问题时能力、资源、条件、载体等都相对有限，难以解决青年发展中面临的所有问题。这就要求共青团组织和广大共青团干部有足够的耐心、细心、恒心为青年做好解释说明、教育引导等工作，带着感情和温度做青年工作，带着信任和真诚与青年交朋友，不能急于求成，搞形式主义、花架子，增进青年对共青团

---

① 参见孙鹏：《共青团服务青年的方式方法研究：理论、形态与发展》，《中国青年研究》2020年第4期。

② 参见唐亚林：《当代中国政治发展的逻辑》，上海人民出版社2019年版，第286页。

工作的理解和认同。对此，习近平总书记特别强调："工会、共青团、妇联开展的机关干部下基层活动要常态化、制度化，成为每个干部的习惯和自觉，大部分工作时间要到工人、青年、妇女中去。下去了，不要走马观花，不要蜻蜓点水，不要前呼后拥，而是要深入基层群众，掌握第一手材料，推动解决群众需要解决的问题。"①

二、功能作用

办实事解难事工作法是共青团工作的基础性工作方法，也是共青团组织开展青年工作的独特政治优势、制度优势和能力优势，具有多方面的功能作用。

1. 满足青年需要的功能

马斯洛需求层次理论认为，个体的需要具有结构性、递进性和发展性，当低层次需要得到满足以后，高层次需要就会占据主导地位。人类社会就是在满足低层次需要基础上实现高层次需要的过程中不断发展和进步的。这一原理同样适用于青年。青年需要既与人民群众的共同性需要具有一致性，也有青年群团自身的特殊性特点。一方面，人民日益增长的美好生活需要是青年需要的重要内容，比如公平的制度环境、高质量的国民教育、生态良好的自然环境、平等参与的政治机会等。另一方面，青年需要也有自身特点，比如张扬个性的需要、利益表达的需要、

① 中共中央文献研究室编：《习近平关于青少年和共青团工作论述摘编》，中央文献出版社2017年版，第74—75页。

自主结社的需要、创新创造的需要等。其中有一些需要是短期内可以解决和满足的，有一些则需要久久为功，待条件成熟后才能实现。这就要求共青团在工作设计中要坚持问题导向，坚持青年本位，对于那些在短期内能够解决的问题要努力实现最好的结果，对于那些短期内难以解决的问题要做好解释说明工作。

2. 增进政治认同功能

马克思主义唯物史观认为，物质决定意识，经济基础决定上层建筑。思想政治引领是共青团工作的生命线，要不断增进广大青年对中国特色社会主义的政治认同、历史认同、理论认同和实践认同。社会逻辑决定政治逻辑，政治认同必须建立在坚实的物质利益基础上。群团组织政治性功能的实现，必须以社会性功能的开发和拓展为基础。共青团为青年办实事解难事，不仅能够在短期内增进青年的切身利益，而且从长远看能够为广大青年坚定政治认同奠定坚实的物质基础。这就要求共青团把解决青年利益问题和青年思想问题有机结合起来，在办实事解难事中宣传党的政策主张，亮明团干部的政治身份，倾听青年群众的意见和建议，拓展青年利益的实现渠道，在为青年解决实际问题中实现共青团组织的政治引领和价值引领功能。

3. 促进青年发展功能

当青年的现实利益、具体利益得到满足，政治价值观引导就建立在扎实的物质基础之上，两者共同构筑起支撑青年发展的两大基础性要素。共青团办实事解难事工作法是促进青年发展的具体化实现路径，是行之有效的工作方法。习近平总书记强调："青年处于人生道路的起步阶段，在学习、工作、生活方面往往会遇到各种困难和苦恼，需要社会及时伸出援手。当代青年遇到了很多我们过去从未遇到过的困难。压力是青年成长的动力，而在青年成长的关键处、要紧时拉一把、帮一下，则可能是青年顶过压力、发展成才的重要支点。我们要关注青年所思、所忧、所盼，帮助青年解决好他们在毕业求职、创新创业、社会融入、婚恋交友、老人赡养、子女教育等方面的操心事、烦心事，努力为青年创造良好发展条件，让他们感受到关爱就在身边、关怀就在眼前。”[①] 共青团为青年办实事解难事，就是在精准识别问题的基础上为促进和实现青年发展保驾护航。

4. 推动组织再造功能

青年需要的多样性、层次性，共青团工作资源的有效性和不平衡性，社会转型的深刻性和复杂性，共同决定了共青团在运用办实事解难事工作法时，不能简单依托科层体制来运转，必须深化改革创新，推动共青团青年组织再造。一是组织体系再造，构建扁平化的共青团组织形态，形成以共青团组织为圆心、以青年社会组织为半径的青年工作网络体系；二是职能体系再造，完善共青团青年工作职能布局，结合青年需要的新发展和新特点拓展组织功能，创新组织功能实现方式；三是流程体系再造，坚持以青年为中心的改革导向，建立健全青年参与共青团事务机制，充分发挥互联网、数字化等技术优势，打造“互联网+”共青团。办实事解难事对共青团工作和共青团干部的专业性提出了更高的要求，这就要求共青团组织全面检视短板，深化改革创新，推动组织体系、职能体系和流程体系的全面再造，建设服务型马克思主义政党青年组织。

---

① 习近平:《论党的青年工作》，中央文献出版社2022年版，第215页。

三、宝贵经验

百年来，共青团始终把办实事解难事作为青年工作的价值主线和实践主题。进入改革开放新时期，中国共青团在党的领导下，把为青年办实事解难事与促进青年发展有机结合起来，在社会主义经济建设、政治建设、文化建设等领域全面拓展青年发展空间，在此过程中共青团组织创造性运用为青年办实事解难事工作法，形成了宝贵的实践经验。

1. 办实事解难事工作法的价值归宿是促进人的发展

实现人的解放和自由全面发展是人类社会的不懈追求，也是马克思主义政党的最高使命。《共产党宣言》中有一句名言："代替那存在着阶级和阶级对立的资产阶级旧社会的，将是这样一个联合体，在那里，每个人的自由发展是一切人的自由发展的条件。"[①] 马克思、恩格斯高度重视人的发展问题，他们认为政治革命和社会革命都是为了人的解放和全面发展，而人的本质力量的发展是人的发展的本质。共产主义则把每个人的充分发展作为一切活动的目的和尺度，经济的增长、消费能力的提高，只有在把人当作目的而不是使之变得更加畸形和受到更大毁损的情况下，才具有真正的价值。人的发展是一个过程，本身就是人始终努力追求的目标，它是没有限制的，是一种日益充分的发展。[②]

---

① 《马克思恩格斯文集》第二卷，人民出版社2009年版，第53页。
② 参见袁贵仁：《马克思主义人学理论研究》，北京师范大学出版社2012年版，第270页。

人的发展问题可划分为多种类型：按内容标准可分为政治发展、经济发展、精神发展等，按时序标准可分为短期发展、中长期发展等，按对象标准可分为青年发展、成年发展、老年发展等。青年发展问题是其他领域发展问题的集合，青年发展的实现程度对国家社会的发展具有深远影响。一方面，青年时期正值一个人从儿童期向成年期转型的过渡阶段，青年人的世界观、人生观、价值观尚未完全定型，青年的社会化水平和社会参与能力还比较低，党和政府通过一系列的政策建构帮助青年树立科学的人生价值观和远大的人生理想，提高青年的社会化发展水平，可以有减少青年个体成长中的“烦恼”，降低青年教育和青年发展过程中的社会成本与风险因素。可以说，青年个体的发展路向决定了青年一生的发展轨迹，青年群体的发展方向决定了全民族的历史命运。另一方面，青年的发展问题具有综合性、复杂性、共时性等特点，其他社会阶层、社会领域的发展问题在青年群体中同样存在，甚至更为突出。青年发展问题不仅是个别群体的社会性问题，更是关系到党和国家长治久安的政治性问题。过去几年中东一些国家相继爆发的“颜色革命”告诫我们，如果对青年发展的合理诉求视而不见，对青年发展中积累的矛盾问题避而不谈，青年群体就会因对现实不满而引发社会逆动员，甚至威胁国家政治安全。有学者指出：引发社会逆动员的原因很多，但是归结到一点，还是社会发展中不断凸显的不平等问题以及社会制度不完善环境下一些人的利益被侵害的问题。这些问题在改革开放中会随着人们的被剥夺感进一步激化和凸显。[①]

---

① 蔡志强：《社会动员论——基于治理现代化的视角》，江苏人民出版社2015年版，第221页。

2. 促进青年发展必须运用好办实事解难事工作法

1978年以来，中国共产党主要在国家经济建设、政治改革、意识形态建设等领域完善青年发展政策，为青年发展拓展空间。在此过程中，共青团组织充分运用办实事解难事工作法，为促进青年发展厚植基础、创造条件。

在经济方面，经济工作是党的中心工作，1978年党的十一届三中全会提出将党的工作重心转移到经济建设上来，解放和发展社会生产力、建设社会主义现代化强国成为全党、全社会的一致共识。党中央在提出经济建设目标任务的同时，也论及了共青团和中国青年在社会主义经济建设中的地位与作用，要求共青团在社会主义经济建设的中心工作中找准定位，主动嵌入，团结动员广大青年投身社会主义现代化建设的伟大实践，在国家现代化建设进程中实现青年个体的成长发展与进步。正如邓小平所言："现在，每一个党员、团员，每一个爱国的公民，都必须在党和政府的统一领导下，克服一切困难，千方百计地为实现四个现代化贡献出一切力量。"[①] 在此背景下，共青团准确把握时代发展的脉搏和当代中国的走向，积极主动嵌入改革开放的大格局之中，在"发挥青年的创造力"和"发展社会生产力"之间架起一道桥梁；共青团聚焦青年的专业化成长，以技术、行业、职业等为要素，以竞赛、引导、服务等为手段，帮助青年实现专业化、职业化的发展。

在民主政治方面，从政治学角度看，青年是具有政治人格的特殊社会群体，青年是指获得政治选举权但还没有完成成家立业等重要人生任务的一群人。政治青年期是一个人政治成熟的过渡阶段，是政治公民的

---

① 《邓小平文选》第二卷，人民出版社1994年版，第163页。

过渡期。这个阶段的本质是青年利益的呈现、表达与社会磨合以达到和谐均衡状态的阶段。[①]1978年党的十一届三中全会后，党认真总结“文化大革命”期间青年学生政治教育和政治动员的经验教训，重新确立了共青团在青年政治参与中的组织核心地位。在党的领导下，共青团在党和国家政治生活中的地位得以恢复，共青团的组织体系和活动体系得以重建，党团关系得到新的发展。广大青年以共青团组织为纽带，积极参与国家民主政治生活，并在国家政治体制改革中发挥重要作用。在党团关系重构过程中，共青团始终响应党的号召和要求，不断加强共青团组织的自身建设，努力提高教育引领青年和组织动员青年的能力和本领，在推进共青团组织自身改革转型的同时，也拓展了青年参与国家政治生活的渠道和空间，青年政治意识获得觉醒和发展，政治参与能力也显著增强。

在思想文化方面，意识形态建设是执政党一项极端重要的工作，青年价值观的培育直接关系青年群体的身心健康发展，直接关系全民族的精神风貌。习近平总书记指出：“青年的价值取向决定了未来整个社会的价值取向，而青年又处在价值观形成和确立的时期，抓好这一时期的价值观养成十分重要。这就像穿衣服扣扣子一样，如果第一粒扣子扣错了，剩余的扣子都会扣错。”[②]在改革开放的条件下，社会空间的思想文化结构发生深刻复杂的变化。一方面，在党的持续推动下，解放思想、实事求是的马克思主义思想路线被重新确定为执政党意识形态建设的基本原则；另一方面，随着国门的打开，一大批西方思想文化和意识形态相继涌入，主流意识形态与非主流意识形态、社会主义价值观与资本主

---

① 参见吴庆：《青年政治参与与共青团工作》，中国青年出版社2015年版，第228页。
② 习近平：《青年要自觉践行社会主义核心价值观——在北京大学师生座谈会上的讲话》，《人民日报》2014年5月5日。

义、马克思主义指导思想与非马克思主义社会思潮共存，思想文化领域呈现出复杂而紧张的格局。大气候必然影响小环境。青年群体的思想特点、群体结构、利益诉求、发展目标也同样发生深刻变化。在此背景下，党和共青团及时调整青年思想政治引领的工作策略和方式方法，化被动为主动，化机遇为挑战，增强青年思想政治教育的亲和力和针对性，青年个体的思想观念和价值体系逐渐融入党的政治愿景和国家理想之中，青年与政党和国家在价值维度上实现了同构一体，青年对中国特色社会主义的政治认同显著提高。

3. 办实事解难事推动共青团组织形态转型

组织结构决定组织功能的实现方式。提升共青团为青年办实事解难事的专业化能力，倒逼共青团组织形态改革创新。以1978年党的十一届三中全会为分水岭，“改革”取代“革命”，成为中共话语体系的主题词。“改革”与转义“革命”相同，都是意指生产关系和生产方式的变革，旨在扫除生产力发展的体制和制度障碍。[①]政治话语体系的调整，一方面体现了党顺应时代发展潮流，将马克思主义普遍原理与中国社会主义建设实际相结合的理论自信和实践自信，以及探索走中国特色社会主义道路的信心和决心；另一方面也反映出党对建设社会主义现代化国家，释放和发挥社会主义制度优越性的迫切期望。改革开放是当代中国发展进步最鲜明的特点，关乎中国特色社会主义事业成功。此次会议后，共青团改革同国家政治体制、经济体制、文化体制、社会管理体制和党的领导体制改革一道，被纳入国家改革的行动方略。

---

① 参见兰夕雨、陈金龙：《中国共产党政治话语的演进：从“革命”、“继续革命”到“改革”》，《中国特色社会主义研究》2014年第1期。

经济转轨推动政治改革。共青团领域的系统改革正式起步于1988年团十二大，党中央在团十二大祝词中指出："共青团要积极地有步骤地进行团的体制改革，积极参与社会协商对话、民主管理和民主监督，把工作重点放在基层，克服脱离青年的行政化倾向。要更好地代表和维护青年的切身利益和合法权益，活跃团的生活，严格团的纪律，努力改变许多基层团组织松散的现象。团的一切工作和活动都要从实际出发，体现青年特点，使共青团组织真正成为青年之友和团员之家。"团十二大提出共青团体制改革的八项重点任务：一是明确共青团的社会职能；二是确立青年工作的法律地位；三是理顺团与社会各方面的关系；四是参与社会协商对话；五是努力扩大团内民主；六是改革团的组织制度和活动方式；七是改革团的干部人事制度；八是扩大团的活动经费来源。共青团此轮改革推进得较为顺利。

共青团的第二阶段改革主要聚焦机关机构改革，时间跨度从1993年延伸到2001年。在此期间，共青团机关机构改革以"精兵简政""去行政化"为主要目标，在充分发挥共青团政治功能的前提下，完善和拓展共青团的社会功能，更好地发挥党的助手和后备军作用，更好地发挥党和政府联系青年的桥梁和纽带作用，更好地发挥国家政权的重要支柱作用。在此轮改革中，共青团机关尤其是团中央机关的设置发生了很大变化，团的机关更加聚焦青年工作主业，更加侧重服务青年群众，更加符合共青团的组织属性。

2015年中央党的群团工作会议的召开和《中共中央关于加强和改进党的群团工作的意见》的出台，开启了新世纪以来共青团新一轮改革的历史进程。习近平总书记指出："必须注重解决存在的问题，特别是要重点解决脱离群众的问题。工会、共青团、妇联等群团组织要增强自我革新的勇气，抓住巩固和拓展党的群众路线教育实践活动成果、开展‘三严三实’专题教育的时机，在群团组织中深入推动思想教育、问题整改、体制创新，转变思想观念，强化群众意识，改进工作作风，提高工作水平。”此后，共青团改革在上海、重庆两地试点推进。以上海共青团改革为例，从表面上看，确实是具有过去的机构改革的一些特征，但是也存在着巨大的差异，实际上是遵循着新的理念与逻辑，以打破体制区隔与淡化行政级别为内容，克服共青团行政化与机关化为诉求的，迈出了从关键环节入手推动共青团组织形态整体性重塑的实质性第一步。

四、重点项目

中国特色社会主义新时代，共青团中央紧紧围绕党和国家工作大局，聚焦青年发展的国家战略和现实问题，将为青年办实事解难事作为谋划工作的基本出发点和落脚点，以求真务实的精神拓展工作空间，以守正创新的精神完善工作体系，共青团组织为青年办实事解难事的思想自觉和行动自觉进一步提升，在共青团既有的青年工作载体和平台资源基础上，进一步扩展和完善为青年办实事解难事的工作体系，形成了一系列重点工作项目。

1. 新时代青年人才培养工作行动计划

青年人才是国家最为宝贵的战略资源，为青年干事创业、成长成才创造机会、提供平台，是共青团的重要职责。2022年6月，共青团中央印发《共青团做好新时代青年人才培养工作的行动计划》（以下简称《计划》）。《计划》聚焦当前制约青年人才发展的体制机制障碍和问题，结合共青团工作职责和既有工作载体，形成了“一揽子”推动促进青年人才发展的政策框架，构建起以青年政治人才培养为核心，统筹加强青年科技、技能、经营管理、乡村振兴、公益人才培养的“1+5”工作格局。比如针对青年科技工作者存在科研成果转化的难题，《计划》提出构建科技成果直通车工作机制，由中青科协联合中青企协、中央企业青联等相关单位每年开展一项活动，搭建科学家与企业家面对面互动交流，成果对接转化的直通车平台。《计划》发布后，团中央扎实推动各专项计划落实落地，深化推进各项目育人成果的转化：本级制定各类人才相关政策文件和工作指引17份，推动建设骨干人才库14个，直接联系青年人才7000余人，创新打造“青马学员说”“青科讲堂”“青耘中国”“青年发展说”“青社学堂”“伙伴讲堂”等一系列青年喜闻乐见的新品牌。各省充分考虑地区青年现实情况和实际需求，对照《计划》认真研究并统筹做好省内“1+5”人才培养工作，形成一批生动实践。山西、黑龙江、上海、江苏、福建、山东、湖南、四川、甘肃等9个省、市已结合本地区实际出台了《计划》的落实方案，广西、海南、重庆等省、区、市就方案征求相关部门意见；辽宁、安徽、湖南、重庆、四川等5个省、市建立了省内青年人才库，推动人才培养发展有迹可循；21个省级团委被纳入省级人才工作领导小组成员单位。①

2. 加强新时代青年社会组织建设

青年广泛存在于社会组织之中，青年社会组织是青年群众的重要活动空间。改革开放以来，我国青年社会组织规模数量快速发展，界别类

---

① 参见杨宝光：《凝聚青年人才 夯实强国之基 扎实做好新时代青年人才培养工作》，《中国青年报》2023年5月9日。

型日益丰富，同时也存在发展空间有限、发展资源不足、发展动力不强等现实问题。青年社会组织是共青团广泛联系青年群众的重要载体，共青团中央对青年社会组织发展中存在的难题和问题高度重视。2022年7月，团中央印发《共青团中央关于全面加强新时代青年社会组织共青团工作的意见》，提出共青团将协调有关部门加大对青年社会组织发展的资金支持，争取中央及各地财政支持社会组织参与社会服务项目向符合条件的青年社会组织倾斜，鼓励引导社会资金支持青年社会组织发展，推动建立多元化、制度化的资金保障机制。

3. 共青团与人大代表、政协委员面对面活动

在制度化渠道内表达青年利益诉求是共青团的一项重要职责。从2008年开始，团中央启动开展“共青团与人大代表、政协委员面对面”活动，这是共青团践行全过程人民民主的具体体现，是依托人大、政协制度化平台进行政策倡导和社会倡导的主要渠道。2021年12月，团中央就深化此项活动制定专门文件，作出重要部署，强调该活动要坚持以人民为中心的发展思想，积极倡导和践行青年优先发展理念，围绕中长期青年发展规划确定的发展领域和重点项目，聚焦青年成长发展中遇到的急难愁盼问题，以高质量协商代言服务青年高质量发展，让广大青年充分感受到党的关怀和社会主义大家庭的温暖。

4. 12355青少年服务台

“12355青少年服务台”，原名“12355青少年维权和心理咨询服务热线”，是共青团中央设立的专门面向青少年提供服务的热线电话，该热线的开通旨在为青少年提供心理咨询服务和法律咨询援助，及时掌握青少年思想动态和现实需求，引导青少年依法反映诉求，有效化解社会

不稳定因素，巩固党执政的青年群众基础，促进社会和谐；帮助智慧团建问题解决；改进服务青少年的途径和方式，及时为他们提供多方面的服务，动员社会力量帮助他们解决实际困难和问题，促进青少年健康成长。2020年4月，团中央印发《关于加强新时代12355青少年服务台建设的意见》，提出巩固法律、心理等传统服务领域，继续深化寒暑假青春自护、关爱进城务工青年及随迁子女、中高考心理减压等专项行动；以未成年人和学生为重点，开展家庭教育、身心健康、司法保护、预防校园欺凌等方面的咨询服务和个案介入。

5.“童心港湾”关爱农村留守儿童项目

“童心港湾”项目是由共青团中央发起实施，旨在配合农村留守儿童关爱服务体系建设，建设一批常态化服务农村留守儿童的团属阵地。通过组织家访校访、日常陪护、主题活动、志愿服务等，对农村留守儿童进行亲情陪伴、情感关怀、自护教育、励志教育，促进他们健康成长。2021年团中央印发《关于深化共青团“童心港湾”关爱农村留守儿童工作项目的实施意见》，提出到2025年全面实现项目创新升级，建设1000个“童心港湾”项目点，进一步加强项目建设，不断完善工作机制，提升制度化、标准化、专业化水平；进一步创新动员机制和载体，品牌影响力大幅提升，社会参与渠道更加多元化，公众参与面持续扩大；进一步推动项目创新，不断提升公益效能，实现高质量发展。

6. 希望工程公益项目

希望工程是由团中央、中国青少年发展基金会于1989年发起的以救助贫困地区失学少年儿童为目的的一项公益事业。其宗旨是建设希望小学，资助贫困地区失学儿童重返校园，改善农村办学条件。该项目改变了一大批失学儿童的命运，改善了贫困地区的办学条件，唤起了全社会的重教意识，促进了基础教育的发展；弘扬了扶贫济困、助人为乐的优良传统，推动了社会主义精神文明建设。2020年，以习近平总书记寄语希望工程精神为根本遵循，在深入总结希望工程30多年经验的基础上，共青团中央出台《关于大力推进新时代希望工程事业发展的若干意见》，共青团青基会系统规划指导委员会发布了希望工程历史上第一个项目指南《新时代希望工程项目指引（2020—2025年）》，主动适应形势发展要求，把希望工程这一共青团在新时代实现新发展的重要标志性事业办得更好，为青少年提供新助力、播种新希望。

7. 共青团服务大学生就业工作

就业是民生之本，是青年发展之基。近年来，共青团坚持把促进大学生就业作为团的主责主业，全力以赴抓深抓实。特别是近5年，各级团组织、团干部围绕大学生就业，大力实施精准帮扶，强化就业观念引领，帮助大学生提高社会化能力，着力构建起共青团服务大学生就业创业全周期工作链、价值链，有效促进了大学生就业，为党和国家“稳就业”“保就业”工作大局作出了贡献。

一是用心用情用功，千方百计帮助困难家庭学生就业。调研显示，一般院校低收入家庭学生是就业困难的主要群体。团十八大以来，团中央组织号召各级团组织面向建档立卡贫困家庭中的大中专毕业生开展“一对一”就业帮扶。据统计，团十八大至团十九大期间，全团已累计帮助35.99万名困难家庭学生找到满意的工作。

二是帮助大学生提升社会化能力，迈好走向社会的第一步。2019年起大学生实习“扬帆计划”在全国范围内铺开，各级团组织累计组织151.6万名大学生参与各级各类政务实习、企业实习，57.1万名大学生参与职场体验活动，帮助他们提升社会化能力和综合就业能力。

三是为新时代大学生树立正确择业观、就业观、事业观指路引航。2023年，团中央在“促进大学生就业行动”原有的一般院校低收入家庭学生就业帮扶计划、大学生乡村创业帮扶计划、大学生志愿服务西部计划、大学生实习扬帆计划、大学生社区实践计划5项计划基础上，增加“大学生就业引航计划”。通过一系列工作，抓好大学生形势政策教育、思想观念引导和典型宣传引领，引导大学生立足实际、找准定位，树立理性、平实的就业观，主动到基层一线踏实奋斗、成长成才。

四是全面构建共青团促进大学生就业全周期工作链、价值链。“第二课堂成绩单”由团中央和教育部于2018年正式启动，已持续推进4年多，覆盖国内85%以上的高校。这份由团组织出具的对学生在校期间开展社会工作、参与社会实践等情况予以认定的成绩单，正逐渐成为用人单位评估学生的一项重要依据和大学生求职的“敲门砖”。①

五、有效做法

共青团只有真诚服务青年，才能最终赢得青年。服务青年必须强化问题意识，突出问题导向，创新工作方法，用好技术手段，提升专业化水平，完善体制机制，强化组织协同，不断增强共青团为青年办实事解难事的能力和本领。

---

① 杨宝光：《全团凝心聚力用心用情用功帮助大学生就业——共青团促进大学生就业工作综述》，《中国青年报》2023年5月10日。

1. 建设服务型群团组织

建设服务型群团组织是群团工作改革的重要组织目标。习近平总书记在中央党的群团工作会议上强调，必须注重解决存在的问题，特别是要重点解决脱离群众的问题。习近平总书记的重要讲话一语中的、切中要害，既指出了群团工作中的突出矛盾和现实问题，也为群团工作改革指出了明确方向。从组织形态的角度而言，建设服务型群团组织无疑是党的群团工作改革的最佳选项。

服务型群团组织建设的核心理念是“以群众为中心”“以群众为主体”。要在全面深化改革和群团改革的两个大局中把握好服务型群团组织建设的定位和方向，使服务型群团组织建设灵活地嵌入群团工作改革的各个环节之中。比如，在群团活动设计中，要拓宽群众参与机制，以群众的思维、兴趣等设计群团活动，让群众出点子、提建议、谈想法；在群众典型评选中，要引入群众评价机制，设立群众评审委员会，鼓励群众典型与人民群众面对面、话成长；在群团干部培养上，要根据群团组织职能的特殊性，有针对性地培养一批职业化、专家化的社会事务管理和服务的专业人才，提高群团组织服务能力和水平。

2. 提升共青团组织服务青年的专业化能力

要以此轮群团改革为契机，切实提高群团组织服务群众的能力和水平，打造专业化的服务团队，构建完善的群众事务服务体系，以群众高兴不高兴、满意不满意作为评判服务质量和服务能力的首要标准。要在群团组织全覆盖基础上，以“供给侧改革思维”着力解决群团组织服务群众的渠道和载体问题。一方面，要面向群众提供公共服务产品，丰富服务产品的内容和形式，让群众获得实实在在的公共服务和公共产品；

另一方面，要优化服务项目，以群众需求为中心统筹谋划群团组织的服务品牌和服务项目，开发衍生一批满足群众现实需求的公共服务产品。

3. 深化以青年为中心的共青团改革

坚持以青年为中心的改革思想，推进团改事业与青年发展同频共振。党的十九大报告指出，“中国特色社会主义进入新时代，我国社会主要矛盾已经转化为人民日益增长的美好生活需要和不平衡不充分的发展之间的矛盾”，“我们要在继续推动发展的基础上，着力解决好发展不平衡不充分问题，大力提升发展质量和效益，更好满足人民在经济、政治、文化、社会、生态等方面日益增长的需要，更好推动人的全面发展、社会全面进步”。社会主要矛盾的变化是牵动全局的历史性变化，对党和国家各项工作都提出了许多新要求，对共青团改革也提出了许多新要求。

一是要准确研判和把握当代中国青年的发展需要。中国青年发展需要的变化同中国社会主要矛盾的变化具有内在一致性。当前，青年的温饱问题已经解决，总体上达到了小康水平，青年对美好生活的需要特别是全面发展的需要日益广泛和强烈，并集中表现在政治诉求、经济诉求、文化诉求、教育诉求等方面，要建立稳定的青年发展需要的监测评估系统，准确把握中国青年发展需要的阶段性特征、群体性特点、差异化特性，提高共青团专业化服务青年的能力和水平。

二是要认真贯彻落实以青年为中心的发展思想。以青年为中心的发展思想，是以人民为中心的发展思想在党的青年工作中的具体化。要坚持一切为了青年、一切服务青年的马克思主义青年工作观，坚持共享发展理念，解决好服务青年“最后一公里”的短板问题，让更多青年享受到党和国家事业改革发展的成果，让更多青年在共青团改革中获得利益和实惠。

三是将《中长期青年发展规划（2016—2025年）》的实施同共青团改革衔接起来。共青团改革的最终落脚点是促进青年更好地发展进步，青年发展是共青团改革的价值目标，也是衡量共青团改革绩效的关键性指标。

4. 将思想引领与服务青年统一起来

从一定意义上讲，思想引领是建构主流意识形态的政治性活动，思想引领的目标也是政治性目标。当前，思想引领的目标很难直接通过思想教育活动对青年学生产生影响，这就需要拓展高校共青团的“社会性功能”，增强高校共青团服务青年学生能力，在服务中实现思想引领的目标。也就是说，共青团只有首先实现了社会性价值，才能显现出政治性价值。如果根基不牢，远离青年群众，甚至“高位截瘫”，那么这个组织也就失去了对执政党的政治意义。一方面，以基层团组织建设为抓手，健全工作格局、完善服务体系、整合服务资源、搭建服务平台、开发服务清单，使共青团成为公开性的青年服务综合机构；另一方面，要善于“雪中送炭”，及时帮助青年学生摆脱成长烦恼、发展困境和情感忧虑，给予青年以具体的、真实的人文关怀和情感关爱，强化青年学生的现实获得感。

5. 完善共青团青年服务工作的科学评价体系

评价问题是任何一项社会改革工程都不可回避的问题。改革开放初期，邓小平提出的“三个有利于”标准对于人们判断改革开放政策的正当性、合法性提供了重要依据，澄清了人们的思想误区。习近平总书记强调：“要强化监督检查，抓好跟踪督办，建立定期评估机制，及时分析查找存在的问题和原因，增强改革的针对性、科学性、实效性。”[①]共青团青年服务工作并不是共青团“一家之事”，它涉及党政军民学的方方面面，党委、政府、共青团和其他社会组织都要参与、支持共青团青年服务工作。从根本上讲，共青团青年服务工作的绩效应当由人民群众特别是青年群众来评价，广大青年的期待就是共青团青年服务工作的目标。与此同时，党要发挥在共青团青年服务工作中总揽全局、协调各方的作用，各级党委要指导本地区、本部门共青团的具体工作，及时解决共青团工作中面临的障碍和问题，将共青团青年服务工作绩效纳入党委党建工作的年度考核之中；团中央要发挥共青团“牵头作用”，要向省级团委压担子，层层传导压力，共青团中央要科学设计共青团青年服务工作考核评价指标体系，加强对团中央各部门和直属单位、省级团委、中央国家机关团委的监督考核，定期向社会公布共青团各地区、单位和部门的工作绩效；各级共青团组织要畅通青年群众的参与渠道，结合实际组织青年群众共同制订服务青年的工作方案、共同设计工作路线、共同谋划工作蓝图，使共青团青年服务工作真正成为一项青年群众广泛参与的社会化品牌工程。

---

① 中共中央文献研究室编:《习近平关于全面深化改革论述摘编》，中央文献出版社2014年版，第143—144页。

第九章

扎根青年工作法

“扎根”一词由“扎”字和“根”字结合而成。“扎”是一个动词，原意为刺入，引申为由外而内地进入；“根”是一个名词，原意为植物的根部，引申为构成事物的基础性组成部分。“扎”与“根”合起来是一个动宾结构的词语，原本是生物学领域描述植物根系向土壤里生长这一自然现象的专用名词，后借用于社会科学领域，喻指派遣骨干力量深入特定的人或事物中去为更好地开展工作打下基础。团十九大报告鲜明提出：“深化密切联系青年机制，推动团干部进万家门、访万家情、结万家亲，和广大青年打成一片，让扎根青年成为团干部的强烈行动自觉。”[①] 扎根青年工作法作为广大团干部密切联系青年群众的一项基本工作方法，既能够直接开展价值引领、政策宣讲、联系服务，把广大青年更加紧密地团结在党的周围，也能够获取青年群众真实状况的第一手资料，为制定和调适党的青年工作政策提供依据，是群众路线在党的青年工作领域的创造性运用，具有重要理论价值和实践意义。

① 阿东：《在习近平新时代中国特色社会主义思想指引下 动员引领广大青年为全面建设社会主义现代化国家而团结奋斗——在中国共产主义青年团第十九次全国代表大会上的报告》，《中国青年报》2023年6月26日。

一、工作原理

共青团的各级干部骨干主动深入青年群众中去，通过交流、交心、交友等各种方式与青年群众建立起长期密切的联系，是共青团在青年工作领域贯彻党的群众路线、积极适应青年群众特点变化、不断增进对普通青年群众深厚感情的必然要求。

1. 扎根青年是在党的青年工作领域贯彻群众路线的必然要求

群众路线是做好党的一切工作的根本方法。马克思主义认为，人民群众创造了物质财富、精神财富，推动了社会变革，是社会历史的创造者，在社会历史发展过程中具有决定性作用。中国共产党是马克思主义政党，党的根本宗旨是全心全意为人民服务，“为中国人民谋幸福，为中华民族谋复兴”是党的初心使命，随时随地准确感知人民群众的温度是各级党组织和党员干部开展一切工作的根本前提。这也要求中国共产党在根本态度、工作方法和思想认识路线上，必须始终坚持群众路线，即在相信群众、依靠群众、全心全意为人民服务的基础上，采取“从群众中来，到群众中去”的工作方法，即“将群众的意见（分散的无系统的意见）集中起来（经过研究，化为集中的系统的意见），又到群众中去作宣传解释，化为群众的意见，使群众坚持下去，见之于行动，并在群众行动中考验这些意见是否正确。然后再从群众中集中起来，再到群众中坚持下去。如此无限循环，一次比一次地更正确、更生动、更丰富”[1]。践行群众路线的过程实际上改变了对干群关系的抽象理解，把马克思主义政党与人民群众之间的关系原理操作化，帮助各级党员干部生动掌握了开展群众工作的核心要求，懂得了群众工作应该做什么，哪些易做、哪些难做、做到什么程度最适合，成为确保中国共产党在与人民群众密切联系、共同战斗中诞生、发展、壮大、成熟的根本路线。

扎根青年是在党的青年工作领域贯彻群众路线的重要途径。青年群众是人民群众的重要组成部分，青年一代的健康成长和全面发展对于党和人民的事业薪火相传、兴旺发达具有重大战略意义。中国共产党成立以来，不论革命形势和工作任务如何变化，始终把青年群众看作是推动历史发展和社会前进的重要力量，始终把青年工作作为党的一项极为重要的工作，始终把促进青年发展、引导青年成才作为全党的一项重大战略任务。党的十八大以来，习近平总书记多次要求各级党委（党组）倾注极大热忱研究青年成长规律和时代特点，拿出极大精力抓青年工作，做青年朋友的知心人、青年工作的热心人、青年群众的引路人。[2]对于广大团干部而言，要当好党的助手和后备军，发挥好党联系青年的桥梁纽带作用，有效实现对青年一代的引领凝聚、组织动员和联系服务，就必须坚定不移贯彻群众路线，把深入青年群众、依靠青年群众、密切联系青年群众的政治要求，转变为深深扎根青年群众的工作实际，从而及时把握青年群众有什么想法、有什么期望、有什么诉求、有什么困难、有什么不满，准确感知青年群众的政治温度并传递给党，为党制定和执行符合青年人根本利益的政策措施奠定坚实基础。

---

① 《毛泽东选集》第三卷，人民出版社1991年版，第899页。
② 参见习近平：《论党的青年工作》，中央文献出版社2022年版，第12页。

2. 扎根青年是共青团工作适应青年群众特点变化的必然要求

当代中国青年群体特点的持续深刻变化对共青团工作提出了严峻挑战。青年与时代的辩证关系表明，青年的成长发展离不开时代，既需要时代提供成长环境和知识技能，也需要时代提供出彩机遇和施展舞台，可以说是时代造就了青年；时代的进步发展也离不开青年，只有在青年人身上才能源源不断地获得关于未来的共鸣，才能找到催动时代气息“生根发芽”的现实土壤，也可以说是青年成就了时代。从青年自身来看，虽然每一个时代都会塑造独具时代特色的青年，但在同一时代成长起来的青年人往往具有共通的精神气质，因而才能意气相投、情感相通成为同一个社会子群体。从社会整体来看，每一代青年都因吮吸了所处时代的养分而与前代青年形成差异，这种差异在纵向上体现为代际差异（也就是通常所说的“代沟”），在横向上体现为围绕思想观念、思维方式、行为方式与生活方式的明显距离与差别形成彼此相对独立的少年群体、青年群体、中年群体、老年群体。[①]中国共青团成立百年来，在民主革命时期先后经历了五四一代、抗战一代、解放一代等青年代际，新中国成立以来先后出现了“50后”“60后”“70后”“80后”“90后”“00后”青年，基本上青年群体每过十年时间就会与前代青年形成明显的代际差异。

扎根青年是中国共青团历经百年沧桑而青春焕发的秘诀。从扎根对象——青年群众的角度来看，伴随着互联网的兴起和青少年向互联网空间的集聚，当代中国青年普遍且突出地呈现出圈层化现象，即各个行业领域的青年人基于年龄相近形成越来越明显的青年文化圈层化现象。一

---

① 参见王玉香：《基于“后浪”现象的网络社会代沟问题研究》，《中国青年研究》2020年第10期。

方面在圈层内部创造自己的规则和语言，相互之间意气相投、情感相通，另一方面又不愿与圈层外部开展实质交流，形成相对的封闭性。[1]青年群体的圈层化、封闭化趋势，客观上导致党的青年工作面临“被动”脱离青年的问题：青年到哪里去了，找起青年不那么容易了，与青年对话不在一个频道上，在青年聚集的网络空间开展思想政治引领的难度越来越大了，等等，一定程度上增加了团干部融入青年群众的难度。对于共青团组织而言，每一代青年的实际状况是共青团工作有的放矢之“的”，引领凝聚、组织动员、联系服务青年的全部工作都必须以同时代青年的实际状况为根本依据，一切脱离了所处时代青年的实际状况的工作都是无源之水、无本之木。广大团干部只有把对“人民至上”理念的坚持转变为到青年群众中去扎根的实际行动，才能及时了解青年群体的新特点、新变化，深刻把握青年工作的新要求、新规律，不断从广大青年群众的沃土和党的青年工作实践中汲取养分、获取力量，成为青年信得过、靠得住、离不开的贴心人，从而通过把自己的心同身边的青年紧紧连在一起，最终把青年的心同党紧紧连在一起。

3. 扎根青年是增进团干部对普通青年群众感情的必然要求

对青年群众的深厚感情是团干部创造性做好党的青年工作的必备主观条件。人与人之间的正向情感联系，是人类社会和谐运行的润滑剂，也是开展关于人的一切工作的重要现实基础。青年时期是人的一生中精力最充沛、成长最快速的阶段；青年群体最富有生机活力，是决胜未来的战略性因素。团干部作为党的青年工作者，要通过自己的努力工

---

① 刘胜枝：《值得关注的95后群体文化圈层化、封闭化现象》，《人民论坛》2020年第4（下）、5（上）合刊。

作把广大青年紧密团结在党的周围，让他们听党话、跟党走，就必须首先让广大青年像对待家人和朋友那样对待自己；而团干部要让广大青年像对待家人和朋友那样对待自己，就必须在秉持对青年群众的朴素政治情感的同时，通过在党的青年工作实践中持续改造自己的主观世界，不断深化对青年群众和青年工作的理性认识，把自己从事党的青年工作的存在感、价值感、成就感牢固建立在对青年群众的深厚感情基础上。从存在感的角度来看，正因为青年群众的独特群体属性需要外在力量的联系和服务，中国共产党才从做好党的青年工作的政治需要出发，缔造了专门从事党的青年工作的中国共青团，可以说没有青年群众的现实需要就不会有共青团，更不会有团干部；团干部只有努力实现与青年群众的同频共振、同声相应、同气相求，才能完成从青年工作“官”向青年群众“友”的角色转变，在与青年群众交流、交往、交心中找到自身存在的意义。从价值感的角度来看，共青团组织既“被党需要”——“把党的温暖充分传递给青年”，又“被青年需要”——“把青年的温度如实告诉党”，团干部只有常态化了解青年群众的急难愁盼问题，才能真正感受到青年群众的温度并如实告诉党，只有深入学习、充分掌握党的政策，才能充分运用党赋予的资源和渠道为青年提供实实在在的帮助，从而真正把党的温暖充分传递给青年群众。从成就感的角度来看，共青团作为广大青年学习共产主义和中国特色社会主义的政治学校，既是党领导的群团组织，也是青年自己的组织，团干部只有始终站在理想信念的制高点上，在与青年群众相互砥砺的实践过程中引领他们思想进步、帮助他们成长成才，做到以青年的成长和进步为收获，才能真正体会到共青团组织为党育人的成就感。

扎根青年是团干部建立起对青年群众深厚感情的有效途径。团干部对青年群众的深厚感情，是高质量推进党的青年工作的必然要求，然而这种感情不会随着团干部走上工作岗位和获得职务任命而自动产生。习近平总书记要求“团的干部，必须心系广大青年”，必须牢记“任何时候都不能脱离青年”，“如果不能深入广大青年，自说自话，自拉自唱，工作是很难做好的”，[①]实际上强调的就是团干部要通过深深扎根青年群众，及时了解青年群众的新特点、新变化，摸准青年群众的思想脉搏和利益脉搏，更好地了解青年群众的所思所想、所求所盼，从而真正融入青年群众并在他们中间扎下根来。从现实性上来看，作为工作要求的“心系广大青年”，实质上就是强调团干部与青年群众之间建立起深厚感情的必要性。这种情感联系不可能通过苦思冥想来建立，只有在团干部扎根青年群众的过程中才能孕育衍生。团干部特别是各级团的领导干部，“大多比较年轻时就担任了一定职务”[②]，与同一层级的其他党员干部相比，既具有年轻等优势，也具有工作经验不丰富、流动频率较高等劣势，这决定了团干部要做好党的青年工作，必须立足岗位深入青年群众的学习、工作、生活、社交中去，与青年群众打成一片、融成一体，既让自己把青年放在心上，也让青年把自己放在心上，真正建立起与青年群众之间的深厚感情。

二、功能作用

“扎根青年”作为一种具有普遍意义的行之有效的青年工作方法，能够得到广大团干部的垂青和践行，根源在于其能够突破政党和政府普

---

① 习近平:《论党的青年工作》，中央文献出版社2022年版，第37页。
② 习近平:《论党的青年工作》，中央文献出版社2022年版，第39页。

遍采用的科层制度限制，有效密切政党与青年之间的联系，推动青年健康成长和全面发展，显著提升团干部工作能力，实现青年群众与党的青年工作的高效对接。

1. 显著的政治作用：密切党与青年群众的联系

团干部扎根青年能够密切党与青年群众之间的政治联系。青年群体是人民群众面向未来的重要组成部分，蕴藏着引领社会变革、推动社会进步的巨大能量。然而，包括广大青年在内的人民群众，在政治上往往是“沉默的大多数”，只有主动到他们中间去扎根，才能把他们蕴藏的强大能量充分激发出来，引领这支队伍朝着正确方向团结奋进。中国共产党自成立之日起就始终把青年工作作为党的一项极为重要的工作，一方面亲自面向广大青年群众传播马克思主义，唤醒广大青年群众投身革命运动，另一方面从政治上着眼，缔造中国共青团作为党的助手和后备军，推动中国青年运动蓬勃开展。无论革命形势如何险恶，也无论政治形势怎样变化，中国共青团始终秉持党赋予的政治使命，把“从青年群众中来，到青年群众中去”作为根本工作方法，通过与青年群众干在一处、想在一处、苦在一处、乐在一处，持续地唤醒青年群众的政治觉悟、激发青年群众的政治热情、建立青年群众的组织体系、发挥青年群众的政治作用，坚定不移团结带领全国青年按照党指引的方向阔步前进，为中国革命的胜利、为祖国建设、为改革开放和社会主义现代化建设、为党和国家事业取得历史性成就和发生历史性变革，贡献了青春、建立了重要功勋。因此，中国共青团跟党奋斗的百年历史，就是广大团干部通过深入青年群众、扎根青年群众，与一代代青年相互砥砺、共同成长，团结带领广大青年听党话、跟党走，持续夯实和巩固党执政的青年群众基础的历史。

团干部扎根青年能够密切党与青年群众之间的政策联系。中国共产党是以人民为中心的政党，党要维护人民群众根本利益、推动社会进步发展，主要武器就是党的理论和路线方针政策，其中尤以政策最为直接、最为关键。包括广大青年在内的人民群众，对党是否信任和拥护，取决于党的政策是否符合其根本利益，可以说党的政策就是联结党与人民群众的现实纽带。从政策发展的角度来看，中国共青团作为党的助手和后备军，是党的青年工作领域重要的政策主体之一，各级团干部必须立足党的青年工作岗位，通过扎根青年群众，把熟悉青年的优势转变为政策优势。一方面，团干部通过深刻感知青年群众在社会政治生活中的期望、需求，乃至不满，从而能够及时准确地把青年群众的政治温度告诉党组织，源源不断地转化为党的新一轮政策输出；另一方面，通过与青年群众的零距离接触，摸清楚青年群体的特殊需求，有针对性地对党的理论进行青年化阐释，对党的政策和资源进行青年式转化，能够把党的关怀直接传递给青年，使青年一代直接感受到党的温暖，从而在青年工作领域有效破解官僚体制的“肠梗阻”，打通工作效能“最后一公里”。因此，团干部通过扎根青年群众，既让广大青年从政策实行对象变为政策制定的参与主体，把青年群众的所思所想纳入政策的视野范围，又直接面向广大青年为政策实施进行了宣传和示范，进一步树立起党的政策在青年群众中的威信，有效密切党与青年的政策联系。

2. 直接的社会作用：推动青年健康成长和全面发展

团干部扎根青年有助于推动青年健康成长。“青春理想，青春活力，青春奋斗，是中国精神和中国力量的生命力所在”。作为社会群体中最富有朝气活力、最具有可塑性和创造性的群体，青年人要树立青春理想、激发青春活力、进行青春奋斗，归根结底都必须以青春成长为基础，而青年群体的健康成长显然不可能自我完成，需要正确引领、悉心教导和严格要求。[①]广大团干部通过到各地区各类型青年群众中去扎根，能够准确了解所扎根对象的成长状况，从而以此为样本，经过深入分析研究，一方面形成关于青年群体状况的总体把握，特别是通过把握扎根对象接受先进政党思想政治引领的认知特点和接受先进青年群团组织动员的行为规律，为党和国家围绕社会发展全局需要形成有利于青年健康成长和全面发展的政策体系提供基本依据；另一方面形成对青年群众关于党和国家方针政策认知感受的总体把握，特别是结合当时当地的政策环境、社会环境乃至生活环境，获取青年群众关于自身成长发展状况的第一手资料，从而为党和国家优化有关青年工作的方针政策提供现实依据。

团干部扎根青年有助于推动青年全面发展。青年是时代的弄潮儿，是引领国家和社会发展的先锋力量，党和国家事业要发展，青年首先要发展。青年发展不是青年个人的事情，不能局限于个体视角去观察，而是要置于社会发展全局之中去观察，需要引导包括执政党和政府、先进青年群团组织、各级各类学校、社区、家庭以及各类用人单位在内的各种社会因素形成合力，着力构建推动和促进青年发展的总体格局。当代中国经过40多年的改革开放实践，为新时代中国青年的全面发展提供了前所未有的历史机遇，搭建起了无比广阔的施展舞台，同时也存在不少短板弱项，需要广大团干部付出长期艰苦的努力，通过到各地区各类型青年群众中去扎根，深入了解所扎根的不同青年群体的发展状况，敏锐地找到和破解潜在的青年发展盲区盲点乃至风险挑战，从而以更加精准有力的举措办法，把党和国家的青年发展政策导向转变为推动青年发

① 参见本报特约评论员：《马克思主义青年观的丰富和发展——二论学习贯彻习近平总书记关于青年工作的重要思想》，《中国青年报》2018年6月28日。

展的实际行动和广大青年看得见的实际成效。

3. 有效的组织作用：提升团干部工作能力

习近平同志强调，“调查研究是做好领导工作的一项基本功，调查研究能力是领导干部整体素质和能力的一个组成部分”，“调查研究的过程，是领导干部提高认识能力、判断能力和工作能力的过程”。[①]专门从事党的青年工作的团干部，在纷繁芜杂的新情况、新问题面前，要避免和消除知识盲区、工作难区，只有在扎根青年群众、直接开展青年工作的过程中，不断学习新的知识、积累工作经验、提高工作技能，才能锤炼强大工作本领，更好适应新时代党的青年工作要求。[②]

团干部扎根青年有助于提高密切联系群众的能力。大多数团干部比较年轻，相对而言具有一些了解青年状况的优势。但青年群体人数众多、分布广泛、经历各异、分化明显的客观实际，决定了团干部基于自身年轻而形成的对青年现象的认识和对青年群体特点的把握，需要到更加广阔的青年工作实践和青年生活体验中接受检验，否则难免陷入“自说自话，自拉自唱”[③]的境地，很难做好党的青年工作。一些团干部担心到青年群众中去开展工作容易被拒绝，不仅“没面子”，而且威信会受损。如果担心被青年拒绝而不到青年中去扎根，只能陷入“画地为牢”的窘境，结局是更加不了解青年的特点和状况，团干部的威信更低。须知，团干部的全部威信只能源于青年群众的认可和拥护。实际上，从群众工作的角度来看，无论是直面青年群众还是直面领导和同事，都会经历由陌生到熟悉的过程，即一开始保持谨慎，随着彼此了解

① 习近平：《谈谈调查研究》，《学习时报》2011年11月21日。
② 参见崔禄春主编：《党员干部要提升调查研究能力》，人民日报出版社2021年版，第81页。
③ 习近平：《论党的青年工作》，中央文献出版社2022年版，第37页。

的加深而渐次热络，指望以团干部的身份一出场就得到青年人的完全认可和真心接纳，不符合一般的人与人交往规律。成功到青年群众中去扎根的关键在于通过持续努力去接触青年，逐步了解清楚被青年拒绝的原因，从而有针对性地降低被拒绝的概率。团干部因为偶然因素被青年人拒绝，根本就不是什么问题，青年人天然地具有“组织起来”[①]的需求，随着接触的增多，青年人自然就会接受团干部；如团干部因为联系青年的时间节奏、场所位置、言谈举止与青年的主观预期或实际需要匹配度不高导致被青年拒绝，那么有针对性地予以改进，就可以逐步提高联系青年群众的能力。这些“有针对性的改进”做起来并不难，譬如到村庄去蹲点时生活待遇不要高于普通村民，不要在“双十一”期间去找快递小哥交流思想，不要穿得“厅里厅气”与青年人交流现实问题等等。

团干部扎根青年有助于提高理论联系实际的能力。一些团干部担心独自面对青年群众时不知道如何开口、应该讲些什么内容，因为现在的青年群众普遍视野开阔、知识面广、见识程度高，对青年群众提出的很多理论问题和现实问题，团干部了解不深、回应不好，更谈不上解答。其实辩证地来看，青年人提出各种各样的问题很正常，团干部一时难以回应和解答也能理解，正好可以虚心向青年学习、听取青年的意见建议。团干部要欢迎青年人根据切身利益提出“问题”，特别是上门找团组织提问题，如果青年人见到团干部都敬而远之，那才是共青团最大的危机；直面青年人所提问题关键在于如何去有效回应乃至逐步解决这些问题。团干部在扎根青年的过程中，完全可以敞开了解青年人提出的各种问题，也许多数情况下他们的表述不一定准确、观点不一定深刻、诉求不一定合理，但往往反映了青年群体最朴素的价值观念和利益诉求。

---

① 黄志坚：《论青年组织的发生及其在中国的发展》，《中国青年研究》1989年第2期。

从提高青年工作能力的角度来看，团干部通过运用理论思维去分门别类地分析这些问题，往往能够有效地把青年群众反映的正确观点和合理诉求转化成为打开工作局面的新思路。对于其中能够解决的思想困惑问题可以优先解决，对于短时间无法解决的现实问题可以先形成解决思路再逐步推动落实，对于具有一定普遍性的思想和现实问题还要及时向党组织报准信；同时，对于青年群众错误的思想观念和不合理的诉求提出引导化解办法，不断锤炼和提高运用党的科学理论解决实际问题的能力。

三、宝贵经验

1. 1946年中央青委干部马仪、吴光明扎根延安冯庄青年，重建全国第一个农村团支部

1946年8—9月，党中央书记处经过两次讨论决定重建青年团。中央青委和陕甘宁边区青联随即拟订了第一个试建青年团计划——《在陕甘宁试办青年团的计划》，确定由中央青委干部马仪、吴光明到延安县丰富区二乡冯庄试建第一个农村团支部。马仪、吴光明在冯庄试建团支部的过程，就是党的青年工作干部扎根青年群众的典型案例。

马仪和吴光明带着党组织关于试建青年团支部的任务，深入冯庄青年中去扎根。从扎根切入点来看，马仪、吴光明在摸清楚冯庄基本状况特别是冯庄青年群众状况基础上，分别对冯庄青年存在的优点、优势（爱热闹、喜欢结伙、好胜心强、乐意比赛）和缺点劣势（行为粗野、偷瓜摸果、懒散、不尊长辈）进行了系统分析，围绕生产互助（打柴、背草、拾粪、搞卫生）、识字小组、集体活动（自卫队、会议、唱歌娱

乐）、竞赛形成了一整套推进冯庄青年工作的思路，并在推进青年工作过程中给青年人讲革命故事和道理，“在一个又一个的个别谈心中，不知不觉地启迪着人们的心扉，实施着建团的方案”，把党中央所绘制的试建青年团蓝图从纸上移到了冯庄的大地上。

马仪、吴光明扎根冯庄青年创建第一个农村团支部的实践提供了团干部扎根青年群众的好经验。一开始二人并未贸然去与冯庄青年联系，而是首先对冯庄青年的生产生活环境进行了细致的调查，了解了冯庄的自然地理条件、土地占有、农业手工业生产、商业经营、人口规模及其结构特点、党团及自卫队组织状况，并在此基础上对冯庄青年工作的历史以及青年人口规模和结构特点进行了系统了解，为扎根青年奠定了坚实基础。其次，根据冯庄青年群体特点，结合此前开展青年群众工作的丰富经验，总结形成了一套适合于试建冯庄团组织的工作方案，为赢得冯庄青年群众支持和拥护，很好地融入冯庄青年，开辟了一条正确的路径。最后，不断总结青年群众工作的方法，比如一开始可能会碰钉子，要有耐心；青年活泼爱热闹，可以从组织文娱活动做起；要注意老百姓的生活习惯，工作人员生活水平不能超过村里老百姓；善于与各种人谈话，与老年人谈过日子情况，与青年人谈娱乐活动；女青年工作不方便开展时可以先放一放；带动先进青年来一块开展工作，重点细致地做好落后青年的工作；等等。[①]

2. 1972年至1974年共青团陕西省延川县委书记陶海粟扎根知识青年

知识青年上山下乡运动是社会主义革命和建设时期党在青年工作领

① 参见何启君等编著：《青年团的初建》，中国青年出版社1987年版，第188—213页。

域开展的一项影响深远的工作，千千万万知识青年离开熟悉的城市和家庭，毅然到偏远的农村、边疆、山区落户生活，在狂飙突进的年代书写了一曲战天斗地、学习劳动、砥砺成长、服务人民的青春壮歌。透过《习近平的七年知青岁月》一书，我们可以看到，从知青成长起来的团干部陶海粟，主动到梁家河大队的知识青年中去扎根，及时为习近平、雷平生、雷榕生等知识青年送去了来自共青团组织的关怀和温暖。

团干部陶海粟与梁家河大队知青的联系，从内容上来看主要包括“聊天”——交流阅历见闻、思想认识；写信——交换信息，交流读书心得和感受；砥砺品行——志当存高远，但要从身边小事做起；提供发挥才干的机会——推荐知青习近平到团县委工作、参加赵家河社会主义路线教育工作队等。从方法上看主要包括克服“等、靠、要”思想，团干部要主动联系青年群众，不能等着青年群众来找团干部；交往过程中难免会碰到这样那样的障碍和困难甚至挑战，团干部努力去克服困难对保持与青年群众的联系很重要；要相互砥砺品行，具有共同的思想基础或事业基础更好，这对于保持高质量的思想交流很重要。

团干部扎根青年群众做工作，对青年人的成长发展往往会起到意想不到的推动效果。以陶海粟推荐习近平参加赵家河社会主义路线教育工作队为例，知青习近平在赵家河大队开展社会主义路线教育过程中，通过带领群众办识字夜校、打坝淤地、凝聚群众力量搞生产，展现出卓越的群众工作能力，得到冯家坪公社党委的高度认可，因而欲留其在赵家河大队工作，客观上促使文安驿公社充分认识到了知青习近平就是深受人民群众拥护的优秀年轻干部，从而加快了解决知青习近平入党问题的步伐，为他担任梁家河大队党支部书记准备了条件。总之，参加赵家河社会主义路线教育工作队成为知青习近平走入政界的重要一步，无疑为其以后的成长之路打开了更广阔的前景。[①]

四、重点项目

习近平总书记在中央党的群团工作会议上要求群团干部“知群众、懂群众、爱群众”，在群众中能“一呼百应”，团干部要把习近平总书记的要求落实到实际工作中来，必然需要与青年群众保持一定的联系频次，一回生两回熟，日久始见人心，缺乏与青年群众之间的长期联系、深入了解是无法实现的。[②]党的十八大以来，以习近平同志为核心的党中央高度重视青年和共青团工作，为广大团干部更好地扎根青年群众营造出更加有利的制度环境，提供了更加优越的现实条件。共青团中央从新时代党的青年工作的客观实际出发，创造性实施了一系列推动团干部扎根青年群众的制度性举措，在实际工作中形成了“1+100”“8+4”“4+1”“五个一”等一系列重点项目，推动团干部有组织、有计划、大规模地到青年群众中去扎根。

1.“1+100”项目

2015年7月首次中央党的群团工作会议召开后，共青团中央为彻底破解团组织“被动”脱离青年群众的难题，推动全团按照强“三性”、去“四化”的要求，尽快实现工作理念、工作方式、工作机制的重大

① 参见中央党校采访实录编辑室：《习近平的七年知青岁月》，中共中央党校出版社2017年版，第60—82页。
② 参见本报评论员：《当团干部，就要把“1+100”工作做起来——一论扎实推进团干部直接联系青年工作》，《中国青年报》2016年10月9日。

转变，帮助广大团干部把身份从青年“官”转变为青年“友”，真正承担起把广大青年牢牢团结在党的周围的职责，在全面总结2014年印发的《关于完善团干部直接联系团员青年制度的意见》实施成效基础上，2016年5月发出《关于建立团干部直接联系青年制度的通知》，正式启动实施以“到青年中去”为主题的“1+100”直接联系青年制度，要求各级团的领导班子成员带头，每名专职团干部、挂职团干部、县级（含）以上团的领导机关兼职干部经常性直接联系不少于100名不同领域的团员青年，对团干部直接到青年群众中去建立联系渠道、增强联系黏性、关切青年诉求、助力青年成长、加强思想引导提出具体要求，成为团干部扎根青年的重点项目。这一制度的实施得到全团上下乃至全社会的高度关注，大家通常把这一制度简称为“1+100”直接联系青年制度，或者项目化表述为“1+100”项目。

自2016年5月共青团中央作出部署后，各级共青团组织认识到位、行动迅速，“1+100”工作顺利推进，在较短时间内联系了大量普通团员青年，并开展了一系列丰富多彩的活动，取得良好开局。截至2016年12月20日，根据“1+100”数据管理系统显示，全团共有21万名团干部开展直接联系青年工作，共联系1680万名青年，累计开展线上线下活动156万次，广大团干部到青年群众身边倾听心声、了解需求、答疑解惑、扎实服务，提升了青年的获得感，增强了与青年的联系，增进了党与青年之间的深厚情感。

团干部直接联系青年、到青年中去扎根，是新时代共青团转变工作机制、工作理念、工作作风的重大举措和重要体现，在取得系列积极成效的同时，也随着改革进程的推进得到不断完善。2018年12月，为有效发挥全国青联委员作为青年工作骨干的作用，促进全国青联委员经常深入基层、密切联系青年，全国青联印发《全国青联委员直接联系青年工作制度》。全国各省、市、县级青联组织纷纷根据文件精神制定了本级青联委员直接联系青年工作制度的规范性文件，推动青联委员成为直接联系青年、深入扎根青年的一支重要力量。2020年9月，为推动企业共青团青年发展工作跟上时代发展、契合基层实际、反映青年需求，共青团中央书记处批准团中央青年发展部面向航天科工团委、国家电网团委等首批16家在京重点企业，探索建立直接联系工作机制，切实有效服务企业青年成长发展，之后又把航天科技、中国石油、中国华电、美团、小米等16家在京重点企业纳入第二批直接联系工作机制。

2.“8+4”和“4+1”工作机制

为落实中央党的群团工作会议精神，共青团中央2015年9月起面向团中央和省级团委两级机关制定实施了“8+4”常态化下沉基层工作制度和“4+1”向基层服务对象报到制度。“8+4”常态化下沉基层工作制度是指共青团中央机关局级及以下干部和全国省级团委机关干部共约1600人，两年内分4批派驻县区团委面向基层开展党的青年工作，每年安排一半的干部在机关工作8个月，在基层工作4个月，分上下半年两批完成（每批约400人），两年实现全员覆盖，并长期坚持形成制度。在实施“8+4”工作机制的同时，共青团中央还同步推出“4+1”向基层服务对象报到制度，要求团中央和部分省级、地市级团委全体机关干部每周在机关工作4天，至少拿出1天时间到基层报到，深入城乡社区、企业、学校、社会组织等与本职工作相关的领域，面向青少年直接开展工作。

为了有序推进“8+4”“4+1”工作，团中央创建并运营“基层足迹”管理系统，既实时掌握团的机关干部在基层的工作情况，也便于记录基层情况、存储工作资料、交流工作经验。来自共青团中央的数据显示，在“8+4”“4+1”工作模式实施的第一年，共有700余名团中央和各省级团委机关干部参加了“常态化下沉基层”工作，有近200名团中央机关干部开展了“向基层服务对象报到”工作，省级以下团委机关干部向基层服务对象报到常态化普遍化开展。

团干部在常态化下沉基层和向基层服务对象报到的过程中，一方面通过微信、QQ等方式与基层团干部和团员青年建立起了经常性联系，结识了一批青年朋友，有效实现了到青年群众中去扎根的目的；另一方面通过靠前指挥、结合实际等优势的发挥，既推动了团中央重点工作在基层的落地，又吸收了基层的好经验用于深化共青团的机关改革，不仅提高了共青团工作的针对性和实效性，而且有效促进了团的机关干部健康成长。

3.“五个一”工作机制

2017年3月，共青团中央为推动“1+100”工作实现从联系青年向活跃工作转变、从活动交流向有效服务转变、从制度约束向行动自觉转变，同时更好地与“青年之声”相融合，发出《关于进一步做好“1+100”团干部直接联系青年工作的通知》，明确建立团的领导机关“五个一”工作机制和团干部“五个一”工作机制。

团的领导机关“五个一”工作机制是指省、市、县三级团的领导机关，每季度应集中开展不少于5次直接联系青年工作，包括一次机关开放活动、一次共青团与青年面对面活动、一次集中志愿服务活动、一次“1+100”工作分享活动、一次自主设计的联系青年的集体活动。团干部“五个一”工作机制是指专职、挂职团干部每2个月开展不少于5次活动，兼职团干部每季度开展不少于5次活动，具体内容由省级团委研究确定。

团的领导机关“五个一”工作机制和团干部“五个一”工作机制得到全国各级共青团组织的热烈欢迎，各地共青团纷纷根据工作的实际情况推出了适合本级域内党的青年工作的“五个一”方案，涌现出了“为青年办一件实事、为青年上一堂党团课、开展一次谈心谈话、组织或参与一次志愿服务、组织或参与一次文体活动”“一面团旗代表共青团活动阵地、一本支部工作手册凝聚团结和谐的坚强集体、一册团活记录簿展示火热激情的精彩瞬间、一套基础资料承载工作的持续与发展、一份团报团刊传递内外的经验和信息”等“五个一”工作模式。以安徽省亳州市谯城区为例，该区团委围绕中长期青年发展规划的实施，聚焦青年发展重点领域，形成了以“画好一张图，持续完善实施方案”“下好一盘棋，着力优化协调机制”“织密一张网，有序制定政策措施”“擦亮一张牌，创新打造品牌项目”“闯出一条路，总结凝练经验模式”为核心内容的“五个一”模式，不仅圆满完成谯城区中长期青年发展规划实施试点工作的既定任务，试点实施经验入选团中央改革案例，而且获得各类媒体报道100余篇次，其中国家级媒体14篇次、省级媒体30余篇次，产生了广泛社会影响。

五、有效做法

多项调查显示，青年遇到烦恼和困难时，主动向共青团组织倾诉和寻求帮助的比例并不高。这就表明团干部直接联系青年群众的努力空间还很大，必须主动对标新时代党对青年工作的要求，坚持“身入”与“心入”、线下与线上、引领思想价值与解决现实问题、融入与跳出相统一，主动到青年群众较多的行业、聚集的场所、喜爱的领域去扎根，真正与青年群众打成一片。

1. 既要“身入”，也要“心入”

团干部扎根青年群众必须“身入”，也就是要亲自主动深入青年群众。在工作实践中，团干部要真正在青年工作领域取得成绩，无论职务多高、工作多忙、过去的成就多大，都必须深入贯彻群众路线要求，带头深入青年群众，特别是各级团组织的领导干部，更需要带头到青年群众中去扎根。“领导干部能搬石头，群众就能搬山头；领导干部能流一滴汗，群众的汗水流成河”，只要团干部真心实意地带头常态化深入青年群众之中扎根，就一定能破解“心远地自偏”式的主动脱离青年和“找不到”“联系不上”等被动脱离青年的困境。从扎根对象——本地区本单位的青年来看，团干部扎根青年群众不能以偏概全，只与某一种类型的青年人或某些青年人在一起，而是要牢记“及时了解青年群体实际状况”的扎根初衷，通过对本地区本单位青年总体情况的了解，科学分析其群体类型和空间分布等情况，尽可能地到更多类型和更广范围的青年中去，不仅能够在优秀青年、家庭条件好的青年之中扎根，也能够在出身贫寒、学历不高、能力一般乃至贫穷落后、交通闭塞地区的青年群众之中扎根。

团干部扎根青年群众还要“心入”，也就是用心用情到青年群众中去扎根。只有与青年人说得上话、共得了情，解答得了思想困惑、解决得了实际困难，才能真正把党的青年工作深入被扎根对象的心中。青年群众的感受是真实的、眼睛是雪亮的，团干部单纯地到青年群众中去走一走、看一看，把扎根青年搞成到青年群众中去“走马观花”很容易，却也必然是心浮气躁地空中来、空中去，并不会自动在青年群众中扎下根来，反而容易遭青年群众的反感和抵制。到青年群众中扎根，必须用心用情“下马观花”，真正深入青年群众的生活、工作、社交境遇中去“与众悲欢”，做一番艰苦细致的工作，这样才能扎得实在、扎得深刻、扎得牢固。团干部扎根青年不是做高高在上的青年“官”，必须坚持以青年为本，放下干部架子，始终眼睛向下，真诚地与广大青年打成一片，这样才能源源不断地听到真话、察得实情，实现扎根目的。

2. 既要线下扎根，也要线上扎根

团干部扎根青年群众要抓好线下沟通。在网络技术兴起之前，团干部扎根青年针对的就是青年群众线下的学习、工作、生活等日常场合，无论网络技术和虚拟世界如何发展，现实的线下场合永远都是做好青年工作的“基本盘”，也是团干部扎根青年的“第一片沃土”。当代青年城乡间流动、境内外流动十分频繁，社会分布多元，增加了团干部线下扎根青年群众的难度。据统计，1978年全国就业人员4.02亿人，其中城镇就业人员9514万人；到2019年末全国就业人员7.75亿人，其中城镇就业人员4.42亿人。大批农村青年改变了半就业、不充分就业的状态，转向城市，进入第二、三产业。同时，我国每年出国留学人员已从1978年的860人增加到2018年的66.21万人，其中每年学成回国人员由1978年的248人增加到2018年的51.94万人。[①]这就要求团干部从本地区青年的客观实际出发，根据流动青年和在地青年的分布规律，分别采取有针对性的线下扎根方案。在地青年由于居住地、工作单位等因素，相对而言便于联系、易于扎根；问题在于流动青年，特别是跨市、跨省乃至跨境流动青年，联系起来很难，扎根就更难。无论是对于青年流入较多的东部发达地区还是对于青年流出较多的中西部地区，团干部与大部

① 参见贺军科：《如何做好新时代青年工作》，《求是》2020年第10期。

分流动青年的联系往往会因为青年的空间流动而难以为继，很多时候都停留在浅层交往，真正能够“扎下根”的比例很低。面对这种情况，团干部就要采取小团队扎根的方式，由几名团干部组成团队，持续到流动青年群体中去重复建立联系，经过时间沉淀就会逐步积累起对一批流动青年的有效联系，从而把浅层联系变为实际意义上的“扎根”。

团干部扎根青年群众要抓好线上互动。网络技术和虚拟世界兴起以来，团干部扎根青年还必须适应青年群众向网络空间集聚的趋势，把到青年人聚集的网络空间扎根纳入视野。近年来，《中国互联网络发展状况统计报告》多次显示，网络对青年人口渗透率接近100%，“无人不网、无时不网、无处不网”成为青年人的常态。当代中国青年以“90后”“00后”乃至“05后”为主，都是互联网的“原住民”，他们在网络空间便捷地获取信息、交流思想、交友互动、购物消费，日益成为网络空间主要的信息生产者、服务消费者、技术推动者，互联网也成为他们不可或缺的生活方式、成长空间、“第六感官”，[①]可以说互联网集聚和网络化生存已经成为当代中国青年越来越鲜明的群体特征。“青年在网上，团的工作就要做到网上去。”[②]党的十八大以来，团干部通过到网络空间、虚拟社会“安营扎寨”，深刻了解青年在网络空间的特点状况、活动规律、现实问题，一定程度上实现了“线上”与“线下”、“键对键”与“面对面”的有机衔接，增强了共青团引领凝聚、组织动员和联系服务青年的实效性，既为党的青年工作迈上新征程奠定了良好基础，也为党的青年工作在新征程上取得更大成绩开辟了新的阵地。

---

① 参见中华人民共和国国务院新闻办公室：《新时代的中国青年》，人民出版社2022年版，第7页。

② 习近平：《论党的青年工作》，中央文献出版社2022年版，第161页。

3. 既要引领思想价值，也要解决现实问题

团干部扎根青年群众要着眼于做好思想价值引领工作。随着我国社会主要矛盾的深刻变化，青年群体日益增长的美好生活需要和不平衡不充分的发展之间的矛盾也在凸显，加之多元社会思潮借助社交媒体展开的交流交融交锋对青少年健康成长产生的深远影响，青年群体内部的分化日益显著，不同的青年群体基于各自的经历感受，对于同一个社会现象和热点事件表现出越来越大的价值差异，导致凝聚大多数青年人共同价值面临的挑战越来越艰巨，基于公平原则，广泛联系服务全体青年的难度也越来越大。通常而言，每一个时代都有每一个时代的矛盾和问题，同一代际的青年作为时代的弄潮儿往往具有共同的精神气质和思想困惑，这也决定了团干部不可能躺在前辈的功劳簿上坐享其成，把准确把握前代青年精神气质的论断套用于当代青年，把解决前代青年思想价值困惑的方案照搬照抄运用于当代青年。要在扎根青年群众过程中了解和把握青年人的思想动态，很难用简单的方式实现目的，必须在与青年群众的交流交往中运用理论思维全方位观察、分析、研究青年现象，并进行理论加工和创造，从整体上把握青年的思想状况和价值取向，进而敏锐地捕捉青年人普遍面临的思想困惑和价值困境，在赢得青年信任基础上通过开展思想工作或者实际行动帮助他们化解这些思想“疙瘩”。

团干部扎根青年群众还必须着眼于推动解决青年群众普遍面临的现实问题。团干部在扎根青年群众过程中，不宜表现出过强的目的性，但必须牢记问题意识、坚持问题导向，注重解决实际问题。习近平总书记在纪念五四运动100周年大会上提到青年人在毕业求职、创新创业、社会融入、婚恋交友、老人赡养、子女教育等方面普遍面临着操心事、烦心事，而这六个方面的“操心事、烦心事”通常来看都是人们在青年

阶段遇到的阶段性问题，并且绝大多数都算不上关系国计民生的“大事”“要事”“急事”，甚至因时因地因人而千差万别，但其存续状况无疑对青年人的成长发展具有重大影响和制约作用。团干部作为为党育人的“园丁”，不能把青年群体思想动向和价值取向作为全部内容，而是要充分把握青年思想困惑与其面临的现实问题之间的辩证联系，把在现实问题上为青年人提供具体且实际的关怀、指导和帮助作为增进青年与党的政治情感的根本途径，利用到青年群众中去扎根的机会密切关注青年群众面临的现实问题，系统摸清他们面临的“操心事、烦心事”到底是什么，从而有针对性采取沟通思想、解决问题、缓解困难等具体行动，特别是在他们成长的“关键处、要紧时拉一把、帮一下”①，就可能为青年顶住压力、渡过难关、发展成才提供重要支点。

4. 既要融得进去，也要跳得出来

团干部到青年群众中去扎根，必须真正融入青年群众，而关键在于讲好“青言青语”。语言是人们在交往过程中沟通情感、表达思想的媒介，离开了真实的表达与平等的对话，团干部与青年就无法实现正常的交流，更谈不上到青年群众中去扎根。讲好“青言青语”要植入感情，不能仅仅把青年人当作一般的工作对象，而且要始终站在最大多数青年人的根本利益角度去思考问题、调查研究、制定政策，大力培养对青年群众朴素的政治情感，如此才能和青年人建立信任、疏通心结、消解困惑，否则就会言不由衷、进退失据。讲好“青言青语”要精选内容，不是到青年中去照本宣科、鹦鹉学舌、故弄玄虚，而是要做党的政策理论的“阐经人”，不仅要搞清楚需要让青年人掌握的思想、观点、道理并

① 习近平：《论党的青年工作》，中央文献出版社2022年版，第215页。

围绕这些主题去挖掘、整理故事材料，更要学习、积累和运用青年群体常用的语言词汇和表达风格完成向青年讲解的“最后一公里”，这样才能和青年人搭上腔、说上话，建立起更深层次的团青联系。讲好“青言青语”要创新形式，不能自说自话、闭门造车，必须善于到青年聚集的B站、微博、公众号等多媒体平台“开疆拓土”，综合运用短视频、直播、“剧本杀”等青年喜闻乐见的方式，在更大范围、更高层次实现对青年群众的有效融入。

团干部到青年群众中去扎根，不是要把自己变成青年群众，而是要通过了解青年事务、做好青年工作，更好地服务于党和国家事业这个“国之大者”。青年工作是党的一项十分重要的工作，根源在于青年人口分布广泛，青年问题形式多变，青年工作牵连广泛，可能潜藏着看不见的风险挑战；同时，青年现象层出不穷，青年群体活力四射、创新性强，也有丰富生动的首创做法。作为党的青年工作的骨干力量，团干部一方面只有通过到青年群众中去扎根，才能了解青年群体真实状况、发现青年群众首创经验、掌握做好青年工作的第一手资料，从而为更好地把党的政策与青年群众的实际需要有机结合奠定基础；[①]另一方面，只有时刻牢记党和国家事业这个“国之大者”，从党和国家事业发展的全局去审视青年工作，才能推动青年工作始终沿着党和人民指引的方向阔步前进。换言之，扎根青年群众只是团干部做好党的青年工作的手段方法，根本目标在于把越来越多的青年人团结到党的周围，使党和人民的事业兴旺发达、后继有人。这就要求团干部扎根青年必须把目标和手段统一起来，一方面要善于运用党的理论去分析青年工作的实际，按照党

---

① 参见赵莉、吴庆：《基层团干部调查研究能力现状和提升路径研究》，《青年发展论坛》2022年第2期。

的理论和路线方针政策推进青年工作；另一方面要善于从青年工作的实际状况出发去对照党的理论和路线方针政策，用青年工作的生动实践去丰富和发展党的理论和路线方针政策。

第十章

塑造品牌工作法

何谓“品牌”？“品”指物品、物件；“牌”指用木板或其他材料做的标志或凭信物。“品牌”，意为产品的牌子，特指被社会认同的体现标准化和品质优良的产品的牌子。“品牌”是一个外来语，源于英文单词“brand”，意为“打上烙印”，原本指在牛、马、羊身上烙上记号，用于区别属于不同的饲养者。后来，这种方式运用到手工业中，手工艺人在制作的手工艺品上打上某种标志，以便顾客识别工艺品的来源。中国古代与“品牌”一词相近的词如“招牌”“字号”等，也用于识别不同的产品和商家。共青团塑造品牌工作法，就是指共青团组织在团员青年中广泛开展具有思想教育价值，对经济、政治、文化、社会和生态文明建设有推动作用的，具有广泛知名度和美誉度的品牌活动的理念和方法。团的品牌活动以其被广泛认知、被社会普遍认同、长期坚持并不断创新的特点，符合青少年乐于参与集体活动，具有强烈的参与意识、竞争意识和集体荣誉感的特点，使受教育与发挥作用相得益彰。

共青团从诞生之日始，就重视用青年喜闻乐见的活动形式吸引青年、培养青年和教育青年。在不同历史时期，根据党和政府的中心工作，推出了内容丰富、形式多样、思想政治价值凸显的品牌活动，促进了团员青年身心健康和成长成才，为推动中华民族伟大复兴作出了青春贡献。共青团品牌活动具有以下几个特点：一是被社会广泛认知，如希望工程实施30多年来，被社会公众广泛认知，成为我国家喻户晓、富有影响力的社会公益事业，成为共青团围绕中心、服务大局的重要活动品牌。二是被公众普遍认同，如中国青年志愿者行动，秉承“奉献、友爱、互助、进步”的志愿者精神，被社会公众普遍认同，在服务社会、引领青年、促进社会发展等方面发挥了积极作用，成为动员广大青年参与群众性精神文明建设的载体。三是能持续开展，如青年突击队，是19世纪50年代初的品牌活动，青年突击队围绕党政工作中的急难险重新任务开展一些活动，已经坚持开展了70年。今天，在疫情防控、抗洪抢险、科技攻坚克难等领域，青年突击队仍然发挥着重要的作用。四是内容和形式不断推陈出新，如青年文明号自1994年实施以来，在不同时期都增加了新的内容，在中国特色社会主义新时代，青年文明号在工作发展方向、工作推进方式等方面又有新的举措。

一、工作原理

1. 心理学原理与品牌活动

从马斯洛需求层次理论来看，人的需求层次从低级到高级依次为生理的需要、安全的需要、归属和爱的需要、尊重的需要和自我实现的需要等。马斯洛需求层次理论提到，第三层的需要是归属和爱的需要，这是人类必不可少的基本需要。归属和爱的需要说明，个体需要与他人建立情感的联系，人们拥有一种归属于一个群体的需要，他们渴望成为一个群体中的一员，并在其中获得其他人的关心和照顾。人人都需要伙伴之间、同事之间的关系融洽或保持一种忠诚；都希望得到爱情，希望爱别人，也渴望接受别人的爱。因此，青年热衷于参加团的各种品牌活动，并在参与这些活动的过程中获得群体的归属感与认同感，与群体中的他人建立起情感与联系。这也就能解释，许多大一新生刚进入大学校园的时候都会积极参加一两个社团的原因。因为在刚刚进入一个陌生的校园环境时，新生归属与爱的需要往往比其他年级的学生更加强烈。因此他们会根据自己的兴趣选择一个与之相契合的社团，通过加入这个社团并与社团中兴趣相投的团员们一起活动，以此获得与他人的情感联系和归属感。

从罗杰斯的自我实现理论来看，人的自我分为“现实自我”和“理想自我”。现实自我，顾名思义就是此时此刻真实的自我。而理想自我包含了个体对完美自我的想象，是个体经常专注于向世界投射的自我版本。他相信所有的人都被一个主要的共性联系在一起，一个达到最高层次存在的动机，或者换句话说，就是“自我实现”。它是个体主要的动机性驱力，是个体身上所具有的一种支配性力量。由此，为弥补现实自我与理想自我之间的鸿沟，自我实现倾向开始发挥作用，它促使个体不断地探索自我，通过参与各种活动，了解、发现自己的长处，从而为自我实现奠定基础。青年参加各种活动，看似是盲目的、不加选择的，实际上这是一种与自己深入沟通的方式。通过尝试多种活动，挖掘自我潜能，在自己擅长的领域站稳脚跟，实现自我价值。

2. 社会学原理与品牌活动

从社会学关于个体社会化理论来看，个体在特定的社会文化环境中，学习和掌握知识、技能、语言、规范、价值观等社会行为方式和人格特征，是一个适应社会并积极作用于社会、创造新文化的过程。它是个体和社会相互作用的结果。通过社会化，个体学习社会中的标准、规范、价值和所期望的行为。个体的社会化是一种持续终身的经验。青年喜欢参加活动是社会化的表现。形式多样的活动是让青年个体走向社会公共生活、融入现实社会的起点。社会化的过程就是在社会文化的熏陶下，青少年从自然人转变为社会人的过程。一方面，青年个体通过多样的活动接受来自社会的影响，接受社会群体的信仰与价值观，学习各类生活、生产技能和行为规范，从而适应社会环境；另一方面，青年个体也能通过参与活动而作用于社会，用自己的信仰、价值观和人格特征去影响他人、社会，去影响甚至改造社会中存在的旧文化，创造出适应时代需要的新文化。所以，对青年群体来说，社会化是一个适应社会的过程；而对社会而言，社会化是一个约束和规范青年发展和交往的过程。

3. 政治学原理与品牌活动

从政治学政治参与理论来看，政治参与是普通公民通过各种合法方式参加政治生活，并影响政治体系的构成、运行方式、运行规则和政策过程的行为。它是政治权利得以实现的重要方式，反映着公民在社会政治生活中的地位、作用和选择范围，体现着政治关系的内容。[①]“共青团与人大代表、政协委员面对面”活动就是共青团依托人大、政协的社会利益表达渠道，代表和维护青少年发展权益、引导青年制度化有序政治参与的品牌活动。在开展该活动中，把代表反映青少年普遍利益诉求与开展青少年思想政治引领相结合，落实社会主义协商民主建设的要求，以制度化的渠道表达青年发展诉求，以组织化方式引导青年有序政治参与，以培养团员青年政治参与的能力素质为出发点，可以不断扩大社会影响力，提升共青团组织作为青年权益代言人的良好社会形象。

① 参见王浦劬等：《政治学基础（第三版）》，北京大学出版社2014年版，第167页。

二、功能作用

在中国特色社会主义新时代，越来越多的社会组织可以为青年提供优质服务，在日益激烈的社会竞争中，共青团的品牌活动以它的优良特质和良好的社会信誉赢得了全社会的认可和接受，对社会的贡献是巨大的，作用是多方面的。

1. 共青团品牌活动的思想政治教育作用

共青团品牌活动像一面面旗帜，通过高质量的、有特色的活动，以及无偿的公共服务来凝聚引领广大青年团结在党的周围，成为中国共产党长期执政的坚实青年群众基础。比如，青年志愿者、青年马克思主义者培养工程、“向上向善好青年”推选、青年大学习、青年讲师团等，通过对先进集体与先进个人典型事迹的宣传，弘扬工匠精神和劳模精神等，发挥先进典型的思想政治教育功能，吸引越来越多的青年向团组织靠拢，积极支持和参与共青团的品牌活动，共青团的战斗力和影响力得以彰显。共青团品牌活动越有影响，开展得越广泛，对共青团政治引领工作、共青团组织建设和团员队伍建设就能发挥越重要的作用。

共青团品牌活动的参与者都是青少年，他们正处于身体发育和心理逐步成熟的过程之中，往往学习压力大，成长烦恼多，心理压力也大。在青年学生中广泛开展积极健康向上的文艺体育活动，不仅能引导青少年，还能促进青少年身心健康发展。近年来，共青团中央联合教育部、国家体育总局、全国学联在大中学生中广泛开展“走下网络、走出宿舍、走向操场”品牌活动，对大学生开展身心健康教育、掌握至少一项体育技能、培养浓厚的体育运动兴趣、改善大学生体质、提高其身心素质发挥重要作用。

2. 共青团品牌活动的能力素质培养作用

共青团品牌活动的组织者是各级团的干部和团员青年骨干。组织开展好团的品牌活动，可以培养锻炼团干部和青年骨干较强的组织能力、活动能力和协调能力，提高其政治素质和业务水平。组织开展活动，需要团干部和青年骨干能够高瞻远瞩、统揽全局，善于组织协调，有有效调动广大青年参与到活动中来的指挥能力。同时，团干部要有果断决策的能力，增强工作的预见性，要善于调查研究，了解团员青年的需求，广泛听取意见，周密组织安排，加强细节管理，还要做好活动后的总结提高。要善于沟通，处理好与领导、有关部门或下属的关系，善于借助各种社会资源，为开展活动营造良好的环境和氛围，努力在工作实践中不断提高协调能力。

3. 共青团品牌活动的公关形象展示作用

共青团品牌活动像一个窗口，它向社会展现共青团的工作内容，输出共青团组织的工作理念，使更多的人通过有特色的共青团品牌活动认识、了解共青团。团的品牌活动都紧紧围绕党和国家工作大局设计，直接参与到经济和社会生活之中。例如，通过开展青年文明号、青年岗位能手、青工技能振兴计划等活动，各行业青年的职业技能和工作积极性得到提高，进而提高了工作效率，直接或间接地为企业创造了经济效益，也为企业培养了优秀人才。通过开展大学生志愿服务西部计划、关爱留守儿童、婚恋服务等活动，营造了良好的社会氛围，促进了社会的和谐发展。优秀的品牌活动使共青团赢得社会的赞誉和青年的信赖，这有助于提升共青团的存在价值，有助于在青少年中扩大团组织的影响力和感召力。

4. 共青团品牌活动推动社会进步的作用

共青团的政治属性决定了它在党政资源、组织系统方面有显著的优势，但在人力、物力等外在资源方面则存在一定的局限性。共青团推出的品牌活动就是要搭建起一个个平台，把方方面面的力量和资源聚集在一起，协助开展团的品牌活动，弥补自身人力物力方面存在的资源不足。比如，希望工程、青年社会组织“伙伴计划”就是共青团运作整合社会资源成功的品牌项目。通过开展保护母亲河行动，促进了国家生态文明建设。团组织运用社会化、市场化、项目化等方式开展品牌活动，可以充分借助党政及企事业的各种资源来发挥自己的社会服务职能，拓展自己的生存和发展空间，从而推动社会的发展进步。

三、宝贵经验

共青团的品牌活动最早可追溯到苏区时期开展的“青年团员的礼拜六”活动。新中国成立后，团中央按照毛泽东提出的“青年团要配合党的中心工作，但在配合党的中心工作当中，要有自己的独立工作，要照顾青年的特点”[①]重要指示，开展了青年突击队、青年垦荒队、青年扫盲活动、青年植树造林活动、学雷锋活动等品牌活动。改革开放和社会

---

① 《毛泽东文集》第六卷，人民出版社1999年版，第276页。

主义现代化建设新时期，共青团推出了“五讲四美三热爱”、希望工程等品牌活动。为适应社会主义市场经济体制的新变化，在实施的“跨世纪青年人才工程”和“跨世纪青年文明工程”中，推出青年志愿者行动、青年文明号、保护母亲河行动等一系列品牌活动。在中国特色社会主义新时代，共青团围绕实现中国梦，推出奋斗的青春最美丽、我为核心价值观代言、“向上向善好青年”推选、青年大学习等品牌活动，激励新时代中国青年为实现中华民族伟大复兴的中国梦而努力奋斗。

1.“青年团员的礼拜六”活动

1931年2月19日团中央局通过的《团在苏区中的任务决议》，明确提出：“团应该组织‘青年团员的礼拜六’活动，来进行帮助红军的工作。”决议要求团组织动员团员利用休息日帮助红军家属耕田、做家事，帮助红军运输、抬担架、修桥补路，做草鞋、套鞋慰劳红军，垦荒地种粮食提供给红军和苏维埃政府，广泛开展卫生清洁运动等。少共中央局书记顾作霖在《青年实话》上撰文《怎样做“青年团礼拜六”？》，专门就如何开展“青年团员的礼拜六”活动给各级团组织予以指导，强调不一定非得礼拜六下午开展这一活动，只要有空的时候就可以，也未必做半天，做几个小时或一天也可以。另外，要求开展“青年团员的礼拜六”活动时最好以团支部为单位，先由团支部召集团员开会讨论活动的内容、方式等，由有经验、有知识的同志做组长或指导员加以指导，事情做完了再集合起来唱歌，以活跃气氛。要求先是组织团员参加“青年团员的礼拜六”活动，然后再逐渐吸引青年群众也参加进来，不断扩大活动的影响力。“青年团员的礼拜六”活动不仅在农村广泛开展，而且团的机关干部也都参加进来。团苏区中央局陆定一在《青年实话》撰文《工人团员怎样实行礼拜六？》，要求在国家工厂的工人团员每周要比别人多做半天工，而且不拿工钱，作为额外的劳动，属于志愿的工作。而在私人企业工作的工人，也要求通过为红军战事的需要来做志愿的、无酬劳的工作，比如运输、搜集子弹、制造火药或制造红军其他军用物品，也可以同农村的团员一起通过帮助红军家属耕田等方式参加到“青年团员的礼拜六”活动中来。在开展“青年团员的礼拜六”活动中，各级团组织团员、少先队员、儿童团员按照居住区域，组织耕田队、生产队，包耕包收，组织服务队定期登门帮助红军家属挑水、打柴、做饭。“青年团员的礼拜六”活动的广泛开展，使广大红军家属和群众深深地感到党、红色政权的温暖和做红军家属的光荣。很多红军战士的父母、妻子儿女、兄弟姐妹都纷纷表示要经常写信给前方的亲人，鼓励他们安心杀敌，不要挂念家里。同时，这一活动的开展，不仅大大消除了前方战士留恋家乡、挂念亲人的顾虑，而且增强了后方青年加入红军的决心，从而为扩大和巩固红军队伍、粉碎敌人的军事“围剿”创造了有利条件，也为以后开展青少年义务劳动积累了宝贵经验。

2. 青年突击队活动

1953年，党中央公布了过渡时期的总路线，开始实施第一个五年计划，我国进入了社会主义改造和全面建设社会主义时期。为了适应祖国经济建设的需要，将广大青年动员起来，团中央向广大青年发出了“把青春献给祖国”“一切为了社会主义”“到祖国最需要的地方去”的号召。1953年全国各地相继开始了大规模工程建设。1954年1月，全国第一支青年突击队就是在这一背景下在北京苏联展览馆建筑工地上建立起来的。为了减轻建筑工程进入冬季后对施工的影响，完成混凝土结构工程，攻克支模板技术难关，工区团委采纳了苏联专家多洛普切夫的建议，仿照苏联列宁主义青年团的经验，成立中国第一支青年突击队——

木工青年突击队，由18名青年团员参加，年轻党员胡耀林任木工突击队队长。突击队成立后，创造了用3个小时完成7个小时工作量的奇迹，创造了以181个工作日完成原计划用478个工作日任务的奇迹。木工青年突击队的出色表现，给全工区的青年树立了榜样。到1954年2月中旬，工地又建立了瓦工突击队、抹灰工突击队、电气工突击队、水暖工突击队、混凝土工突击队等六支青年突击队，都超额完成了任务。3月21日，工区行政和团委联合召开青年突击队建队大会，向7支青年突击队颁发了队旗。青年突击队的大量涌现，使生产建设任务完成的时间大大提前，质量不断提高。

1954年6月，团中央帮助青年团北京市委总结了苏联展览馆工区组织青年突击队的工作经验，在“重点试建，逐步推广”的方针指导下，在《人民日报》和《中国青年报》上作了报道，并发表了以推广组织青年突击队为主要内容的社论。随后《工人日报》也发表了报道和社论。中共北京市委高度赞扬青年突击队是组织青年工人积极参加劳动竞赛，发挥其首创精神，推动劳动竞赛进一步高涨和对青年工人进行共产主义教育的一种有效的组织形式和工作方法。青年突击队的组织形式和工作经验迅速得到了各地团委的普遍重视，先后建立和发展了青年突击队。截至1954年12月，26个省、市和自治区的基本建设中已有青年突击队（组）650个，队员1.2万人。其中以北京市发展最快，全市已有135个队，队员2500多人。此后，各地组织青年突击队的工作，逐渐地由重点试建走向稳步发展的阶段。青年突击队在生产中发挥了重要的作用，在组织青年完成急难险重新的任务中，发挥了突击队作用。

青年突击队活动作为团的重要活动品牌，至今依然在社会主义现代化国家建设的各个领域发挥重要作用。在2020年以来抗击新冠疫情的斗争中，广大青年不畏艰险、冲锋在前、舍生忘死，成立了32万余支青年突击队，550余万名青年奋战在医疗救护、交通物流、项目建设等抗疫一线，为打赢疫情防控的人民战争、总体战、阻击战作出重要贡献。

3. 希望工程

希望工程是一项着眼未来、造福后代、为发展我国基础教育助力的伟大工程。早期的资助方式有：设立助学金，长期资助我国贫困地区品学兼优而又因家庭困难失学的孩子重返校园；为一些贫困乡新盖、修缮小学校舍；为一些贫困乡村小学购置教具、文具和书籍。随着社会的发展，希望工程的资助项目也与时俱进，推出援建希望小学、希望厨房、希望工程图书室、培训教师等，还资助建设希望工程音乐教室、体育教室、美术教室，开展远程支教、科学文体、夏令营等各种活动，积极进行教育扶贫，为促进贫困地区基础教育的全面发展作出贡献。

希望工程实施以来，截至2022年底，累计募集资金210.76亿元，资助困难学生692.9万名，援建希望小学20992所。同时，还根据贫困地区实际推出了“圆梦行动”、乡村教师培训等项目，有效推动了贫困地区教育事业发展、服务了贫困家庭青少年成长发展、弘扬了社会文明新风，希望工程成为我国社会参与最广泛、最富影响力的公益事业之一。

四、重点品牌活动

历史地看，品牌活动是共青团的核心竞争力。在不同历史时期，尽管共青团的具体工作任务有所不同，但共青团引领凝聚青年、组织动员青年、联系服务青年的基本职能是相对稳定的。要履行好团的基本职能，就要不断发挥共青团是党的助手和后备军作用、是党和政府联系青年的桥梁和纽带作用、是经济社会发展的生力军和突击队作用，不断增强共青团的政治性、先进性、群众性。

1. 共青团引领凝聚青年的品牌活动

共青团是做青年工作的重要力量。要真正赢得青年，就必须始终站在理想信念的制高点上引领青年，全面提升“全团抓思想政治引领”的意识和能力。第一，用马克思主义基本原理和马克思主义中国化时代化的最新理论成果武装青年。即用马克思列宁主义、毛泽东思想、邓小平理论、“三个代表”重要思想、科学发展观、习近平新时代中国特色社会主义思想武装青年，不断增强团的品牌活动的政治性。第二，用党开创的伟大事业激励青年。我们党在顺利实现第一个百年奋斗目标的基础上乘势而上，开启了全面建设社会主义现代化国家新征程，新时代新征程上实现党的第二个百年奋斗目标需要一代代青年接力奋斗。第三，用团员的先锋模范作用带动青年。依靠团员发挥先锋模范作用，进而带动全体青年前进，是共青团开展青年群众工作的基本逻辑。第四，构建左右协调、上下协同的“全团抓思想政治引领”的工作机制。“左右协调”强调各个部门、各条战线都要结合自身的重点工作任务，拆除不同部门之间壁垒森严的“隐形墙”，主动联系链条上的上、中、下游，打通从各条战线的工作成果到思想政治引领效果之间的“最后一公里”。

共青团引领凝聚青年的品牌活动主要包括：

（1）青年马克思主义者培养工程

该工程旨在推动马克思主义理论在青年中广泛传播，是加强青年政治骨干培养的实践活动，为党培养信仰坚定、能力突出、素质优良、作风过硬的青年政治骨干。新时代实施“青马工程”，已经由传统的高校领域拓展覆盖到国有企业、农村基层、社会组织等各领域，成为党培养和输送青年政治骨干的培养体系。

（2）青年志愿者行动

青年志愿者行动是动员青年参与经济社会建设的重要载体，青年志愿者精神已经成为当代青年喜爱和接受的精神，青年志愿服务工作在服务党政大局、满足社会需求、促进青年成长、引领文明风尚等方面发挥重要作用。青年志愿者在开展志愿服务的过程中，秉承“奉献、友爱、互助、进步”的志愿者精神，传递爱心与传播文明，促进社会良好风气的形成，以实际行动书写新时代的雷锋故事。

（3）18岁成人仪式教育活动

加强中学生思想政治引领和价值引领，积极培育和践行社会主义核心价值观，引导中学生从情感共鸣中引发理性思考，从内心深处激发社会责任感和历史使命感，努力成为担当民族复兴大任的时代新人。

（4）我的中国梦主题教育活动

共青团在全国青少年中开展的我的中国梦主题教育活动，以理想信念教育为核心，以增强当代青少年的责任感、使命感和奋斗精神为重点，引导激励广大青少年为实现第二个百年奋斗目标、实现中华民族伟大复兴的中国梦而发奋成才、建功立业。活动采取宣讲交流、主题团日、典型选树、青春建功行动等方式进行。

（5）“全国向上向善好青年”推选活动

该活动贯彻落实习近平总书记关于青少年培育践行社会主义核心价值观、培养严和实的品德的系列重要要求，按照“青年典型青年荐、青年典型青年评”的思路，面向各行各业和基层一线，寻找推选一批带头践行社会主义核心价值观、积极传播正能量的身边好青年，通过学习讨论、主题宣传、交流分享和实践活动，带动广大青少年奋发向上、崇德向善，推动全社会形成践行社会主义核心价值观的良好风尚。

（6）青年大学习活动

突出用习近平新时代中国特色社会主义思想教育青年这一主线，不断强化青年思想政治引领工作的针对性、实效性。进一步完善工作体系，拓展方式载体，办好网上团课，着力加强党的科学理论的青年化阐发，推动团员青年政治学习制度化、日常化。

（7）“青年讲师团”计划

坚持高标准选拔组建、高质量培养使用，制作推广慕课产品，经常性、大范围组织青年讲师深入基层一线、走到青年身边面对面宣讲党的理论和主张。

2. 共青团组织动员青年的品牌活动

共青团组织动员青年品牌活动主要包括：

（1）“青”字号品牌

“青”字号品牌活动是指“号、手、岗、队”创建活动，具体为“青年文明号”“青年岗位能手”“青年安全生产示范岗”和“青年突击队”。“青”字号品牌活动旨在引导青年立足岗位建功立业，在文化、服务、安全、人才、团建等方面发挥生力军和突击队作用。“青”字号品牌活动是企事业单位持续健康稳定发展的重要推手，也是企事业单位发展的安全保障、人才保障和效益保障。

（2）保护母亲河行动

深化实施保护母亲河行动，大力开展植树造林、治理水土流失、资助生态恶劣地区建设绿色工程，在全社会倡导和树立绿色文明意识、环境保护意识和可持续发展意识，以减霾、减塑、减排、资源节约、垃圾分类为重点，动员青少年参与生态环保实践、助力污染防治。

（3）“挑战杯”竞赛

“挑战杯”竞赛以“崇尚科学、追求真知、勤奋学习、锐意创新、迎接挑战”为宗旨，在促进青年创新人才成长、深化高校素质教育、推动经济社会发展等方面发挥了积极作用，在高校及社会上产生了广泛而良好的影响，被誉为当代大学生科技创新的“奥林匹克”盛会。

（4）“领头雁”培养计划

该计划围绕破解制约农村青年创业就业的技术提升难、资金筹措难、人才培训难等问题，充分发挥共青团的组织化和社会化动员优势，整合党政、社会资源，不断深化创业培训、小额贷款、实用技能培训等重点工作，通过结对帮扶、考察交流、搭建平台等方式，着力提升带头人培养的工作实效。

（5）“振兴杯”全国青年职业技能大赛

“振兴杯”全国青年职业技能大赛营造了“尊重知识、尊重人才、尊重技能”的良好社会氛围，引领广大青年技术工人在不同岗位苦练技能，在全国范围内掀起了技术练兵、技能比武的热潮，使青年高技能人才脱颖而出。

（6）创新创效活动

创新创效是以企业青年为主体、以创新创效为目的的群众性创新实践，是企业共青团开展工作最具含金量的品牌活动。它是推动企业加快技术革新、转型升级、提高经济效益的有效措施，是引导企业青年立足岗位、加强学习、探索创新，在企业改革和发展中成长成才、建功立业的重要途径，是企业团组织服务于企业中心工作、服务于经济社会发展、服务于青年成长成才的有效载体。

3. 共青团联系服务青年的品牌活动

密切联系青年、竭诚服务青年，既是共青团作为群团组织的本职所系，更是为党抓住青年人群、赢得青年人心的必然要求。共青团强化政策服务要以推动《中长期青年发展规划（2016—2025年）》落实为统揽，形成政策服务与具体服务并举的工作体系，不断提升服务工作实效。主要有四个方面：一是关注青少年的学习、发展与成才；二是注意青年的就业创业问题；三是关注特殊青少年群体；四是系统解决青少年亟待解决的问题。通过上述工作，共青团要多做雪中送炭的工作，把党的关怀和温暖送到青年心坎上，反映青年呼声、回应青年诉求、维护青少年权益，千方百计为青年排忧解难，做广大青年信得过、靠得住、离不开的贴心人。

共青团联系服务青年的品牌主要包括：

（1）希望工程

希望工程旨在建设希望小学，资助贫困地区失学儿童重返校园，改善农村办学条件。希望工程改变了一大批失学儿童的命运，唤起了全社会的重教意识，促进了基础教育的发展；弘扬了扶贫济困、助人为乐的优良传统，推动了社会主义精神文明建设。

（2）大学生西部计划

西部计划旨在引导和鼓励青年志愿者到基层服务、建功立业，是大学生服务西部大开发和人才强国战略的重要举措。西部计划按照服务内容分为基础教育、服务三农、医疗卫生、基层青年工作、基层社会治理、服务新疆、服务西藏7个专项。实施大学生西部计划，有利于开辟高校毕业生健康成长的新途径，有利于推动西部地区的经济社会发展。

（3）12355青少年服务台

开设12355青少年服务台是共青团在青少年维权和教育方面所作出的一项战略举措。服务台在有针对性地维护青少年合法权益，动员社会力量帮助青少年解决实际困难和问题，促进青少年健康成长的同时，有效改进了共青团服务青少年的途径和方式，有利于及时掌握青少年思想动态和现实需求，引导青少年采取理性、有序、合法的途径反映诉求，有效化解了社会不稳定因素，巩固了党执政的青年群众基础，促进了社会和谐发展。

（4）“手拉手”互助活动

“手拉手”互助活动通过一系列贴近儿童生活、符合儿童心理、促进儿童成长的自主实践活动，将不同地域、不同环境、不同境遇的少年儿童联系在一起。活动由最初的写信交友、联谊娱乐，发展到解困救助、助学建校到今天的跨省交流、国际融合，时代赋予了其与时俱进的新内容和根植现实的新使命。

（5）关爱留守儿童行动

留守儿童是我国一个重要社会问题，关爱留守儿童行动是共青团服务党政工作大局、履行基本职能、体现社会责任、促进社会和谐的重要举措。共青团通过一系列工作特别是“童心港湾”项目的开展，突出对留守儿童的情感心理关怀和精神成长引导，为留守儿童提供切实有效的帮助。

（6）共青团婚恋服务

共青团婚恋服务是落实《中长期青年发展规划（2016—2025年）》的一个重要举措，通过开展共青团婚恋服务，解决青年的后顾之忧，使青年健康成长成才。共青团在婚恋服务所开展的“青春有约”项目已成为青年婚恋服务的一个名牌。

4. 共青团加强组织建设的品牌活动

加强团的基层组织建设，夯实基层组织基础。一是全面加强团支部建设。树立“一切工作到支部，一切工作靠支部”的理念，持续加强支部规范化建设，全面激发支部活力。二是构建基层青年组织体系。树立大组织理念，强化共青团主导地位和枢纽作用，扩大对各类青年组织的联系、服务和引导，将更多团员青年团结凝聚在党的周围。三是改进共青团的管理运行机制。注重应用信息化工作手段，适应青年在网络空间聚集的趋势，加强“网上共青团”建设，探索通过网络新媒体组织团的活动、加强联系服务、开展工作评价，推动团的工作和建设向互联网转型。注重建立扁平化运行机制，充分借助交通、通信技术进步，压减组织管理层级，提高工作传导效率，直接面向基层和青年开展工作。

共青团组织建设品牌主要包括：

（1）党建带团建

团的建设是党的建设的一部分，坚持党建带团建，主要做好“五带”，一是政治上带，抓政治方向；二是思想上带，抓道德建设；三是组织上带，抓制度规范；四是队伍上带，抓人才培养；五是工作上带，抓作风建设。从而形成党建带团建、党团同发展的良好格局。

（2）中国青年五四奖章

中国青年五四奖章作为共青团的一项品牌活动，是党政关心重视、社会大力支持、青年积极参与的一项品牌活动，产生着越来越大的社会影响力。“中国青年五四奖章”获得者是当代青年成长成才的榜样。

（3）五四红旗团委（团支部）创建及评选表彰

通过创建、评审、表彰的动态管理过程，以及自上而下的推进机制，从而加强基层团组织建设，活跃基层团组织工作，激发基层团组织创新。

（4）中学生团校

中学共青团工作在全团具有基础性、战略性、源头性的地位和作用，中学生团校主要对中学入团积极分子和团员进行思想政治、品德教育、文化知识、实践拓展、社会参与、社会融入等方面的培训，以提高中学生团员的先进性、综合素质和能力。

（5）青年之家

青年之家是共青团联系服务青年的“门店”，是新形势下共青团根据青年聚集的时空特点和成长发展的需求，依托街道、社区、园区、商区建立的供广大青年交流互动、参与社会、获得服务的新型关系空间和组织形态。打造青年之家品牌，就要强化青年之家的组织属性，使其成为县域范围内联系青年的枢纽型组织和服务青年的平台型组织。完善青年之家的管理运行机制，积极吸纳区域内团组织、团属社团、青年社会组织常态化入驻，增强青年之家联系服务青年的能力。

五、有效做法

党政关心、社会关注、青年关切、共青团能为，不仅是共青团品牌活动设计的出发点，也是形成共青团品牌活动的重要因素。在全团形成众多工作品牌的基础上，各级共青团因地制宜，也形成了大量各具特色的共青团品牌。新时代，共青团组织在塑造活动品牌和运用品牌推动工作上要从以下几个方面着力。

1. 顺应时代需要

共青团品牌是顺应时代发展的产物。在新中国成立初期，国家开始全面发展国民经济，青年团积极响应党和国家的号召，组织广大团员青年投身国家经济建设的各个方面，青年突击队这个共青团品牌活动应运而生，青年突击队在急难险重新的任务中发挥了突出的作用。改革开放和社会主义现代化建设新时期，共青团开展了“争当新长征突击手”品牌活动，形成了“比、学、赶、帮、超”的热潮。世纪之交，共青团为了适应新的发展目标，推出“跨世纪青年人才工程”和“跨世纪青年文明工程”，共青团新的品牌工作大量涌现：青年志愿者行动、青年文明号、青年岗位能手、中国青年五四奖章、“手拉手”互助活动、18岁成人仪式教育活动、服务万村行动、大中学生暑期“三下乡”活动等。21世纪初期，随着经济的快速发展，共青团积极适应新的职能要求，开展一系列围绕中心、服务大局、青年欢迎、社会需要的品牌活动，如保护母亲河行动、志愿服务西部计划、青年安全生产示范岗、12355青少年服务台、青年马克思主义者培养工程等，产生了广泛的品牌效应和社会影响。党的十八大以来，中国特色社会主义进入新时代，共青团紧紧围绕“两个一百年”奋斗目标，开展了“我的中国梦”、“向上向善好青年”推选、青年之家、青年大学习、青年讲师团等品牌工作。

2. 在继承中发展

共青团的品牌活动很多是由共青团历史上的传统工作发展而来的。以青年突击队为例，第一支青年突击队始见于1954年1月北京的建筑工地上，后来在团中央“重点建设、逐步推广”方针的指引下，先后在各地建立和发展了各种青年突击队，从60多年前的“木工青年突击队”，到2020年的“抗疫青年突击队”，青年突击队这个品牌一直沿用至今，发挥着积极的作用。再如“青年志愿者行动”。它是在共青团一直坚持的学雷锋活动的基础上孕育而生的，是学雷锋活动的继续。同样的例子还有“保护母亲河行动”，它是从共青团一直倡导的植树造林活动发展而来的。青年岗位能手活动和青工技能振兴计划活动的前身是20世纪80年代开展的小发明竞赛活动、“五小”智慧杯竞赛、20世纪90年代初的青工技术大赛。共青团品牌活动是共青团工作在继承中发展、在发展中继承的结果，是一代又一代共青团人不断探索开拓的结果。

3. 勇于探索创新

共青团品牌工作很多都来源于基层的探索，基层干部群众的大胆创新使共青团品牌不断向前发展。比如大学生“挑战杯”科技竞赛活动，最早发起于1982年清华大学举办的一项学生学术科技作品竞赛，学生们把这项活动命名为“挑战杯”。1989年，由共青团中央、中国科协、全国学联共同主办，当时的国家教委大力支持，清华、北大等全国19所著名高校联合发起，在清华大学举办了第一届“挑战杯”全国大学生课外学术科技作品竞赛。从此，“挑战杯”走进全国大学校园，成为培养大学生创新精神、创业意识、实践能力，提高综合素质的有效载体。因此，必须尊重基层的首创精神，保持基层组织的创新活力，重视总结推广先进的基层经验，这是产生共青团品牌工作的重要基础。在探索创新的过程中，要注意归纳、总结品牌活动的精神，也要注意给品牌活动起一个响亮的、朗朗上口的、群众乐于接受的好名字，如“希望工程”“保护母亲河”等。

4. 走社会化之路

社会化动员方式是指在社会主义市场经济条件下，不同层级的团组织以自觉自愿为出发点，直接面向社会、面向广大青年，运用和吸引各类社会资源参与团的工作和活动。在共青团品牌工作中，我们可以看到其中不乏运用组织化动员与社会化动员相结合的成功案例。比如保护母亲河行动，在工作中就有发挥组织系统优势、大规模动员青年参与的阶段。例如组织团员青年以交纳特殊团费的方式捐款，支持保护母亲河行动；争取党政职能部门资源，为基层团组织提供政策、项目和资金支持。同时也通过社会动员号召青少年参与。例如，很多地方开展了“我为家乡种棵树”义捐、“一张纸”爱心兑绿色等微公益项目。通过采用“微捐”“微项目”为主题，开发更具灵活性、开放性和便捷性的社会化募资载体，引导广大青少年参与公益环保活动。保护母亲河行动把共青团组织动员和社会动员相结合，将社会公益事业的水平推向了一个新的高度。归纳起来可以看出，组织化动员方式与社会化动员方式的结合运用，既保证了共青团工作性质的要求，服务了党政大局，又照顾了青年自主性和自愿性的特点，是共青团工作最终能形成品牌效应的有效支撑。

5. 严格品牌管理

随着共青团品牌工作知名度的提高、工作内容和参与者的增多，对品牌的管理就成了重要问题。建章立制是很多品牌工作不可或缺的重要步骤，这些规章制度保证了品牌工作能够持续不断地发展下去。比如青年文明号活动出台《全国青年文明号管理办法》，对这项活动的宗旨、基本条件和标准、申报及评选办法、表彰奖励、考核管理都作了明确规定。同时，还成立了由国家20个部委有关方面负责同志组成的全国青年文明号监察委员会和全国创建青年文明号活动组委会，设立监督举报电话，确定了公示制和退出机制等措施。再比如希望工程，通过制定希望工程实施管理规则等一系列重要制度，保证资助标准、申请程序、审核权限等各项工作纳入制度轨道，从而做到有章可循；在机构建设中，中国青少年发展基金会长期坚持“五透明，五不准”的自律守则，以诚信和自律规范提升希望工程的公信力。运行30多年来，由于遵循严格的管理制度，希望工程以其良好的形象成为著名的公益品牌。事实说明，当品牌工作有了一定的知名度，尤其是在推广和不断发展阶段，只有加强管理，才能保证工作质量，使品牌工作走上良性发展的道路。

第十一章

资源整合工作法

资源整合是一个复杂的动态过程，是指组织对不同来源、不同层次、不同内容的资源进行选择、汲取、配置、激活和有机融合，使之更具系统性和价值性的过程。团十九大报告强调："降低行政化依赖，积极探索面向社会募集款物、帮助青年解决难题的资源整合机制。"[①]资源整合理论与共青团工作具有耦合性，共青团在工作实践中逐步形成了具有自身特征的资源整合工作法。

团十九大报告指出，要"坚定不移推动一切工作项目、工作资源、工作力量向主责主业聚焦"，"推动工作力量、工作资源、工作项目向基层倾斜"；"要充分依托党赋予的资源和渠道"，"着力激发青年力量、挖掘社会资源"，"积极探索动员引领网络化、生存资源社会化、运行机制扁平化"。[②]新时代共青团资源整合工作法聚焦资源获取狭窄、资源分散、资源统合难度大等现实问题，整合内部资源和外部资源，增强工作和活动的连续性、完整性、可持续性，增强组织的政治性、先进性、群众性。实践中，共青团在资源识别、资源汲取、资源配置、资源利用、

① 阿东：《在习近平新时代中国特色社会主义思想指引下　动员引领广大青年为全面建设社会主义现代化国家而团结奋斗——在中国共产主义青年团第十九次全国代表大会上的报告》，《中国青年报》2023年6月26日。

② 阿东：《在习近平新时代中国特色社会主义思想指引下　动员引领广大青年为全面建设社会主义现代化国家而团结奋斗——在中国共产主义青年团第十九次全国代表大会上的报告》，《中国青年报》2023年6月26日。

资源再造等方面积累了宝贵经验，形成“希望工程”“青马工程”“中国青年志愿者行动”等资源整合重点项目。总之，共青团要努力优化整合团内现有资源，争取凝聚党政、社会、青年群体等外部资源，跨层次跨领域共建共享资源，助力共青团深化改革和服务青年成长成才。

一、工作原理

基于经济学、管理学、马克思主义理论等多元学科视角理解和把握资源整合工作法的基本原理，可以从目标、特征、方式、应用等方面分析和阐释资源整合系统，以期更好探析共青团资源整合工作法的成效。

1. 资源整合目标

一是创造价值视域下的资源整合原理。“资源的概念源于经济科学，是作为生产实践的物质基础提出来的，它具有实体性。简单地说，资源就是资财的来源，即‘资财之源’，或者说，资源是创造人类社会财富的源泉。”[①]意大利经济学家维弗雷多·帕累托在关于经济效率和收入分配的研究中提出了帕累托最优，即对社会整体资源的最合理配置，最大限度地减少浪费和提升效率。开发新产品易迫使企业重新整合内外部资源，根据市场法则追求资源效能最大化，节约企业发展成本、提高企业的收益成本比、提高企业的竞争优势。[②]简言之，资源整合的结果是企业能力的提升和竞争优势的建立。可见，资源整合实现生产资源和生产

① 彭补拙等编著：《资源学导论（修订版）》，东南大学出版社2004年版，第1页。
② Collis D.J.Montgomery Ca.Corporate Strategy:A Re source-based View, Irwin/mcgraw-hill:Boston Ma, 1998.

要素的优化配置，为企业带来经济利益、组织绩效乃至社会效益。

二是调整管理视域下的资源整合原理。现代企业资源观之父杰恩·巴尼指出，企业如果拥有有价值的、稀缺的、不可模仿和不可替代的资源，就有获得持续竞争优势的潜力。[①]赫克歇尔等人提出了资源禀赋理论，认为产品成本的高低并非受单一要素（劳动）的影响，而是多种要素（资本、土地、技术）综合作用的结果，并据此创立了H-O模型[②]，这一模型为资源整合理论提供了分析框架。随后，一些研究者丰富和拓展这一理论模型的适用范围，在资源禀赋理论的基础上提出“资源管理”学说，并将该理论中重要的分析要素——资源整合作为资源价值产生的重要前提，认为资源价值创造的过程就是资源整合的过程，[③]从而提高资源整合理论的显学地位，资源整合理论发展备受学界重视。资源管理理论提出，企业的资源整合活动会对其原有资源和能力产生补充效应，并提高其适应环境变化的能力，进而促使企业实现进一步发展，提升经营绩效。[④]当前，资源整合成为企业战略调整的方法和手段，也是企业经营管理的日常工作。

三是马克思主义视域下的资源整合原理。马克思主义唯物辩证法指出事物发展是普遍联系的，且联系是事物本身固有的、客观存在的，这为各种资源间的联系性奠定了基础，蕴含着要把握各种资源之间的内在

---

① Barney J.B. “Firm Resources and Sustained Competi tive Advantage” , *Journal Of Managenmet*, 1991(17): 99-120.

② KLEIN M W. The Heckscher-Ohlin model in theory and practice, *Journal of International Economics*, 1996(1-2) :214-217.

③ SCOTT S, TOBY S. Organizational endowments and the performance of university start-ups, *Management Science*, 2002(1) :154-170.

④ SIRMON D G, HITT M A, IRELAND R D. Managing Firm Resources in Dynamic Environments to Create Value:Looking Inside the Black Box, *Academy of Management Review*, 2007(1):273-292.

联系。同时，从马克思主义资源观来看，资源整合要求把特定企业及其相关组织发展的资源整合看作一个实践系统，组织者和实施者在开展工作过程中把接触到的所有资源要素，按照性质、质量、类别、数量等有机组织起来，以发挥特定企业及其相关组织所具有的资源对组织成员及其外围人员的最大、最优功能，进而保证资源节约状态下顺利实现特定企业及其组织的发展目标。并且，强制积聚、建立股份公司是资本主义时代实现资源整合的重要途径。[①]这些启发新时代共青团资源整合需要与时俱进借鉴和吸收资源整合的有益方式方法。此外，马克思主义也指明，人是一切生产要素中最活跃的因素，要在实践中增长才干。团干部是团的政策和团的工作的设计者、践行者，通过识别、汲取、配置、利用资源可以锻炼、检验、提高团干部的能力。

2. 资源整合特征

从形态看，资源涵括有形资源和无形资源。从涉及范围来看，企业资源分成金融资本、实物资本、人力资本和组织资本四类。杰恩·巴尼认为，战略性资源就是在企业面临竞争时提供最持久利益的资源，它们具有价值性、稀缺性、难以模仿性和不可替代性四个方面特性。[②]资源整合的动力主要有借助传统、交换协调和行政主导三种类型，[③]关键要素包括作为显性要素的利益整合、作为隐性要素的社会关系整合和作为共享要素的制度整合。[④]共青团资源整合要优化资源结构，保持资源的

---

① 参见《马克思恩格斯文集》第五卷，人民出版社2009年版，第723页。

② Barney J.B. “Firm Resources and Sustained Competi tive Advantage”, *Journal Of Managenmet*, 1991(17):99−120.

③ 参见邱柏生：《论社区资源类型及其整合方式》,《探索与争鸣》2006年第6期。

④ 参见孙彩红：《协同治理视域下政府资源整合与组织能力分析——以新冠肺炎疫情防控为例》,《四川大学学报（哲学社会科学版）》2020年第4期。

完整性、连续性，维持资源功能发挥的特质，从而增强组织竞争力，保障战略实施，以顺应时代、市场、社会等外部环境变化形势，实现组织深化改革。与此同时，当前的资源整合工作深受互联网技术发展和社会组织变革这两大因素的助推影响。

3. 资源整合方式

资源的价值潜力来源于资源整合方式，成员通过自身资源与对所获取资源的有效整合形成竞争优势。①从资源整合的具体板块内容来看，包括客户资源整合、财务战略整合、信息资源整合、人力资源整合、能力资源整合等。从具体的整合方式来看，资源整合过程包含以下几种类型：一是“两阶段说”，主要包括对现有资源结构予以组合配置的稳定型资源整合、以创新组合配置的开拓型资源整合两种类型。②根据资源在资源整合中的内外部行为，将资源整合分为资源识取（主要是企业面向外部的行为）、资源配用（主要是企业内在资源组合与使用的行为）两大过程；③二是“三阶段说”，即分为识别资源、吸引资源、将个人资源转化为组织资源并加以利用；④三是“四阶段说”，即分为识别（选择）、汲取（获取）、配置、激活利用等。⑤基于以上探索，根据资源

---

① Cunha, M.P., Clegg, S.and Rego, A., et al. “Organizational Improvisation:From the Constraint of Strict Tempo to the Power of the Avant-garde”, *Creativity and Innovation Management*, 2014(23):359-373.

② 参见孙秀梅、高德芳、宋剑锋：《创业者行业经验、资源整合与商业模式创新性》，《华东经济管理》2021年第5期。

③ 参见马鸿佳、董保宝、葛宝山：《资源整合过程、能力与企业绩效关系研究》，《吉林大学社会科学学报》2011年第4期。

④ Candida G Brush, Patricia G Greene, Myra M Hart, Harold S Haller.From initial idea to unique advantage:theentrepreneurial challenge of constructing a resource base, *Academy of Management Executive*, 2001,15(1):64-78.

⑤ 参见孙彩红：《协同治理视域下政府资源整合与组织能力分析——以新冠肺炎疫情防控为例》，《四川大学学报（哲学社会科学版）》2020年第4期。

整合实际，本书认为资源利用后还要对资源进行评估和反馈，即资源再造，由此提出了资源整合的五大关键环节，即资源识别、资源汲取、资源配置、资源利用、资源再造（表11-1）。

表11-1　资源整合过程的关键阶段

<table>
<tr><th>环节</th><th>阶段</th><th>含义</th><th>具体操作</th><th>定位</th></tr>
<tr><td rowspan="2">资源识取</td><td>资源识别</td><td>根据组织自身发展需求，对内外部所需资源进行分析、确认的过程</td><td>资源鉴别、资源选择</td><td>资源整合的起点</td></tr>
<tr><td>资源汲取</td><td>联络动员各方力量，通过各种渠道得到转型所需资源的过程</td><td>吸引资源、获取资源、实现资源互动</td><td>资源整合不可缺少的环节</td></tr>
<tr><td rowspan="2">资源配用</td><td>资源配置</td><td>组织获取必要资源后，对现有资源进行调整，使其相互匹配、相互补充并获得竞争力的过程</td><td>资源匹配、供需对接</td><td>承上启下：向上承接资源获取，向下联结资源利用</td></tr>
<tr><td>资源利用</td><td>参与者对可用资源的操作，侧重于资源创造与整合，通过发挥资源与能力的作用生产出产品或服务，将潜在资源转化为特定利益，为客户创造价值的过程</td><td>资源激活和有机融合</td><td>资源运行的关键</td></tr>
<tr><td>资源评估</td><td>资源再造</td><td>从技术、适应外在环境等层面保障资源整合的整体运行，测量资源利用率</td><td>资源评价、资源反馈</td><td>资源整合的结点</td></tr>
</table>

4. 资源整合应用

资源整合作为异质性资源集合、处理与优化的新型理念，多见于供应链物流管理、业务流程再造等企业管理领域，一般多作为促进学习的机制，与开放创新、企业绩效等关系甚密。[①]共青团本身是一个复杂的系统综合体，这就决定了共青团需要充分整合资源才能发挥效用。资源整合理论与共青团组织面临的多重主体、多维目标等组织特点具有较强的契合性和融通性。百年团史表明，共青团工作在实践中形成了独具特色的资源整合工作法。概括来讲，共青团资源整合工作法是指在共青团工作的各个环节，利用各种机会实现各类各级资源整合利用最大化，为共青团工作提供发展所需的资金、物资、人才、制度、政策等，满足共青团工作的资源需求的方法。根据资源整合理论，共青团整合资源要从自身实际出发，并遵循以下基本原则：一是厘清和分析现有的共青团资源，盘点盘活内外部资源；二是挖掘共青团独特的资源，提升对青年发展的影响力；三是寻找和借鉴外部合作资源，积极而充分地整合内外部资源、借助各方力量为我所用，拓展资源整合的范畴，集聚资源最大化效应，多元素、全方位推进共青团工作。

二、功能作用

资源是共青团事业发展的条件和基础，共青团通过资源整合工作有助于处理好与党政机关、社会组织、青年群体等的关系，成为发挥基本功能、增强凝聚力、提升工作效能的重要方法。

1. 发挥团的作用，融入治国理政大局

共青团是党领导的青年组织，通过汲取政党政治资源，在优化资源

---

① T.Russo-Spena et al. Innovating in Practice:Perspectives and Experiences, *Springer*, 2017:244.

配置过程中强化自身所承担的职责职能，引导青年以实际行动提升大局贡献度。

一是强化政治属性，汲取政党政治资源。从规章制度层面来看，《中国共产党章程》中第十章“党和共产主义青年团的关系”明确规定：“中国共产主义青年团是中国共产党领导的先进青年的群团组织，是广大青年在实践中学习中国特色社会主义和共产主义的学校，是党的助手和后备军。”这一规定包括三层含义：其一，党领导团，蕴含着共产党赋予共青团特定的资源，共青团可以获取和借鉴政党资源巩固政治地位；其二，“党有号召，团有行动”，共青团工作运行同党的发展及运行逻辑紧密联系，以党的政治纲领为奋斗目标、以党的指导思想为行动指南；其三，共青团有别于政府部门，是党领导下的“半政党”性质的群团组织，不具备较强的行政决策权，而是依靠现有政策联络协调相关职能部门获取资源的行为和结果被社会认可，这就决定了共青团必须通过整合资源来提升治理效能、扩大社会影响力。共青团在受上级团组织领导的同时，也受同级党的委员会领导，这种双重领导体制在资源整合过程中也具有双重意义：在接受各级党组织领导的同时，获得党政部门支持；在接受共青团系统领导时，积极争取上级共青团、同级共青团、跨区域共青团等团内资源的支持。

二是主动融入党领导的现代化工作格局。共青团是党的青年工作的重要力量，团的事业是党的事业的重要组成部分。资源整合深层次嵌入政党体系，即共青团与国家治理体系和治理能力现代化建设相衔接，能够促进基层团组织获得所在辖区党和政府资源的支持，在依法依章程的框架内能够参与资源决策、要素整合、人员调配等过程，而且有助于引导和凝聚广大青年积极参与全面建设社会主义现代化国家。

2. 推动团的社会化生存发展，提升环境适应力

共青团根据市场环境变化来寻找资源、匹配资源、利用资源，拓展生存和发展空间，推动社会化生存发展。

一是优化筹措资源路径，化解缺乏资源的难题。没有公共权力的共青团在介入市场过程中，主要是通过政府内部协调机制，联合政府的其他相关部门和机构共同开展工作，同时利用自身的影响力积极争取企事业单位以及社会资金支持。例如，共青团的经费来源主要有政府的财政预算拨款、团员交纳的团费和向社会募集的经费，在2021年度共青团中央部门决算中，一般公共预算财政拨款收入19847.68万元，事业收入5065.53万元，其他收入1771.02万元。当前，不少社会机构等有能力、有意愿将奖金投向公益事业和慈善事业，企业具有反哺民众、回报社会的诉求，这蕴藏着共青团组织可运用、可调配的潜在资源。这一特性有利于共青团向社会、企业寻求资源注入和支持。共青团越有资源就越有动员力、号召力、影响力、感染力，越有助于化解青年需求多元与资源供给能力薄弱的矛盾、资源稀缺与责任重大的矛盾。

二是适应市场经济发展要求，提升对市场变革的应变力。嵌入市场经济的共青团实践需要灵活多样的资源整合，市场经济的运作方式应用于团的具体工作中，有助于拓展团组织工作资源，延伸团组织工作触角。共青团不断扩大工作的覆盖面，不断借助外力“突围”，在资源配置中挖掘和开发新的组织功能，形成内外部良性运转机制，成为破解关起门来搞建设以及部门功能萎缩的重要途径。

3. 发挥团的组织动员优势，激发活力和生命力

作为党联系青年的“外围组织”，共青团在整合资源工作中能够发

挥组织动员和社会动员优势，激发共青团组织活力。

一是发挥组织动员和社会动员优势，激发内驱力和活力。资源整合是共青团发挥组织动员和社会动员优势的基础，“能把大家吆喝起来、动员起来、整合起来”[1]。共青团通过组织动员，通过整合体制内资源，可密切与团员的联系，激活团组织本身覆盖面广的优势，提升资源效能。通过社会动员，整合体制内外两种资源，达到“协同必胜”“整体优化”。共青团充分发挥这两种动员优势，能有效整合政府资源、团内资源、社会资源，形成稳定的工作力量和持续的资源供给。在此过程中，促进团组织内部的优化更新，加速不适应经济发展和青年需求的要素衰亡，推动新的资源要素产生，抑或在组织遭受损伤时，各资源要素互补，实现组织的自我革新与修复。[2]例如，创建“团干+青年+群众”塔群联系制，搭建“共青团+社会组织+青年之家”组织架构，这些举措有助于破解共青团动员青年参与社会治理的工作方式落后，与青年的生活需求、工作习惯相距甚远以及服务内容形式化、娱乐化等问题。

二是优化组织运行模式，提升组织精神风貌。共青团通过与党政系统、社会组织、企事业单位和其他社会主体之间形成“互嵌”格局，活动方式从依托组织开展为主转变成组织间联合开展，活动形式从集中、统一、大型、线下，向灵活、有针对性、小型、线上线下结合转变。在共青团跨行业、跨领域、跨区域整合中，所形成的开放的组织边界和扁平的组织结构，更有利于与外部资源实现有效对接、互动，加强彼此间的真诚沟通。这不仅能提升资源方对共青团工作的参与度和信任感，而且能提升资源整合的及时性和活跃度，更易突破行业限制和地域限制，

---

① 胡献忠：《共青团组织力的内涵、结构与逻辑》，《中国青年社会科学》2020年第1期。

② 参见史拴拴、王鑫：《结构性嵌入与团结性吸纳：共青团工作的百年演进与现代化路向》，《江海学刊》2022年第4期。

加快创新要素流动。共青团资源整合内容与其他社会领域改革工程相衔接，形成团组织与社会组织、企业组织协同联动，共同做好服务青年发展工作，从而使共青团在社会发展中树立良好形象。

4. 提升团干部工作水平，增强资源整合能力

团干部是共青团工作的骨干，在团的资源整合工作中发挥关键作用。资源整合是一个考验、锻炼团干部的能力和素养的过程，有助于促进团干部工作方式转变、工作作风转变、工作能力提升。

一是促进团干部工作方式转变。做好共青团资源整合工作，需要团干部着眼于资源整合系统的动态过程和整体优势的全局性，以开放的视角来看待团组织的性质、角色、职能与资源的关系，多渠道、全方位、多样化获取资源。团干部通过开展沟通和协调工作，把共青团内部本应彼此相关但事实却又彼此分离的职能整合，把共青团外部存在肩负共同使命、承担共同任务、兼具共同利益的对象整合成一个为青年服务的系统，对获取和掌握的资源不断优化配置和使用，发挥资源的最大价值。

二是促进团干部工作作风转变。团干部要主动沟通、努力争取工作资源，而不能等着资源“馅饼”掉到头上；要主动出击、未雨绸缪进行整体规划，对所对接的项目进行打造、包装。深层次来看，在团干部与企业家、青年组织及其相关的社会组织进行的多次的接洽和联动中，无形中改变了团干部等资源、靠资源的工作作风。

三是促进团干部工作能力提升。团干部在资源整合过程中，更直接、更多次面对经济工作和社会事务，更需要努力寻找和挖掘资源间的有效结合点、启动点，引导多方资源主体力量共同支持和参与共青团项目。团干部应因时因地根据工作环境变化优化内外资源，甚至实现项目和活动战略转变。这些有助于从具体实践案例中培养团干部了解经济社

会发展现状和趋势、学习最新前沿知识、聚集资源与利用资源的能力。

5. 形成多元化资源供给，服务青年成长发展

青年成长成才需求既包括现实需求，也包括潜在需求。共青团资源整合通过提供灵活多样的平台资源，发挥群团组织枢纽功能，以青年喜欢和愿意的方式接触青年、理解青年，提升服务青年成长发展效能。

一是引导青年心怀“国之大者”，扩大党执政的青年群众基础。共青团资源整合工作法的实质就是发挥群团组织枢纽功能，寻求资源配置与青年需求的最佳结合点，深耕和有效介入青年工作、学习、生活空间，吸引来自外部的信息、物质、文化等多元资源注入，将分散在各领域的青年个体组织起来，以适应青年日趋多样、多变、多元的价值诉求、心理预期、偏好取向，并作出回应。正如优质的人力资源通常会给企业带来较强的竞争优势，共青团资源整合通过共青团员这个组织系统中的微观细胞，发挥团员这一优质人力资源的先进性和榜样作用联系更多青年、撬动更多资源，在重大节点、事件、行动上与党和国家发展同频共振，贯彻和执行党的意志和主张。

二是引导青年利用共青团资源整合平台，淬炼成长。共青团资源整合搭建服务青年与市场、政府、社会有效对话、衔接的机制与平台，以青年化叙事和语言解读党和国家的方针政策，实时发布青年工作动态、党政中心工作、改革重点任务，引领青年关注国家战略、参与国家社会发展事务。例如，“共青团与人大代表、政协委员面对面”活动，不仅是共青团向党委和政府反映青年真实温度的重要载体，而且是共青团依托人大和政协制度化平台反映青年诉求、促进青年发展的主要渠道。立足于更大视野、更高站位，“把青年工作作为战略性工作来抓，用党的科学理论武装青年，用党的初心使命感召青年，做青年朋友的知心人、青年工作的热心人、青年群众的引路人”[①]，引导青年在充分把握和运用共青团所供给的平台和机会中认识自我、锤炼自我。

三、宝贵经验

共青团资源整合是一个持续积累内部资源、补充外部资源、发挥资源杠杆效应的过程，在资源识别、资源汲取、资源配置、资源利用、资源再造关键环节中积累了宝贵经验。

1. 资源识别：内部与外部统一

资源识别，是指根据组织自身发展需求，对内外部所需资源进行鉴别、分析、确认的过程，这是资源整合的起点。梳理共青团工作资源类型及其特性，成为选取和吸纳各类资源并统筹规划和开展共青团工作的基础。

从资源来源面来看，党政配置的资源来源是稳定但有限的，例如日常工作经费、团属青年力量、人员的调入、党团阵地等；团内资源是最可控的但数量少且分散，例如团属期刊、青少年宫、青少年活动中心、团属刊物等团属阵地；社会资源是丰富的但获取是不稳定的，例如企业、社会组织等。这些决定了共青团不能一味地仅依靠政党资源，需要合理开发、使用团内资源，多元化地整合社会资源。从所属关系来看，共青团资源整合包括体制内外两种资源，既包括与机关、医院、学校等

① 习近平：《高举中国特色社会主义伟大旗帜 为全面建设社会主义现代化国家而团结奋斗——在中国共产党第二十次全国代表大会上的报告》，人民出版社2022年版，第71页。

体制内单位的联系合作，又涵括与民营企业、社会组织的联系合作。[①]从系统架构视角来看，共青团资源可分为三类：基础性资源（共青团工作的理论、历史和社会资源），运转性资源（共青团工作的权力资源、物质资源和文化资源），保障性资源（共青团工作的组织资源、制度资源和人才资源）。[②]从存在空间来看，共青团资源可以划分为线下资源和线上资源，线下资源涵括百年来形成的物质文化资源，线上资源最突出的优点是内容丰富、种类多样、延展性强，这一特质决定了共青团需要将线上、线下资源整合。

共青团资源的性质决定了资源整合工作要把握以下原则：一是分清和把握资源的可用性、潜在性、隐蔽性，形成基于潜在需求的价值链资源整合，注意识别、开发并利用边缘资源、闲置资源，推动潜在资源“变现”；二是深度盘活和用好组织内生资源，注重在观察不确定的、非均衡的资源环境中识别资源的内在价值，用好用足党政资源，挖掘、开发、打造百年团史蕴含的丰富历史文化资源，培育独特和优势资源；三是观察和分析共青团工作所牵涉的社会资源方，寻找和整合外部合作资源，大力开发社会资源，发展和活跃新资源。

2. 资源汲取：筹集与开拓统一

资源汲取主要指吸引资源、获取资源、实现资源互动，联络动员各方力量，通过各种渠道得到推进工作所需资源的过程，这是资源整合不可缺少的环节。

共青团要完成服务大局、服务青年、服务社会的使命，就要充分挖

① 参见胡献忠：《共青团组织力的内涵、结构与逻辑》，《中国青年社会科学》2020年第1期。
② 参见胡洪彬：《共青团工作资源系统及其结构优化》，《中国青年社会科学》2017年第1期。

掘内部资源，并面向外部开拓获取资源。共青团要努力汲取政党政治资源，理顺党团、政团、社团关系，加强与工会、妇联、科协、残联、侨联等传统群团组织的密切合作，同时充分利用自身嵌入的政党体系、社会网络获取资源，并以组织资源来撬动其他资源，促进青年需求和政党资源、社会资源有效衔接。

实践中，共青团通过广泛动员各类青年社会组织、青年企业家、社会爱心人士等多方力量，有效整合了丰富的工作资源。例如，有的把团的工作渗透于企业经营发展的各个领域，进而提升共青团工作与企业发展的关联度；有的学习借鉴优秀社会组织的先进经验；有的利用团属资源与公益慈善组织以项目化的形式合作，整合各自资源，形成良性互动合作关系。

3. 资源配置：互动与匹配统一

资源配置，是资源整合的承上启下点，主要指组织获取必要资源后对现有资源进行调整调适，使其相互匹配、相互补充并获得竞争力的过程。共青团资源整合工作不是简单的资源拼凑，而是将服务青年作为资源优化配置的根本出发点，满足资源匹配、供需对接，使资源配置产生最佳效力。

一是面向内部配置，加强资源互动，避免资源错配现象。对于内部资源的调配，要注重资源调配的过程与条件，还需考量自身的资源禀赋与物质条件。共青团组织在对接党政工作资源以及其他外部资源时，既要通过充分沟通、协同联动、友好合作等方式来配置，还要通过共同发布文件政策等途径来加强检查、督促，使资源配置的程序、过程形成规范。

二是面向外部配置，寻找整合的对接点，调动和匹配资源。以现存资源为基础，通过技术开发、能力组合等方式来获取服务资源，并按照“累叠”的方式对外部资源进行整合；[①]采取互动的方法获取外部服务资源，进而实现信息对称并调动参与主体的积极性，[②]促进新资源与已有资源形成良好匹配关系。选准资源配置的最大效力点，加强共青团同政府、企业、NGO等组织机构的联系、沟通与合作，建立基于互信的合作关系，开展整合互动，开辟多方共赢良好局面。

4. 资源利用：融合与赋能统一

资源利用，主要是指使用所获取并经过匹配的资源，实现资源激活、创造、融合，生产出产品或服务，将潜在资源转化为特定利益，提升资源利用效率的过程。这是创造价值的过程，也是资源运行的关键。

一是以社会化方式利用资源。作为青年社会组织引领者的共青团，要善于通过购买服务、提高政府服务效能、与公益慈善组织合作等社会化工作方式利用资源。例如，中国青年志愿者行动是创新工作领域、服务社会需求的典范，将社区公益就业、志愿服务、专业机构服务等资源整合起来，引导社会力量广泛参与，在服务社会、教育青年、促进发展等方面发挥了积极作用。

二是推动项目化利用资源。通过项目制的管理工具，在资源整合过程中打破资源整合边界并进行合理分工，把上下级关系变为平等协作关系，发挥各自的主体功能。要根据具体的工作内容和青年发展诉求特点选择合适的项目，明确达成目标和预期成效，制定项目规划和方案，培

---

① KOGUT B, ZANDER U. Knowledge of the firm, combinative capabilities and the replication of technology, *Organization Science,* 1992(3).

② 参见吴涛、陈正芹：《资源整合与功能超越——论社会组织在公共管理改革中的重要作用》，《中国行政管理》2008年第6期。

育特色工作项目。一些地方团委出台工作内容项目化管理办法，打造青年发展型城市建设等重点项目，优化青年的成长发展环境，实现项目带动共青团工作事业化发展。

三是推动网格化和数字化利用资源。不断加强团委、团总支、团支部、团小组、联合团支部等基层团组织建设，推进和拓展团组织的网络治理，形成交叉网络型的管理模式。通过共青团组织形态变革创新，形成一种资源共享的整合机制。比如，利用人工智能和大数据全面推进共青团业务数字化转型，推动共青团数据跨区域、跨层级、跨部门集成汇聚，实现共青团数据资源互联互通。帮助青年在枢纽型平台中获取更多所需的信息资源，智慧团建就是共青团数据资源整合利用的经典案例。

5. 资源再造：反馈与革新统一

资源再造，即资源评价、资源反馈，主要指从技术、适应外在环境等层面保障资源整合的整体运行，测量资源利用率，以更好坚持自我革新，焕发资源活力。

一是测量和评估资源利用成效。加强项目竣工或者活动结束以后的分析和评价，盘点和总结运用资源开展项目的成效及其存在的问题，建立内在动力与外部支持之间的利益联结机制，保持与资源方的友好互动关系，为维护项目的长期健康发展奠定坚实基础。

二是总结和汲取资源整合有益经验。创新是共青团的内在动力，持续有效的活动和服务创新，不仅使共青团与资源整合相关者保持了良好的关系，宣传了团的品牌活动和特色工作，而且积累了相关的市场经验，从而为新一轮的资源识别、获取、配置提供条件。

三是促进在资源共建共享中扩大资源整合效益。共青团在加强枢纽型互动平台建设、挖掘社会优质资源深度、加大社会优质资源整合力度的过程中，其自身的资源与社会其他资源要实现共享，并通过资源互联共享、高效整合来共同推进社会各项事业的发展，形成开放的共青团资源共建共享体系。

四、重点项目

共青团在资源互动、配置和优化中打造了一批吸引青年参加、社会影响深远的品牌项目，积累了丰富的经验。

1. 希望工程：爱心聚力整合

1989年10月30日，由共青团中央、全国青联等单位联合创办的中国青少年基金会依靠社会各界和海内外关心中国青少年的个人和团体的支持，通过募捐创建了中国第一个“救助贫困地区失学少年基金”，并把该项工程命名为希望工程。这项事业实施以来，得到有关部门和社会各界以及海内外同胞的热情支持，人们纷纷捐款捐物，很多团组织也动员青少年踊跃捐款。近年来，在团中央书记处的带领下，各级共青团和青基会组织深入推进希望工程事业实现新发展。截至2022年底，全国希望工程累计接受捐赠收入210.76亿元，资助困难学生692.9万名，援建希望小学20992所。①其中，“中国茅台·国之栋梁”希望工程圆梦行动自2012年启动以来，已累计资助21万余名困难学子从家门走进大学校门，成为新时代希望工程标志性、示范性、引领性的公益项目。希望

① 参见杜沂蒙：《努力为青少年提供新助力、播种新希望——五年来共青团推动新时代希望工程工作综述》，《中国青年报》2023年6月12日。

工程的设计和开展集中体现“党政所想、社会所急、青年所需、共青团所能”，充分发挥共青团组织的社会化动员和资源整合优势，通过社会化筹集资金，解决失学儿童上学、支援贫困地区教育事业，取得巨大的社会效益，得到社会广泛认可，体现了共青团组织的资源整合效能。

2. 中国青年志愿者行动：志愿服务资源整合

中国青年志愿者行动是共青团组织发起、联合党政有关部门实施的，动员组织青年以自愿的方式为社会和他人提供服务和帮助的公益活动和社会事业，主要服务领域包括扶贫开发、社区服务、环境保护、大型活动及抢险救灾等。中国青年志愿者行动主要围绕社会公益性劳动、维护社会治安、抢险救灾、美化环境、移风易俗、扫盲治愚、社区服务、社会咨询服务、文体活动以及维护青少年权益、青少年帮教等方面进行，涉及内容广泛，需要共青团整合各方资源才能有效推动。中国青年志愿者行动是创新工作领域、服务社会需求的一大创举，将社区公益就业、志愿服务、专业机构服务等资源整合起来，引导社会力量广泛参与，在服务社会、教育青年、促进发展等方面发挥了积极作用。

3.“青马工程”：人才培育资源整合

2007年，团中央在相关部委的支持下，启动实施了“青年马克思主义者培养工程”，旨在为党培养信仰坚定、能力突出、素质优良、作风过硬的青年政治骨干。团中央印发的《“青年马克思主义者培养工程”实施纲要》确定重点培养对象为大学生骨干、共青团干部和青年知识分子。2020年，共青团中央、教育部、民政部、农业农村部、国务院国资委联合印发的《关于深入实施青年马克思主义者培养工程的意见》对新时代深入实施“青马工程”作出部署安排，指明了创新优化体制机制，不断强化“青马工程”为党育人的政治功能，要逐步构建覆盖高校、国企、农村、社会组织等各领域优秀青年的分层分类培养体系等。“青马工程”在组织形式、资源整合上发挥了较大优势，相较于传统的党校、团校、学生社团等，具有更大的灵活性、广泛性、实效性和可操作性。目前，“青马工程”在推动马克思主义理论在青年中广泛传播、加强青年政治骨干培养的实践探索等方面取得了积极成效，已成为共青团组织彰显政治性特征、突出思想引领、聚焦主责主业的重要工作品牌。

4.“青创贷”：创新创业资源整合

为创业企业和创业青年提供启动资金，利用金融手段帮助青年创业，是很多团组织整合资源的重要方式。如湖北省咸宁市共青团组织，2021—2022年一年多的时间内为创业企业撬动5亿多元“青创贷”，助力青年成功创业。咸宁团组织不断探索建立联动机制、重塑工作流程、优化服务模式，协同、高效、精准推进“青创贷”工作，让创业青年在申贷过程中只进一扇门、只跑一次路，以实际行动为青创企业纾困解难，为市场主体节约融资成本，以“青创贷”助力撬动产业转型、经济发展。

为建立高效的联动及信息反馈机制，团市委联合市人社局、财政局、金融局、人行、经办银行等6家单位出台《“青创贷”项目实施联席会议制度》，定期召开联席会议，全面掌握贷款发放信息，梳理贷款堵点、难点，及时沟通和协调各部门流转、办理等环节中出现的问题，对进度慢的地区重点指导和督办。市县两级团委专门设立了“青创金融服务驿站”，联席单位联合驻点办公，实行“一窗口受理、一对一服务”。经过“团委初审”“银行、团委、人社三方项目尽调”“人社盖章”“银行盖章放款”四步，创业者仅用3天即可完成信用贷款全流程申请，抵押贷款从申请到放款不超过5天。“青创贷”推出的个人创业贷款额度最高20万元，小微企业额度300万元，基本覆盖青创企业流动资金需求，整合各方资源助力青年创新创业。

5. 青年之家：团属阵地资源建设

青年之家是由共青团直接领导或主导的，依托各类实体空间和青年之家云平台，线上线下联系服务团员青年的具有公益性的专业化工作平台，基本职责是引领凝聚青年、组织动员青年、联系服务青年，为青年提供文化学习、体育健身、休闲娱乐、婚恋交友、志愿公益、创业就业等各类服务。

有效整合资源是青年之家综合服务平台发挥作用的重要基础，坚持创新组织、聚合资源、有效保障、形成功能的原则，通过构建基本体系规范平台、运行组织、集成发展3个阶段，按照有阵地依托、有项目支持、有运营力量、有制度规范、有资源保障的要求，推动全国青年之家组织功能更加凸显、建设布局更加合理、服务功能更加完善、对团员青年覆盖更加有效。充分发挥共青团组织动员优势，向社会筹资源，从青年中找帮手，挖掘整合所在地域的社会资源，建管用活共青团青年之家。

6.“共青团与人大代表、政协委员面对面”活动：汇聚青年智慧

“共青团与人大代表、政协委员面对面”活动是使不同青年群体的意见能够在政治体制中得到有效有序表达的重要方式。活动贯彻以人民为中心的发展思想，完善共青团与人大代表、政协委员的沟通交流机

制，把广大青年真正引领好、服务好，切实发挥共青团组织的桥梁纽带作用。一方面，让人大代表、政协委员倾听青年心声，更好地了解和反映青年诉求，维护青年的合法权益；另一方面，发挥共青团组织的桥梁纽带作用，引导青年积极参与社会主义协商民主。团中央在“面对面”活动基础上，充分依托人大、政协的制度化渠道，组织全国两会建议提案提交、政协大会发言、界别协商议政等工作，以高质量协商代言服务青年发展。

7. 青年发展型城市建设：多层次多领域资源整合

2022年4月，中央宣传部、中央网信办、中央文明办、国家发展改革委、教育部、共青团中央等17部门联合印发《关于开展青年发展型城市建设试点的意见》，中长期青年发展规划实施工作部际联席会议办公室公布了全国青年发展型城市建设试点名单，全国共计45个。早在2017年，深圳从战略高度推动青年发展与城市发展融合，提出在全国率先打造“青年发展型城市”，以“城市对青年发展更友好”和“青年对城市发展更有为”为整体性治理目标，努力营造适合青年发展的环境，提升城市对青年发展的吸引力和承载力。整体性治理要求公共服务机构通过跨越职责边界进行工作，以目标共享、整合行动的方式回应公共服务问题，跨越边界的整合行动包括公共服务机构内部的纵向层级整合、横向部门整合和公私多元主体整合。①

青年发展型城市建设不仅涉及青年就业创业，还包括思想观念、身心健康、社会交往、社会参与、权益保护等多个方面，所涉及的青年事

---

① State Services Authority. Joined-up Government:A Review of National and international Experiences, Melbourne Government of Victoria State Services Authority, 2007:1-14.

务具有明显的跨界性和分散性。针对新时代青年特点，深圳立足实际，以青年需求为导向，积极通过左右协调、上下联动、内外互动的整合方式，形成协调联动的整合工作机制。[①]通过建设青年发展型城市，实现青年高质量发展和城市高质量发展相互促进的发展方式，成为推动中长期青年发展规划在基层纵深实施的重要举措。以协调联动为手段，协同联动构建青年"宜学"体系，形成整合性工作机制，营造青年"宜业"环境，打造青年"宜居"城市，更好地满足青年多元化、多层次、多角度的发展需求。青年发展型城市建设是新时代共青团整合资源的有力抓手。

五、有效做法

共青团资源整合工作在优化资源来源、制度保障、组织架构、有序运行、技术支撑、文化环境等方面形成了一系列行之有效的做法。

1. 拓展资源来源

一是向党政争取资源。坚持党建带团建，习近平总书记强调，共青团要"充分依托党赋予的资源和渠道，为青年提供实实在在的帮助，让广大青年真切感受到党的关爱就在身边、关怀就在眼前"[②]。从思想引领层面来看，共青团加强以马克思主义和中国化时代化的马克思主义武装青年，按照党组织开展思想政治教育、政党文化宣传、政治理论学习的

---

① 参见聂伟、余燕琪：《整体性治理与深圳青年发展型城市建设的纵深实践》，《中国青年研究》2022年第5期。

② 习近平：《论党的青年工作》，中央文献出版社2022年版，第9页。

指引，举办青年大学习、“第一议题”学习等活动。加强与政府机构共同开展公共事务治理，争取更多政策倾斜、资源投入，寻求所在归属党组织的领导和支持，主动争取行政管理部门的支持和帮助，使团内工作和党政工作同安排、同部署，就具体的青年工作与党政部门联合下发通知、印发文件、召开会议和表彰先进，将相应的工作项目直接纳入党政工作总的格局之中，更好争取党政部门的参与和支持。

二是向社会筹集资源。各级团组织要根据工作和活动需求去寻找社会资源，将其变成合作伙伴或合伙人。通过合作、依托、挂靠等多种方式，将各方社会资源联结起来。要不断创新资源配置的措施，变“独唱”为“合唱”，努力实现“双赢”甚至“多赢”，产生最大的资源效力来回报投入。

三是统合团内资源。其一，资源向基层整合。上级团组织要积极将筹集的资源向下一级团组织转移，特别是向基层团组织转移。基层团组织要建立多层次、全方位、立体式组织网络，通过组织优势保障资源使用效率。其二，资源由发达地区向欠发达地区整合。通过组织开展大学生志愿服务西部计划、全国大中专学生志愿者暑期文化科技卫生“三下乡”社会实践活动等汲取青年人才资源跨地域发展。将远处的资源和近处的问题结合起来，能够不断地聚合组织发展中最需要的、最重要的资源以及这些资源背后所依存的能力。其三，提升资源使用效益，达到1+1>2的效果。把握共青团工作的重点，不仅要在厘清核心问题的情况下激活既定的资源，而且应充分把握身边各种资源之间相互关联和相互作用的状态与关系，将这些资源重新整合成新的资源，使资源最大化发挥作用。

四是向青年凝聚资源。其一，合理搭配团的组织成员，提升组织成员的资源整合能力。秉持“党政关心、社会需要、青年能为”的原则，把握青年成长发展规律和市场需求，积极挖掘、交流青年人才，不断完善青年人才库和优秀青年人才推荐机制，推进人力资源的优化配置。其二，挖掘和激发青年群体资源蕴含的创造潜能和活力。青年是最有朝气、最有活力、最有创新意识和创新潜力的群体，是珍贵的人力资源。实践证明，青年自身生存发展所需要的很多资源主要还得“就地取材”，面向青年找帮手，在青年中厘清青年问题，在青年中获取青年想法，在青年中汲取有效办法，将青年的思想智慧转化为破解青年发展中存在的择偶难、就业难、创新难等实际问题的资源。

2. 加强制度保障

新时代共青团资源整合工作要加强制度保障。一是加强对资源整合的顶层设计，制定支持资源整合相关配套政策，推动不同资源的重组与优化。围绕国家权力运行，积极争取政府委托、购买服务项目，打开跨系统、跨部门合作，形成地区性的联盟，通过加盟、整合等合作方式，提升共青团工作的全局性、系统性、前瞻性。二是根据党政工作大局要求，扩大资源覆盖面和提高使用效率。共青团要充分发挥参政议政功能这一种特殊资源，全面准确地把握并及时向党和政府反映青年的发展现状及诉求，为党和政府更好地整合、配置资源支持青年成长发展提供重要参考。通过常态化开展“共青团与人大代表、政协委员面对面”活动等方式畅通青年表达思想、发表意见的渠道。

3. 完善组织机制

组织机制的优化有利于资源整合工作的开展，资源整合工作的顺利开展也有利于推动共青团组织机制的完善。

一是优化资源整合组织架构，完善内外互动机制。一方面，共青团可以设置专门的接口部门，导入外部资源，优化资源项目化配置。《中长期青年发展规划（2016—2025年）》提出“设立推动规划落实的部际联席会议机制”，“县级以上党委和政府建立青年工作联席会议机制”，共青团要推动联席会议成员单位根据青年发展迫切需求，集中制定、整合一批服务青年优先发展的项目和措施。例如，持续推动县域共青团基层组织改革试点工作，擦亮“青”字特色项目品牌，提升基层团组织服务合作化、有效化水平。另一方面，共青团在积极贯彻党和国家方针政策的同时，也要全面准确地把握并及时向党和国家反映青年的发展现状、成长规律，研判青年的新期待和新需求，为社会各类主体调整政策，更好地整合、配置资源支持青年成长发展提供重要参考。

二是构建资源整合利益相关者共享价值链，协同联动为青年提供整体型服务。共青团打造“一站式”服务机制，以最大化发挥资源的作用与价值，抓住资源优化配置的最佳着力点，有效连接输入市场到中间市场的资源，使资源供应链的运行顺畅。要努力扩大社会化动员，通过信息和资源的互享互惠激发和吸纳市场组织、社会组织积极参与，将各类主体和要素纳入整合框架中，促进从“碎片化”运行走向整合利用。要与青年、政府、社会以及青年社会组织等资源方主体共同打造具有综合多元服务功能的工作平台，通过提供基地、阵地、资金以及活动交流、实地走访等方式探索破解青年发展中存在的难题，为青年就业创业、生活学习提供“一站式”便利服务。

4. 强化技术支撑

以解决青年发展实际问题为导向，以技术赋能营造良好的共青团资源整合平台。一是建立健全便捷化、集成化的共青团资源共享系统。明确资源与平台相匹配，以共青团工作平台为枢纽，设置识别搜集、管理同享、服务整合等栏目，不断完善基层共青团综合服务信息平台。在实现信息资源共建共享的基础上，根据需求的轻重缓急和资源的拥有状况进行资源的优先配置和安排，有效地解决条块分割、资源配置重复浪费的问题，提高信息系统综合效能。二是发挥融媒体矩阵资源优势，打造更多符合青年特点、深受青年喜爱的网络“爆款”。入驻微博、微信公众号、B站、快手等平台，只要是中国青年在的地方，“团团就要去看视频、发弹幕、丢硬币、关个注、吐个槽”。运用全媒体方式和青年化语言，运用有温度、有态度、有深度的语言表达，以“小切口”“小故事”向青年传播“大道理”“大格局”，激发青年共情共鸣，实现从不同角度为青年人释疑解惑。邀请二次元、国风国潮、新舞音等亚文化圈层的青年，共同打造兼具思想性、艺术性、观赏性和“青年味”的网络节目，创建更多优秀的网络思想文化产品。

5. 优化文化环境

良好的文化氛围有利于推动共青团资源整合工作开展。一是推动中华优秀传统文化实现青年化。资源整合使多种文化在共青团工作互嵌中有机耦合，激发青年文化与传统文化“接合”的内驱力，促进青年文化和中华优秀传统文化的“双向奔赴。”[①]二是倡导平等互信的合作精神。信任能够提升利益相关者之间的亲密度，有利于共青团组织内部人员的沟通交流，也有利于各层级共青团间、内部与外部的交流学习、共同进步，促进多方受益共赢。团组织要做到言必信，行必果，以扎实可感的工作成效取信于各资源投入方，努力快速达成一致的行动安排和活动部

---

① 参见井常灿、马中红：《优秀传统文化实现青年化的三个前置条件》，《中国青年报》2023年1月10日。

署。三是弘扬社会主义法治精神。共青团资源的开放共享和整合利用必须依法依规进行，明确各资源方的权利与责任，让法治精神贯穿共青团资源整合实践全过程。

第十二章

荣誉激励工作法

“荣”，字形就像两支簇拥的花朵或者稻穗，表达草木茂盛的意思；[①]“誉”，本意为赞美、称赞。《墨子经》中对“誉”也有解释：誉名为美也。[②]可见，“荣誉”的字面含义就是“光荣的名誉”，是对他人成就的赞许，也就是人们平日里所说的“好的名声”。共青团荣誉激励工作法，是指团组织制度化、组织化地通过荣誉表彰来推进工作的方法。荣誉激励工作法是一种正面鼓励的工作方法。比如，老师给学习成绩优异或表现好的同学颁发各种奖状，单位为表现优秀的员工授予荣誉称号等都可以理解为一种荣誉激励工作法。荣誉激励工作和普通的表扬既相互联系，又有本质的不同。简单来讲，表扬是公开赞美好人好事，赞美的形式多种多样，随意且没有固定要求，可以是口头表扬也可以是书面表扬，表扬的主体可以是个人也可以是组织。然而，“荣誉”对赞美和表扬的要求就相对规范和严格。

“荣誉”常被视为伦理学的学术概念，指一定阶级对人们履行社会义务的道德行为的肯定和褒奖，是特定人从特定组织获得的专门性和定

---

① 参见罗笑含：《当代中国中小学教师荣誉表彰制度研究》，南京师范大学硕士学位论文2019年。

② 参见陈文娇、肖杨、刘巧巧：《新时代教师荣誉制度的设计逻辑及未来走向》，《教学与管理》2022年第15期。

性化的积极评价。[1][2]一定阶级或特定组织通常会从自身利益出发，来决定人们被肯定和褒奖的具体道德行为内容和评判标准，因此，荣誉具有鲜明的阶级性和价值属性。这些阶级或组织为了将自己所倡导的价值观在社会中推广，就需要通过创立特定的法令、规定等形式将其落实。这种能够体现肯定和褒奖积极评价的制度就是荣誉制度。当个人通过荣誉制度获得荣誉后，内心一般都会产生积极的心理情绪，这种因获得荣誉而产生的自我认同感就是荣誉感。荣誉感的产生会从心理上进一步加强和激励个体做出荣誉制度所要求的行为，这种“正向强化”是荣誉制度发挥作用的基本原理。

共青团荣誉制度既是共青团改革发展的重要课题，又是一项重要的工作方法。2017年，团中央印发《关于保持和增强团员先进性的意见》，提出“完善团员激励表彰机制”，从政策层面为共青团荣誉制度与体系建设提供支持。团十八届一中、二中全会多次强调，“以有效激励为重点”“建立科学的激励约束机制”，要求从成就动机、荣誉动机、机会动机、物质动机等多角度激发团员、团干部积极主动做好共青团工作的内生动力和荣誉感。2019年，团中央出台的《关于加强新时代团的基层建设　着力提升团的组织力的意见》也将团内荣誉制度作为发挥团员作用、加强团的基层组织建设的重要抓手。2023年6月，团十九大报告将“荣誉激励机制”作为“从严加强团员队伍建设，着力增强共青团员先进性”的一项重要举措。因此，在工作中依据共青团现行的荣誉制度，恰当使用荣誉制度的工作方法，让团员青年产生最大的主体荣誉

① 《简明伦理学辞典》编辑委员会编：《简明伦理学辞典》，甘肃人民出版社1987年版，第469—471页。
② 朱贻庭主编：《伦理学大辞典》，上海辞书出版社2002年版，第37页。

感，从而对主体的“被荣誉”行为形成应有的正强化效应，[①]对于提高共青团工作效果来说是极其重要的。

一、工作原理

在荣誉制度中，“荣誉感”“自豪感”是两个密切相关的词语。简单来讲，自豪感通常是指在目标或者任务达成后，个体基于自我评价或他人评价而产生的一种高级人类情绪，[②③]评价是自豪感的核心成分。[④]由此可见，荣誉感和自豪感是存在先后逻辑关系的，即个体通过荣誉制度获得荣誉后会产生荣誉感，荣誉感作为外界对个体的积极评价，继而会使“被荣誉”个体产生自豪感。（图12-1）

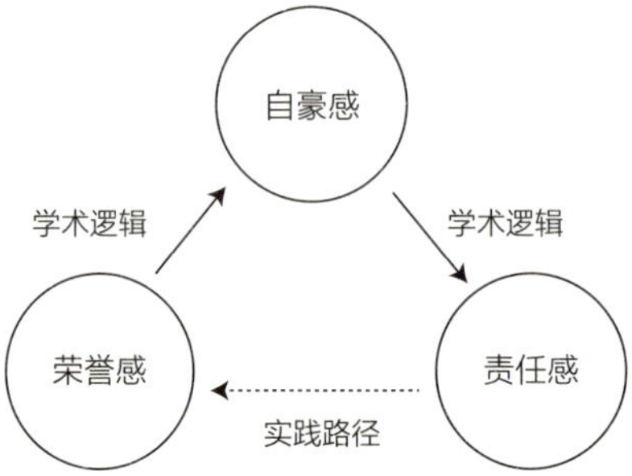

图12-1　共青团荣誉制度中荣誉感、自豪感和责任感的基本关系

① 参见卢晓中、谢静：《大学教师荣誉制度与荣誉体系刍议》，《江苏高教》2017年第11期。
② Lewis, M., Alessandri, S. M., & Sulliva, M. W. Differences m shame and pride as a function of children’s gender and task difficulty. *Child Development*, 1992(63) : 630–638.
③ Tracy J L, Robins R W.The psychological structure of pride. A tale of two facets .Journal of Personality and Social Psychology.2007, 92(3):506–525.
④ 参见冯晓杭、张向葵：《自我意识情绪：人类高级情绪》，《心理科学进展》2007年第6期。

现代心理学研究表明，自豪感能够促使个体做出亲社会行为。在由人与人组成的社会中，人们常常会按照社会或者特定群体的期望来让自己做出对应的行为，从而获得和体验到因认可、褒奖（也包括荣誉）而产生的心理快感；个体在自豪感的推动下就会在日常行为中表现得更乐意奉献和更加努力，来获得外界对自身更多的关注和更好的评价。①自豪感的这种亲社会功能，既能让人们产生责任感，同时也使人们认识到自己应该成为对社会或组织有价值的人，进而产生强烈的行为动机——有责任按照社会或组织倡导的价值和要求行事。②③所以，从个体心理机能分析，自豪感构成激发个体责任感的心理基础，荣誉感则是产生自豪感与责任感的共同前提。

责任感作为人们对个人责任的主观反映和认知，存在“内心主动生产型”和“外界被动输入型”的区分。自豪感激发责任感就属于典型的“内心主动生产型”责任感。这种类型的责任感是个人出于对职业岗位的高度认同，并建立在职业岗位给个体带来的荣誉感、自豪感和归属感等积极心理情绪基础之上的。因此，“内心主动生产型”责任感具有良好的可持续性和强大的内在驱动力。与之相反，“外界被动输入型”责任感则是个体迫于职业要求或岗位责任等外在约束，担心因没有履行岗位职责受到相应惩罚而产生的“畏惧情绪”或“责任意识”。显然，这种“外界被动输入型”责任感极易随着外界因素的减退而变弱，因此不

---

① Leary, M. R. Motivational and emotional aspects of the self. *Annual Review of Psychology*, 2007, 58: 317−345.

② Yvette van Osch, Marcel Zeelenberg, Seger M. Breugelmans, etc. Show or Hide Pride? Selective Inhibition of Pride Expressions as a Function of Relevance of Achievement Domain. *Emotion*, 2018.

③ Schmader T, Martens J, Lawrence J S . Show your pride? The surprising effect of race on how people perceive a pride display. *Self and Identity*, 2016, 16(3):1−22.

具有持续性，在现实工作中也很难取得长期的良好效益。

2017年印发的《关于保持和增强团员先进性的意见》指出："进一步健全团内评选表彰体系，广泛开展优秀团员评选表彰，加大激励力度，增强团员荣誉感和自豪感。"团十八届四中全会报告强调，"切实增强各级团干部的政治责任感和岗位荣誉感"。这些文件从政策层面将团员荣誉感、自豪感和责任感置于同等重要的位置，其实就是把握了团员荣誉感、自豪感和责任感之间的内在联系，也就理解了荣誉激励工作法的基本原理。

1. 团员荣誉感是团员自豪感和责任感的内在基础

共青团作为党领导的先进青年群团组织，在建设中国特色社会主义的伟大实践中有着自己特定的使命与责任，要求每一位团员自觉履行团员义务，最大限度地发挥团员模范作用。在现实工作和生活中，团员义务和责任的履行既靠制度约束，也靠自觉实践，但多数情况还是自我监督、自我要求，需要团员有"慎独精神"；同时，团员义务和责任的履行也意味着团员要"吃苦在前，享受在后"，比普通青年做出更多默默无闻的付出甚至牺牲，团员需要更强大的毅力和修养，克服人"趋利避害"的动物本能。所以，无论是从实践的自觉性还是从效果的利他性分析，团员义务和责任的履行都需要个体具备情感道德层面的强大内驱力。

在实践中，团组织通过规范的荣誉制度对团员进行庄重的荣誉嘉奖，对于团员来说，这是一种积极的他人评价，在内心深处会产生被团组织认可的荣誉感。团员会因荣誉感的积极自我认知而产生自豪感，从而培养团员"内心主动生产型"责任感，激发广大团员不断奋进的精神。正如托克维尔所言："荣誉，在它最受人们重视的时候，比信仰还能支配人们的意志；而且，甚至在人们毫不迟疑和毫无怨言服从信仰的指挥时，也会基于一种虽很模糊但很强大的本能，感到有一个更为普遍、更为古老和更为神圣的行为规范存在。”[①] 共青团荣誉的获得，能够很好地帮助团组织对团员个体进行精神、心理赋能，通过积极评价团员行为结果，激励团员在今后的工作、学习和生活中强化荣誉行为和价值观。

2. 团员责任感是团员荣誉感和自豪感的现实基础

在荣誉感作用机制的理论逻辑链中，责任感可以理解为荣誉感和自豪感的结果和产物。然而，如果从荣誉感和自豪感获得的实际过程分析，团员在责任感的驱使下履职尽责，争先创优，为团员获得荣誉、产生荣誉感和自豪感创造了现实可能。可以说，责任感作为团员对自身所担负义务责任的心理主观认识，是团员获得荣誉感、自豪感的现实基础；而荣誉感则是对团员履职尽责的一种外在肯定和积极评价，是对良好责任感的认可与升华，二者分别在理论和实践层面互为因果。在现实中，虽然“外界被动输入型”责任感和“内心主动生产型”责任感都有可能获得团的荣誉，但是前者把责任义务履行的压力归于外部的压力和规约，将履职工作视为客观的谋生工具，很难赋予职责义务更高的价值内涵，因此，这种责任感很难具有持续性。而团员基于“内心主动生产型”责任感发起的履行义务行为，其本身就蕴含着行为主体的理念价值，荣誉感对团员这种履职尽责行为的高度评价和自豪感带来的积极自我认同，都会更加激励和强化团员“内心主动生产型”责任感，使团员体会到工作的价值和意义。

---

① Kathleen M. May,Brenda H. Loyd. Academic dishonesty: The honor system and students' attitudes. *Journal of College Student Development*,1993,34(2):125-129.

总而言之，责任感构成了获得荣誉感、自豪感的实践基础，而荣誉感则是“内心主动生产型”责任感的强化和升华。荣誉感的引入完善了荣誉感与责任感之间的“刺激—反应”的逻辑结构，赋予责任感更多的内生性和价值性。依托团员责任感、荣誉感和自豪感的共青团工作更容易被广大团员视为一项事业，可以更好地去平衡和领会自身在共青团工作中的奉献与收获、义务与权利。一段时期以来，一些团组织和团干部对共青团的荣誉制度和团员的荣誉感关注不够，有时甚至将荣誉感窄化或庸俗化理解为索求回报、贪图虚名，似乎强调“荣誉授予”就是在违背团员“吃苦在前，享受在后”的铮铮誓言。这种一味宣扬付出、过分强调责任义务的做法缺乏可持续性和内生性，并不能真正唤起团员内心真正的责任感和自豪感。因此，只有建立健全共青团荣誉制度，才能让团员的“内心主动生产型”责任感与荣誉感、自豪感形成良性互动，提升团员先进性和团的组织力。

3. 团员自豪感是团员荣誉感和责任感的中介桥梁

共青团荣誉是一种积极的外部评价，团员的“内心主动生成型”责任感在心理学上被视为一种良好心理体验的作用结果，而积极外部评价给个体带来愉快的心理体验的关键就是个体对这种外部评价的自我认知，也就是团员自豪感。从理论层面上看，团员自豪感完成了团员内心对共青团荣誉的价值和评价认可，并将其转化为良好的情绪道德体验，最终激活了自豪感的社会功能，使团员产生持久的“内心主动生产型”责任感，团员自豪感成为联通团员荣誉感和责任感的中介桥梁。反之，团员如果没有自豪感，很大程度上表明团员从内心不认可团组织对自己的评价，共青团荣誉、团员荣誉感就很难激发团员的内在责任感。

团员责任义务的履行和模范带头作用的发挥具有长期性、复杂性和自觉性，需要团员具有强烈的内在执行力、责任感与使命感。借助良好的共青团荣誉制度，可以赋予团员充分的荣誉感、自豪感和责任感，帮助团员把责任使命内化于心，确保团员在没有外界督促的情况下自觉履职尽责。

二、功能作用

从管理科学分析，共青团荣誉制度有成员激励、价值宣导和荣誉感塑造三项主要功能。

1. 成员激励作用

荣誉作为一种组织管理的激励因素，通常被称作终极激励，具有强大的成员激励功能。[①]团组织对表现突出的团员给予相应的组织认可和职业褒奖，同时从物质、晋升机会、社会声誉等方面进行奖励，可以让团员从内心生成归属感、自豪感和荣誉感，最终使团员从内心形成对团组织认同、自觉履职尽责的内在动力。

2. 价值宣导作用

由于“荣誉不外乎一个国家或一个阶级用来进行褒贬的特殊标准”，荣誉制度本身就带有“价值宣导”的功能。共青团荣誉制度本身就是共青团组织价值信仰的形象表达，荣誉制度所赞赏和推崇的团员行为和组

---

① 参见陈水生：《论公务员的多源流激励模型——心理契约角度的分析》，《兰州学刊》2009年第2期。

织事迹都具有明确的价值导向和教育宣传倾向，对团员和各级团组织进行价值宣导和集中教育，也是共青团荣誉制度的一个主要目的。

3. 荣誉感塑造作用

团员荣誉感是共青团荣誉制度功能的最直接表现和效果。团员荣誉感作为一种特殊的心理现象，在当今社会主要以理想信念、政治认可、群情氛围三种主要形式存在：（1）理想信念，主要指团员对马克思主义和自身所从事的职业工作的社会意义有发自内心的认同和坚定信仰，并在此基础上生成的荣耀感和满足感；（2）政治认可，指党和政府对团员荣誉感所持的态度和认可，主要表现为政府在晋升、录用等关键事项中承认和优待团员的荣誉，这是团员荣誉感的最直接表现;（3）群情氛围，主要指社会群体对团员荣誉感的态度和看法，直接表现为社会对团员荣誉的认可度和舆论氛围。

团员荣誉感的差异感受，不仅与团员的个体认知有直接关系，而且也与共青团的影响力、社会对团员作用的评价、荣誉的"含金量"等密切相关。因此，团员荣誉的评选活动要以科学、完善的荣誉制度为基础，即共青团要建立起通过严格的评选条件、规范的评选流程来认定团员贡献，并且以庄重的荣誉授予仪式来授予团员荣誉。

三、宝贵经验

1. 发展历程

荣誉工作方法依赖于共青团荣誉制度体系。从全国层面看，新中国成立以来，共青团中央发起和授予的荣誉称号和各种奖励制度体系大致经历了两大历史时期和三个发展阶段：在改革开放前，属于初步确立阶段（1949—1965年）；改革开放后，经历了制度建设（1978—2009年）和规范成熟（2010年至今）两个阶段。

（1）初步确立阶段（1949—1965年）

从新中国成立到1965年，共青团（当时为“青年团”）的荣誉制度在轰轰烈烈的社会主义改造和全面建设社会主义的运动中孕育而生，与新中国一起成长。在这一阶段，共青团紧紧地将自身工作嵌入党的工作大局之中，围绕着巩固新中国政权、进行社会主义改造和全面进行经济建设展开，团的荣誉制度也围绕着服务该阶段不同时期的总任务和工作而不断创新。例如，团中央为了表彰和激励在生产建设活动中成绩突出的青年团员，在全国范围内开展了评选表彰“模范青年团员”的工作，表彰增产节约运动先进分子、颁发扫盲奖章奖旗等。团的荣誉制度紧密结合团的重点工作，体现出典型的时代特征。

（2）制度建设阶段（1978—2009年）

改革开放后，共青团荣誉制度也在停滞多年后重新启动，进入了制度化建设阶段。社会主义市场经济体制改革促进了我国经济和社会发展的多样化和专业化，新行业、新职业、新团体日新月异，层出不穷。为此，团中央开始结合行业和职业特征设立“中国青年科学家奖”“中国十大杰出青年农民”“中国杰出（优秀）青年科技创业奖”等细分荣誉奖项，丰富了共青团的荣誉类别。同时，各种荣誉评比制度也逐渐规范，共青团荣誉制度建设逐渐成熟。

（3）规范成熟阶段（2010年至今）

2008年，《中共中央办公厅关于进一步清理规范党委、人大、政协和法院、检察院系统评比达标表彰活动的通知》发布，我国荣誉制度建设工作进入了规范发展的阶段。在此背景下，团中央也结合自身工作对共青团荣誉进行了全面规划清理。2010年1月，共青团中央发布了《关于通报共青团中央保留的评比达标表彰项目的通知》，保留了“中国青年五四奖章”“全国青年岗位能手”“青年文明号”“全国农村青年致富带头人”“中国青少年科技创新奖”“全国优秀少先队员”等10个荣誉称号，基本兼顾了青年群体的年龄特点和在分工细化情况下的群体特征，而其他的一些过渡性或重复性称号则或者留给了专门的协会去颁发，或者被取缔。自此，共青团荣誉制度开始走向了规范化。①

2. 历史经验

从共青团70多年的荣誉制度发展历程我们可以得出诸多历史经验，其中比较重要的有以下三点。一是共青团荣誉制度与团的主责主业紧密结合。不管是在社会主义建设时期还是在改革开放后的新时代，团在各领域的荣誉称号有所变化，但都紧紧围绕着党的中心大局工作，聚焦共青团的主要职责。二是共青团荣誉形式灵活多样，具有鲜明的时代特征和青春气息。团的荣誉制度在70多年的历史变迁中，从荣誉命名到荣誉载体都符合社会青年的兴趣爱好。无论是突击队、生产队的奖状，还是杰出青年的奖杯、五四奖章，其表现载体也符合所处时代主流青年的时尚。三是荣誉制度的实用功能进一步突出。目前，以技能和创新为特色的荣誉制度，不仅是一种心理层面上的肯定和认同，同时也赋予了更多的实用功能，让参与者获得技能层面上的提升。例如，“挑战杯”“创青春”等专项大赛所带来的荣誉，除了发挥一般荣誉制度的声誉嘉奖作

---

① 参见刘佳锜、郑长忠：《新中国成立以来共青团荣誉制度变迁的研究》，《青年探索》2019年第6期。

用，还给参与者提供了很好的提升技能和素质的机会。

3. 主要架构

经过多年的实践发展，目前共青团荣誉激励制度的主要架构已经形成：纵向上，构建了覆盖从全国到基层各层级的荣誉等次；横向上，初步形成了综合荣誉（五四奖章、“两红两优”等）和专项荣誉（“挑战杯”“创青春”“振兴杯”等各类赛事和实践活动）相结合的两大荣誉板块。从实际工作看，共青团荣誉激励工作积累了宝贵经验，已取得一定成效。

四、重点项目

1. 全团最高荣誉：中国青年五四奖章

至2023年5月3日，“中国青年五四奖章”评选活动已举办27届。团中央办公厅2022年发布的《共青团中央评比表彰管理办法》，从四个方面明确了个人评选的基本条件和要求：“（一）坚决拥护中国共产党的领导，模范遵守宪法法律，积极投身中国特色社会主义建设；（二）努力践行‘树立远大理想、热爱伟大祖国、担当时代责任、勇于砥砺奋斗、练就过硬本领、锤炼品德修为’的重要要求，具有突出的工作实绩和良好的社会影响；（三）获得过省级青年五四奖章或者其他省级以上荣誉；（四）年龄为14周岁以上、35周岁以下（截至当年4月30日）的中国公民，特别优秀的可以适当放宽至40周岁。”表彰办法的出台让评选工作更加规范、公平、权威。

2. 共青团经典荣誉："两红两优"

"两红两优"具体指五四红旗团委、五四红旗团支部、优秀共青团员、优秀共青团干部。"两红两优"是共青团的重要荣誉，分级颁授，每年评选。

（1）五四红旗团委、五四红旗团支部

五四红旗团委、五四红旗团支部（简称"两红"）是由共青团中央在1999年发起的，旨在新形势下全面推进团的基层组织建设、活跃基层团的工作的重要载体和有形手段，是目前团组织和团员的重要荣誉制度。

参照《共青团中央评比表彰管理办法》，"两红"坚持"四好标准"，即："（一）政治建设好。注重加强团员政治教育和青年思想政治引领，组织团员青年认真学习党的科学理论特别是习近平新时代中国特色社会主义思想，贯彻落实习近平总书记关于青年工作的重要思想，引导团员青年增强'四个意识'、坚定'四个自信'、做到'两个维护'。（二）组织基础好。按期换届，班子配备齐整，政治强、业务精、作风实，管理严格。组织建设规范、团情底数清晰，发展团员程序严、质量高，'三会两制一课'和主题团日等组织生活规范落实，团员教育管理经常，'青年之家'等阵地作用发挥较好。党建带团建制度落实有力，党团队衔接顺畅，推优入党效果明显。落实全团抓基层、全团抓学校工作部署，深化共青团基层改革力度大、有成效。（三）联系服务好。密切联系团员青年，积极向党组织和有关方面反映、推动解决青年利益诉求。围绕团员青年在成长发展、创新创造、志愿服务、济困助学、就业创业、岗位建功、实践教育等方面的现实需求，提供有效服务，形成社会功能，团员青年参与度高、获得感强。（四）作用发挥好。组织团员青年围绕国家重大战略、本地区本单位党的中心任务和突发自然灾害、公共卫生事件等‘急难险重新’工作创先争优、积极奉献，充分发挥生力军和突击队作用，团员模范带头作用突出，服务大局成效好，党组织、社会对共青团工作评价高。”

通过深入开展创建活动，充分调动和发挥了基层团委加强自身建设、发挥主体作用的积极性、主动性和创造性，加大了团的领导机关抓好基层团委建设的工作力度，通过强化基层团委建设，带动了支部建设，促进了基层团的建设和团的工作全面活跃，使团的基层组织能够更好地适应新形势，不断增强团组织的吸引力、凝聚力和战斗力。

（2）优秀共青团员、优秀共青团干部

优秀共青团员、优秀共青团干部（简称“两优”）作为团员的主体荣誉项目，被定位为突出团员身份的荣誉成就表彰。“两优”通常授予表现优秀、工作成绩突出，能起到带头作用的共青团员和共青团干部。优秀共青团员、优秀共青团干部应符合一定的评定条件，并有严格的标准对其进行全面考核，由团的中央、省、市、县级委员会和基层团委授予。《中国共产主义青年团章程》规定：对于模范履行团员义务、在社会主义现代化建设和保卫祖国的事业中有显著成绩的团员，团的组织应当给以奖励。奖励分为：通报表扬，由团的中央、省、市（地）、县级委员会和基层团委授予优秀共青团员称号。

目前，关于优秀共青团员的规范统一标准暂时还没有明确，但是依据《共青团中央评比表彰管理办法》，优秀共青团员应该具备五个方面的“先进性”：“（一）理想远大、信念坚定。带头学习党的科学理论特别是习近平新时代中国特色社会主义思想，树立共产主义远大理想和中国特色社会主义共同理想，增强‘四个意识’、坚定‘四个自信’、做好‘两个维护’，自觉践行社会主义核心价值观，传承中华优秀传统文化，大力弘扬爱国主义精神。（二）刻苦学习、锐意创新。带头立足岗位、苦练本领、创先争优，热爱劳动、刻苦学习、崇尚实干，努力成为行业骨干、青年先锋，业务能力和工作实绩突出，团结带动青年作用明显。（三）敢于斗争、善于斗争。带头迎难而上、攻坚克难，做到不信邪、不怕鬼、骨头硬，勇于和不良言行作斗争，积极传播青春正能量，维护民族团结和国家安全。（四）艰苦奋斗、无私奉献。带头站稳人民立场，脚踏实地、求真务实，吃苦在前、享受在后，参与志愿服务、社会实践、社区报到等社会活动表现突出。（五）崇德向善、严守纪律。带头明大德、守公德、严私德，树立集体主义思想，严格遵纪守法，严格履行团员义务、正确行使团员权利，努力完成组织分配的工作。”同时，应符合习近平总书记在庆祝中国共产主义青年团成立100周年大会上提出的团员“五个模范、五个带头”的要求。

同样，“优秀共青团干部”荣誉的授予标准虽然不一而足，但是作为专门授予共青团干部的荣誉，在很多方面也具有一致性。从全国优秀共青团干部的评选看，基本要满足以下条件：“（一）政治上强。对党忠诚，具有较强的政治判断力、政治领悟力、政治执行力，在大是大非面前头脑清醒、立场坚定，自觉增强‘四个意识’、坚定‘四个自信’、做到‘两个维护’。（二）思想上强。坚定共产主义远大理想和中国特色社会主义共同理想，自觉用习近平新时代中国特色社会主义思想武装头脑，带头学习贯彻习近平总书记关于青年工作的重要思想。（三）能力上强。注重提高青年群众工作本领，带头向书本学习、向实践学习、向青年学习，勤于思考钻研，善于开展理论政策宣讲和思想引领，善于把握青年脉搏、组织发动青年。（四）作风上强。自觉践行群众路线、树牢群众观点，心系广大青年，带头密切联系青年、热心服务青年、反映青年呼声，带头反对机关化、行政化、贵族化、娱乐化，从严从实推动工作、实绩突出。（五）担当上强。热爱党的青年工作，坚持担当实干，善于改革创新，勇于到艰苦环境和基层一线去担苦、担难、担重、担险，有强烈的事业心和责任感，勇于改革创新，面对‘急难险重新’任务冲锋在前、迎难而上，对错误言行和不良习气敢于坚持原则、坚决斗争。（六）自律上强。带头贯彻中央八项规定及其实施细则精神，落实共青团中央六条规定，推动全面从严治团部署，遵纪守法、廉洁自律，勇于开展自我批评，自觉接受组织和团员青年的监督，意志力、坚忍力、自制力强，党组织放心、青年满意。”应符合习近平总书记在庆祝中国共产主义青年团成立100周年大会上提出的团干部“四要”的要求。

3. 专项荣誉举要

共青团的专项荣誉大多是以项目活动为依托，具有鲜明的专业性和社会性，深受广大青年朋友的欢迎，具有较大的社会影响力。近些年，比较重要的项目活动有“挑战杯”“创青春”和“振兴杯”。

“挑战杯”是“挑战杯”全国大学生系列科技学术竞赛的简称，是由共青团中央等共同主办的全国性的大学生课外学术实践竞赛。“挑战杯”竞赛在中国共有两个并列项目：一个是“挑战杯”中国大学生创业计划竞赛；另一个则是“挑战杯”全国大学生课外学术科技作品竞赛。“挑战杯”竞赛是国内大学生最关注最热门的全国性竞赛，也是全国最具代表性、权威性、示范性、导向性的大学生竞赛。

“创青春”是“创青春”全国大学生创业大赛的简称，是“挑战杯”中国大学生创业计划竞赛的改革提升，因此也被参赛者们亲切地称为“小挑战杯”。“创青春”全国大学生创业大赛自2014年开始举办，每两年举办一次。大学生创业计划竞赛面向高等学校在校学生，以商业计划书评审、现场答辩等作为参赛项目的主要评价内容；创业实践挑战赛面向高等学校在校学生或毕业未满3年的高校毕业生，且应已投入实际创业3个月以上，以盈利状况、发展前景等作为参赛项目的主要评价内容；公益创业赛面向高等学校在校学生，以创办非营利社会组织的计划和实践等作为参赛项目的主要评价内容。全国组织委员会邀请专家评定出具备一定操作性、应用性以及良好市场潜力、社会价值和发展前景的优秀项目，给予奖励；组织参赛项目和成果的交流、展览、转让活动。

2005年，共青团中央、人力资源社会保障部联合主办首届“振兴杯”全国青年职业技能大赛，每年一届。经过近20年的创新发展，“振兴杯”全国青年职业技能大赛已成为国内办赛规格最高、竞赛项目最多、技能水平最高、覆盖范围最广的青年职业技能赛事之一，一大批青年技能人才通过该活动脱颖而出、一展才华。

从工作方法看，这些专项荣誉改变了传统荣誉制度凭借工作业绩或主观口碑进行荣誉表彰的方式，创新性地以大赛为载体，面向青年大学生和其他不同领域青年群体开展“锦标赛”式的荣誉表彰。这既实现了共青团传统荣誉制度所提倡的激励和表彰作用，又延伸了共青团服务培养青年的链条、打造创新创效项目、完善共青团在青年群体中的典型宣讲机制，赋予了荣誉激励制度更强的育人增效功能。

4. 少先队荣誉制度

少先队作为党委托共青团直接领导的少年儿童的群团组织，其优秀少先队员、优秀少先队辅导员、优秀少先队集体和红领巾奖章（简称“三优一红”）荣誉制度也是共青团荣誉体系的重要组成部分。

（1）优秀少先队员、优秀少先队辅导员、优秀少先队集体

优秀少先队员、优秀少先队辅导员、优秀少先队集体是分别授予少

先队员、少先队辅导员、少先队集体的荣誉。该奖项每年评选一次，基本是按照现有行政级别相应组织开展。在少先队的“三优”荣誉中，全国优秀少先队员、全国优秀少先队辅导员、全国优秀少先队集体是经党中央批准，共青团中央、教育部、全国少工委授予少先队员、少先队辅导员、少先队集体的最高荣誉。2022年12月，共青团中央、教育部、全国少工委联合作出表彰决定，分别授予656名少先队员、449名少先队辅导员和600个少先队集体2022年度“全国优秀少先队员”“全国优秀少先队辅导员”“全国优秀少先队集体”荣誉称号。

（2）红领巾奖章

设立“红领巾奖章”，是全国少工委为切实增强少先队员光荣感，构建人人可行、天天可为、阶梯进步的少先队荣誉制度体系，于2020年进行的一次重大制度改革创新。“红领巾奖章”作为新时代少先队组织日常开展教育活动和评价激励的重要载体，分为基础章、特色章、星级章。

“红领巾奖章”基础章的章目突出少先队组织的政治属性，以少年儿童政治启蒙、价值观塑造、组织意识培育为主要内容，评价激励过程贯通中小学1—9年级。基础章章目共设红星章、红旗章、火炬章3个类别，由全国少工委制定颁布，学校少先队组织负责具体细化设置。“红领巾奖章”特色章是省、市、县级少工委或学校少工委根据工作实际，围绕“德智体美劳全面发展”自行设定颁发的特色奖章，作为基础章的有益补充。星级章由全国、省、市、县、校级少工委评定颁发，分为个人和集体两个类别，共设五个星级。

五、有效做法

随着我国社会经济的高速发展，青少年群体的特征发生了较大变化，互联网技术的普及和推广等客观因素给荣誉激励工作带来了冲击和挑战，也要求我们对该工作方法进行创新和改变。

1. 荣誉制度的设立要符合青年需求

从理论上看，制度被遵守有三个方面的影响因素，即权力强制、意识控制和参与者认同。由于权力强制、意识控制在现代社会中所能发挥的作用越来越小，参与者对制度的认同成为影响制度效果的关键因素。[①]因此，团员青年对共青团荣誉制度的接纳和自觉认同即荣誉制度满足他们的特征和需求，成为荣誉激励工作法发挥作用的基础。共青团工作、青年工作是群众工作的重要组成部分，工作重点是要让青年满意，符合青年群体的需要。因此，荣誉制度的设立一定要符合青年需求，为青年成长成才提供实实在在的帮助。

2. 荣誉制度的设立要具有多样性和综合性

现代化的共青团荣誉制度应该是兼具政治荣誉的价值本位、政治性和专项荣誉的能力本位、客观性为一体的综合荣誉制度。社会分工与学科研究的进一步精细化是现代社会发展的必然结果，必然也带来政治信

① 参见王结发：《论制度认同》，《兰州学刊》2009年第12期。

仰的祛魅[1]，追求纯粹的政治荣誉很难有效融入今天的青年群体。而且，由于政治荣誉的评定标准难以量化，通常采用民主测评、组织推荐等主观性的评价方式进行，结果的客观性、公平、公正难以得到充分保障，这也降低了共青团政治荣誉的可信度和认可度。因此，有必要通过丰富共青团荣誉制度的专项荣誉内涵，建立兼具政治性、专业性和客观性的共青团荣誉制度，增强作为政治荣誉而存在的共青团荣誉。

共青团荣誉制度的多样性和综合性是指以实现共青团的政治属性和政治功能为目标，保持共青团荣誉的政治荣誉本性，同时以专项荣誉评价的客观性、专业性和能力本位为手段，来解决政治荣誉客观性不足的问题，从而保障共青团荣誉制度的公平公正。一方面，在设定荣誉标准时，要根据荣誉的类型和目的，明确政治性和专业性的主次，突出共青团荣誉的政治特色，必要时限定职业性、专业性、能力性标准的权重，提高政治条目的比例和权重。如果单独设置共青团职业类荣誉，就需要邀请该领域中的权威机构负责具体的专业标准设置，以专业权威提升共青团荣誉的权威。另一方面，政治荣誉和专项荣誉是相辅相成的，要科学平衡道德品德与能力才干的关系，不能过分夸大或忽视任何一方，因此，共青团荣誉的评选必须遵循“德才兼备，以德为先”的底线。

3. 荣誉制度要不断创新呈现形式

荣誉制度工作一定要具有广告效应才能成功。荣誉作为组织对个人的一种认可和褒奖，必须让其他成员知道，让荣誉获得者产生自豪感。以前，我们的荣誉大多通过奖牌、奖状、奖杯等物质形式来表现，但今

---

① 参见解胜利、吴理财:《从政治文化到文化政治——不同国家形态下文化与政治的关系变迁探究》,《云南行政学院学报》2019年第3期。

天的青年是互联网的“原住民”，生活和学习离不开互联网。所以，荣誉制度的呈现形式也要适应互联网数字化的趋势，所提供的荣誉形式一定要方便荣誉获得者在网络进行展示和宣传。目前流行的数字徽章、电子奖章等形式都值得我们借鉴运用。

4. 荣誉制度的政治标准要尽量客观可测

共青团荣誉制度的核心是政治性，这是共青团荣誉制度工作区别于其他荣誉制度的关键。目前，共青团荣誉制度的政治信仰标准看似不易测量，但并不代表它不可以用科学量化的方式加以测量和评价，教育心理学之父桑代克曾认为，凡是客观存在的事物必有其数量，凡有数量则可以测量。创新政治信仰核心标准的评价方式，以更加科学、客观的方式进行测量，是确保和提升共青团荣誉制度政治本位的必经之路。

首先，在评价指标的权重设计方面要平衡政治性指标和能力性指标的关系。从提升广大团员青年对共青团荣誉制度的政治属性再认识的角度出发，可以尝试将政治标准的权重加大，在一些荣誉奖项上甚至可以采用政治标准“一票否决”的前置审核。其次，将政治评价标准进行适当的科学量化处理。量化的数据指标不仅能够将具体工作落到实处，同时也在最大程度上杜绝了评价制度的主观性。共青团荣誉制度的政治标准的客观量化，可以直接让团员青年感受到制度的公平和正义。此外，由于量化标准的精细化特点，也可以提升共青团荣誉制度的教育引导作用，通过明确的政治评价标准向个体传达荣誉制度所期望的目标行为，有利于增强团员青年个体的制度参与感和获得感。

5. 完善“分级激励”的共青团荣誉制度

当前学生团员占团员总数的比例已超六成，“全团抓学校”成为共青团工作的基本方针。完善“分级激励”的共青团荣誉制度主要是针对学校共青团工作而提出的改革措施，其目标不仅是通过共青团荣誉制度来实现“团教工作”融合，提升广大学生对共青团荣誉制度的参与感，借助荣誉制度来激发学生团员内心的团员荣誉感，而且，“分级激励”的共青团荣誉制度能够和少先队员的阶梯式成长激励体系进行衔接，实现团队荣誉制度的一体化，进一步从制度层面落实共青团“全团带队”的政治责任。

完善“分级激励”的共青团荣誉制度，基本思路是围绕制度的内部建设和外部对接来开展，将共青团荣誉制度融入学生团员的日常生活与学习中，链接少先队荣誉激励体系，从而更好发挥共青团在学校中实践育人的基本功能。在制度的内部建设上，把学生团员置于共青团荣誉制度的主体地位，充分认识和把握青少年学生的身心发展规律和行为、认知特点，把荣誉制度与青少年的学习生活紧密结合起来，提升荣誉制度的参与感、晋级感和吸引力。同时，按照团教融合的基本原则，把共青团荣誉制度渗入全体学生的知识教育、实践教育和自我教育中，通过循序渐进、润物无声的荣誉制度对青少年进行全方位的思想政治教育和价值观塑造。在制度的外部对接上，根据共青团的主要任务和各阶段教育的具体目标，把少先队和共青团荣誉制度进行有机衔接，并在高等教育阶段进行适当延长，实现共青团荣誉与各阶段教育的全程对接。要结合不同阶段教育任务的重点和该学龄段学生的生理特征设立荣誉项目，并在政策允许的范围内，赋予共青团荣誉一定的德育教育评价功能，实现“党团队一体化”政治育人链条相衔接、相贯通。

6. 提高荣誉体系的一体化与社会认可度

共青团荣誉体系的一体化建设主要是指团内荣誉体系本身和其他机

构颁发的同级同类荣誉制度之间形成衔接与互认。努力构建一体化荣誉体系主要基于两方面的考量：一是进一步规范共青团内部不同类型和不同级别的荣誉制度之间的认证互通，规范各级荣誉评审工作的规范性和严肃性；二是理顺共青团荣誉制度和其他主体设置的荣誉制度之间的关系，统一设计青年群体的荣誉奖励最低标准、授予主体、荣誉互认标准，协调好政治荣誉和专项荣誉的关系，实现不同荣誉制度的相互补充和配合，避免不同荣誉制度之间产生非良性竞争，从而提高共青团荣誉的社会认可度和对青年群体的吸引力。

在荣誉关系上，结合青年发展的总体情况，协调共青团荣誉制度与其他组织、部门的青年荣誉制度的关系，对各种以青年群体为荣誉表彰对象的荣誉制度进行分门别类的整理，规范评选标准，明确各荣誉之间的横向比较关系，避免出现荣誉制度的“相互踩脚”和制度真空，提升共青团荣誉制度管理的针对性和有效性。在运行机制上，要努力搭建共青团组织牵头、多部门联合参与的青年荣誉联合建设平台，对青年荣誉制度评选和建设进行统一、高效、公平的管理，实现不同荣誉制度之间的横向沟通，提升参评者的公平感，形成青年荣誉制度的群体效应，增强青年荣誉的社会影响力。

7. 注重平衡荣誉制度中的精神奖励和物质奖励

荣誉的奖励方式既有精神的也有物质的，只看重某一方面都是不恰当的。一方面，青年成长成才的持久动力在于精神激励和价值引领。青年的每一点进步都值得称赞，要对共青团工作进行表扬，对青年取得的成绩给予褒奖，对青年集体和个人的先进事迹进行宣传报道，给予青年充分的关心和鼓励，从而提升青年、共青团荣誉制度的价值，让青年群体珍视荣誉。另一方面，一定的物质激励是荣誉制度的外部表征之一。

邓小平曾强调：不重视物质利益，一段时间可以，但是长期不行。在实行社会主义市场经济的今天，物质奖励不是对精神价值的贬低，反而提升了荣誉的内在价值，更能直接激励更多青年重视和争取荣誉。因此，必须坚持物质奖励和精神奖励相结合。在现实生活中，在颁发荣誉证书的同时给予荣誉获得者一定的物质奖励，也被越来越多的团组织所采用。从实际效果看，在物质奖励和精神奖励的双重激励下，荣誉制度工作的效果最为明显。

后记

《共青团工作的有效方法》是由中国青少年研究中心组织完成的一项课题成果，由中国青少年研究中心常务副主任、研究员刘俊彦提出写作思路，并进行修改、统稿。

具体分工如下：前言“团干部要掌握有效的工作方法”、第三章“典型引领工作法”由刘俊彦撰稿；第一章“主题教育工作法”由中央团校党的青年工作部讲师董浩然撰稿；第二章“实践育人工作法”由广州市团校团属培训部部长兼马克思主义理论教研部部长胡国撰稿；第四章“分层分类工作法”由中国青少年研究中心助理研究员张会杰撰稿；第六章“组织功能工作法”、第八章“办实事解难事工作法”由北京航空航天大学副教授刘佳撰稿；第五章“调查研究工作法”、第十章“塑造品牌工作法”由江西省委党校群团理论教研部副主任，江西省团校副校长、教授乐亚山撰稿；第七章“完善制度工作法”由中央党校（国家行政学院）党建部助理教授叶子鹏撰稿；第九章“扎根青年工作法”由中央团校党的青年工作部副主任崔保峰撰稿；第十一章“资源整合工作法”由中国石油大学（北京）讲师何土凤撰稿；第十二章“荣誉激励工作法”由中国青少年研究中心副研究员郑浩撰稿。

《共青团工作的有效方法》是中国青少年研究中心重点课题“新时代全面从严治团的有效机制研究”（课题编号：2022GHZD06）的课题成果，得到中国青少年研究中心的大力支持。本书的出版还得到北京联合出版公司的大力支持，特此表示感谢。希望本书的出版，能够让团干部和青年工作者读而有悟，悟而能用，把工作做得更好。

编　者

2023年12月